현대형법의 위기와 과제

현대형법의 위기와 과제

김 재 윤 저

전남대학교출판부

머리말

누군가는 현대사회를 후기산업사회의 여러 병폐가 인류 전체의 삶의 기반을 위협하고 있음을 강조하면서 '위험사회'라 부르기도 하고, 또 다른 누군가는 눈부신 과학기술의 발전으로 말미암아 그 어느 세기보다 풍요롭고 안전한 삶을 향유하고 있음을 강조하면서 '안전사회'라고 부르기도 한다. 현대사회를 위험사회로, 또는 정반대로 안전사회로 부르든 사회가 일정한 방향으로 급변하고 있음은 부인할 수 없다. 이렇게 급변하는 현대사회에서 형법은 사회공동체의 평화로운 공존질서의 유지라는 본래의 임무 내지 과제를 어떻게 하면 제대로 수행할 수 있는가라는 의문이 제기된다. 이와 관련하여 현대사회의 새로운 위험(대표적으로 '환경위험')과 새로운 범죄현상(대표적으로 '환경범죄')에 대해 형법이 죄형법정주의, 책임원칙, 비례성원칙 등 법치국가형법의 원칙을 일부분 포기해서라도 미래안전을 보장하기 위해 전면에 나설 필요가 있는 것인가, 아니면 여전히 형법은 200년전 계몽주의 가치체계를 절대선으로 간주하고 국가권력의 자의적 행사로부터 일반 시민의 생명, 신체, 재산 등의 자유권의 보호를 최우선 과제로 삼고 ultima ratio의 기치아래 미래안전의 보장, 무엇보다 환경보호는 형법이 아닌 민법, 환경법, 행정법 등에 자리를 양보해야 하는 것인가? 이러한 학문적 의문은 저자가 대학원시절 "기업형 환경범죄의 효율적 제재방안"이란 석사논문을 작성할 때부터 시작되어 독일 트리어(Trier) 대학교에서

Hans-Heiner Kühne 교수님의 지도로 “위험사회에 있어 환경형법”(Umweltstrafrecht in der Risikogesellschaft)이란 주제로 박사학위 논문을 쓰면서 더욱 심화되었고, 교수로서 학계에 첫발을 내디딘 5년이 지난 지금까지도 계속되고 있다. 이러한 의문에 대해 그간의 사고의 단편을 모아 학계에 소논문 형식으로 투고를 하여 그 해답의 실마리를 구하고자 하였다. 그러나 학회지 논문의 성격상 한정된 내용을 게재할 수밖에 없고, 전체적인 시각에서 지금까지 다룬 주제가 어떠한 연결고리를 가지고 있는지를 일목요연하게 보여주기에는 미흡하다고 생각되었다. 이에 저자는 관련 연구물을 다시 꼼꼼히 읽으며 새롭게 수정·보완하여 한권의 단행본으로 출간하는 용기를 내어보기로 하였다.

본 서에서는 다음과 같은 방향을 고려하면서 서술하고자 노력하였다. 첫째, 소논문에서 지면의 한계로 생략되었던 내용을 보완하여 논의를 보다 충실하게 다듬고자 하였다. 둘째, 개별 주제와 관련된 기본 개념을 소개함으로써 본 주제에 대해 관심을 갖고 있는 대학원생들과 일반 독자의 이해를 돕고자 하였다. 셋째, 최근에 발표된 논문과 보고서까지도 참고하여 내용과 관련 문헌의 완성도를 높이고자 하였다. 마지막으로, 여러 학회지에 산재되고 시기별로도 분산된 관련 주제를 하나의 대주제 아래 체계적으로 편재하여 「현대형법의 위기와 과제」라는 주제에 대한 그간의 저자의 사고의 편린을 체계적·통일적으로 보여주고자 노력하였다.

돌아보니 다시 한 번 저자의 학문적 능력과 자질이 많이도 부족함을 고백하지 않을 수 없다. 초학자로서 지난 5년간의 연구가 미흡했지만 또 다른 5년의 시간이 흘렀을 때에는 한걸음 더 발전해 있는 학자가 되도록 보다 연구에 매진할 것을 약속드린다.

언제나 그렇듯 부족한 저자가 배우고 익히는 이 일을 할 수 있도록 도움을 주신 분들께 감사의 마음을 전하지 않을 수 없다. 초학의 길로 안내해 메마른 지식의 사막에서도 지혜를 찾을 수 있도록 끊임없이 배려해주시는 건국대학교 손동권 교수님, 저자의 지도교수로서 학문의 엄정함과 인간적 인자함을 느끼게 해주신 독일 트리어(Trier) 대학교의 Hans-Heiner Kühne 교수님, 신임교수임에도 편안히 연구에 열중할 수 있도록 많은 도움을 주신 인제대학교 법학과 교수님들, 그리고 법학전문대학원의 개원으로 여러 분주한 일이 있음에도 항상 따뜻한 조언과 격려를 해주시는 전남대학교 법학전문대학원의 동료 교수님들께 머리 숙여 감사함을 전한다. 그리고 본서의 출간을 위해 도움을 주신 전남대학교출판부의 박방배 과장님을 비롯한 여러 직원분들과 교정작업에 도움을 준 조우석 조교에게 고마움을 표한다.

끝으로, 김해에 이어 또 다시 물설고 낯선 광주에서 가정의 든든한 버팀목이 되어 주고 있는 아내 미선과 연구실로 사라진 아빠를 찾아와 방해와 동시에 환한 웃음을 주는 두 아들 태영, 태우에게 미안함과 사랑의 마음을 전한다.

2009년 어느 늦가을 연구실에서

김재윤

■ 목차

제1장

위험사회와 현대형법

제2장

환경범죄의 대처수단으로서 환경형법의 기능과 한계

제3장

기업(법인)범죄 대처수단으로서 기업형법의 기능과 한계

제1장

위험사회와 현대형법

[§ 1] 위험사회에 있어서 형법의 팽창현상*

Ⅰ. 논의 배경

근대 이후 산업화와 과학기술의 발전은 인류에게 무한한 풍요와 진보를 약속하는 듯 했다. 하지만 오늘날의 우리는 오존층의 파괴, 대기오염의 증가, 스모그 현상, 하천과 바다에서 유해물질의 증가 그리고 유전공학의 발전에 따른 생명의 유전자적 조작 등 인류의 전체 삶의 기반을 위협하는 "새로운 대량위험"(neue Großrisiken)에 대한 뉴스를 거의 매일 접한다. 1986년 독일의 사회학자 울리히 벡(Ulrich Beck)은 후기산업사회의 급격한 발전의 어두운 측면을 지적하면서 "위험사회"(Risikogesellschaft)라는 개념을 처음으로 제시하였다.[1] 이 개념은 사회학, 철학 등의 영역에서뿐만 아니라 이제는 형법학의 영역에서도 일반적으로 수용되고 있다. 구체적으로 80년대 후반부터 독일형법학계에서는 위험사회라는 개념으로부터 "위험형법"(Risikostrafrecht)이라는 새로운 개념을 도출하여 형법이 위험사회에서 발생하는 새로운 대량위험에 대해 어떻게 대응해야 하는지에 관한 논의가 활발히 진행되고 있다. 국내 형법학계에서도 1990년대 후반에 들어 경제형법, 환경형법, 마약형법, 정보형법 등

---

* "위험사회에 있어 형법의 팽창현상에 대한 비판적 고찰", 비교형사법연구 제7권 1호, 2005.7., 29-52면.

1) Beck, Risikogesellschaft. Auf dem Weg in eine andere Moderne, Frankfurt am Main 1986.

의 영역에서 이러한 개념들이 소개되었다. 특히 2003년에는 한국비교형사법학회에서 "위험사회와 형사법"이라는 주제로 국제학술대회를 개최한 바 있다.

형법학에서 위험사회 내지 위험형법이라는 개념을 도입하여 논의하고자 하는 근본문제는 후기산업사회의 발전에 따라 사회현상으로부터 야기되는 새로운 대량위험을 해소하거나 차단하기 위한 수단으로서 과연 형법이 적합한 수단인가이다. 위험사회란 객관적 측면에서 새로운 대량위험의 상존과 주관적 측면에서 불안의 일상화로 특징지어지기 때문에, 이러한 새로운 대량위험의 제거와 개인의 불안감을 해소하기 위해 정치인이나 형사입법자들은 손쉽고 확실한 문제해결방안으로서 형법의 조기투입이나 형벌의 상향조정을 제시하고 있다. 특히 형법의 조기투입과 관련하여 위험사회에서 형법은 새로운 법익개념의 도입과 기존 법익개념의 완화, 추상적 위험범의 확대 및 상징형법의 도입으로 새로운 대량위험의 제거와 미래의 안전을 보장하여 위험사회가 아닌 "안전사회"(Sicherheitsgesellschaft) 구축에 기여하고자 한다. 그 결과 형법은 자신의 영역을 날로 확대해가고 있으며, 소위 "형법의 팽창현상"(Expansionsphänomen des Strafrechts)이 발생하고 있다. 그러나 이와 같은 형법의 팽창현상은 형사입법자와 일반 시민의 기대와는 달리 전통적·자유주의적 법치국가형법의 원칙인 죄형법정주의, 책임원칙, 비례성원칙, 보충성원칙 등을 위협하여 "현대형법의 위기"(Krise des mordernen Strafrechts)를 초래하고 있다.[2)]

따라서 이러한 문제의식을 바탕으로 아래에서는 위험사회에 있어 현대형법의 위기를 초래하고 있는 형법의 팽창현상에 대한 원

2) 이에 대한 자세한 분석은 Jae-Yoon Kim, Umweltstrafrecht in der Risikogesellschaft, Göttingen 2004, 7면 이하.

인을 분석하고(Ⅱ), 그에 따른 형법기능의 변화를 자세히 살펴보고자 한다(Ⅲ). 나아가 형법의 팽창현상에 따른 현대형법의 위기와 이를 극복하기 위해 지금까지 제시된 대안을 비판적 시각에서 고찰하고자 한다(Ⅳ).

Ⅱ. 형법 팽창현상의 원인은 어디에 있는가?

일찍이 칼 빈딩(Karl Binding)은 "형법의 단편적 성격"(fragmentarischer Charakter des Strafrechts)[3)]이라는 표현으로 사회통제 전체체계에서 형법이 담당하는 질서유지 과제의 몫은 사회규범과 형법 이외의 다른 법규범의 몫을 염두에 둘 때 극히 적은 일부분임을 언급했다. 이는 형법이 사회의 모든 질서유지를 위한 수단이 아니라 오히려 특별히 가벌성이 인정되는 제한된 분야에서 법익보호임무를 담당해야 함을 의미한다. 그러나 오늘날 형사입법자는 이러한 형법의 근본성격을 망각한 채 지속적으로 증가하고 있는 새로운 범죄(예컨대 경제범죄, 환경범죄, 마약범죄, 조직범죄 및 테러범죄)와 새로운 대량위험(예컨대 원자적, 화학적, 생태적 그리고 유전공학적 기술들에 기초한 위험)을 예방하고자 형법의 영역을 날로 확대하고 있다. 이러한 형법의 팽창현상에 대한 근본원인으로 크게 위험사회에 있어 새로운 대량위험의 출현, 사회의 불안감 증가 및 수동적 사회집단의 증가 등을 언급할 수 있다.

1. 위험사회에 있어 새로운 대량위험의 출현

우선 형법의 팽창현상에 대한 원인으로 위험사회에 있어 새로운

3) Binding, Lehrbuch BT, Bd. I, 20면.

위험사회Risikogesellschaft

Ulrich *Beck*은 후기산업사회의 어두운 면들, 예를 들어 인위적으로 생긴 원자적, 화학적, 생태적 그리고 유전공학적 기술들에 의한 자기파멸의 우려를 지적하면서 위험사회라는 개념을 처음으로 제시하였다. 그의 견해에 따르면, 현대의 사회구조는 산업사회로에서 위험사회로 근본적으로 변화하고 있음을 지적하면서 위험사회를 인간이 이룩한 산업기술이 부정적인 결과로 나타날 수 있는 인류말살 가능성으로부터 도전 받는 시대, 발전의 어두운 면이 점차로 공동체의 분쟁을 결정하는 시대라고 정의하고 있다. 나아가 그는 시대변화에 따른 공동체(사회)의 변화에 주목하여 위험사회를 정의하고자 하였다. 따라서 현대의 기술과 경제의 발전이 이룩한 윤택한 생활과 함께 위험을 수반하는 수많은 생산물들이 어두운 그림자를 드리우고 있다고 보았으며, 이러한 사회를 바로 위험사회로 정의하였다.[4] 한편, Eric *Hilgendorf*는 Beck에 의해 제시된 위험사회라는 개념이 철학적, 사회학적 그리고 법학적 관점에서 상당히 불명확하다는 점을 지적하면서, 전반적으로 위험사회를 후기산업사회에 있어서 급속한 과학기술의 발달과 개발에 따른 자연환경의 파괴 및 인간생존에 대한 위협, 인간의 감각체계의 무력화, 더 나아가 산업적 진보에 대한 확신과 합의의 붕괴에 따른 공포사회의 도래 등 다양한 현상을 포함하는 개념으로 파악한다.[5]

Beck은 위험사회에서 나타나고 있는 어두운 상황을 최초의, 그리고 일회적인 것으로 파악하고 있는 반면에 Adalbert *Evers*와 Helga *Nowotny*는 인간의 생존을 위협하는 지속적인 근본문제로 이해하였다.[6] 무엇보다 *Evers*와 *Nowotny*는 근대산업사회의 위험(Gefahren)과 후기산업사회의 위험(Risiken)을 엄격히 구분함으로써 Beck이 제시한 위험사회와의 차이점을 부각시키고자 하였다. 이들에 따르면, 후기산업사회의 위험(Risiken)은 "사회적으로 논의되고, 제한된 그리고 이로써 잠재적으로 계산 가능한" 위험(Gefahren)이라고 한다.[7] 즉 *Evers*와 *Nowotny*는 행위기술이나 방법, 그리고 제도를 통해 후기산업사회의 위험(Risiken)을 근대산업사회의 위험(Gefahren)과 구별하였으며, 후기산업사회의 위험(Risiken)을 산정할 수 있고 특정한 주체에게 귀속할 수 있게 만드는 시도를 하였다. Evers는 더 나아가 위험사회를 근대산업사회의 위험(Gefahren)에 대해 극복 가능한 메커니즘을 구축한 사회로 이해하고 있다.[8]

---

4) Beck, Risikogesellschaft, 7면 이하, 113면 이하. 그는 위험사회의 개념을 다음의 저술들에서 보다 명확히 규명하고 있다: Gegengifte - Die organisierte Unverantwortlichkeit, Frankfurt am Main 1988, Politik in der Risikogesellschaft. Essays und Analysen, Frankfurt am Main 1991.

대량위험의 출현을 들 수 있다. 1986년 벡의 "위험사회 -새로운 근대(성)를 향하여-"라는 저술이 출간된 이래로 위험사회라는 개념은 오늘날 우리가 살고 있는 현대 후기산업사회를 표현하는 유행어가 되었다. 현대 후기산업사회에서 과학기술은 지금까지 인류역사상 찾아볼 수 없을 정도로 급속하게 발전하고 있다. 이러한 급속한 과학기술의 발전은 개개인의 복지향상[9]과 직접적인 관련을 맺고 있으며, 앞으로도 계속해서 이에 영향을 미칠 것이다.

그러나 득이 있으면 실이 있듯이 이러한 과학기술의 긍정적인 영향과 더불어 발생하는 부정적인 영향도 간과해서는 안 된다. 2003년 2월 18일 대구에서 발생한 지하철 참사는 과학기술이 가져다주는 편리함의 이면에 엄청난 위험이 도사리고 있음을 보여주는 대표적 사례이다. 이러한 교통기술발전에 따른 재해 이외에도 인위적으로 생긴 원자적, 화학적, 생태적 그리고 유전공학적 위험과 같은 새로운 대량위험이 위험사회에서 새롭게 출현하고 있다. 이러한 새로운 대량위험은 이미 크리스토프 라우(Christoph Lau)가

5) Hilgendorf, Strafrechtliche Produzentenhaftung in der Risikogesellschaft, Berlin 1993, 23면.

6) Evers/Nowotny, Über den Umgang mit Unsicherheit. Die Entdeckung der Gestaltbarkeit von Gesellschaft, Frankfurt am Main 1987, 13면.

7) Evers/Nowotny, 위의 책, 32면.

8) Evers, "Risiko und Individualisierung - Was in Ulrich Becks "Risikogesellschaft" unbegriffenbleibt", Kommune, Heft 6/1989, 35면.

9) 예컨대 이러한 과학기술의 발전은 천재지변과 자연적 위험을 극복할 수 있게 함으로써 인류의 안전을 향상시키고 있다. 특히 안원하 교수는 "생활의 모든 면에서 영양상태가 개선되었고 건강과 안전에 대해 과거보다 훨씬 더 많은 정보를 얻고 있으며, 과거 어느 때보다 평균수명이 길다"는 사실을 근거로 인류역사상 가장 안전한 시대에 살고 있다는 견해를 피력하고 있다(안원하, "위험사회의 함정", 문창법학회 형사법논집, 제3권 제1호, 2003, 29면 이하).

주장했듯이 개인 혹은 기관의 결정과 작위 내지 부작위에 기인하지만, 더 이상 자연발생적으로 받아들여지는 것이 아니라 오히려 불가항력적으로 닥치는 것으로 표현된다. 또한 새로운 대량위험은 일반적으로 발생 가능성, 경제적 이용가치 및 그에 대한 비용 등에 따라 계상된다. 다만 그 위험의 원인, 종류 및 범위 그리고 위험에 따르는 피해의 비교가 불가능하다는 점에서 기존의 위험과 구별된다.[10] 이처럼 현대 후기산업사회가 가져온 엄청난 과학기술의 발전은 대형의 불명확한 새로운 대량위험을 동반했다. 이 새로운 대량위험은 인류전체의 생존을 위협할 정도의 엄청난 파괴의 잠재력을 가지고 있다.

위험사회에 있어 새로운 대량위험의 출현이 형법에서 갖는 의미를 살펴보면, 우선 급속한 과학기술의 발달은 전통적인 범죄영역에서 범죄구성요건을 고의로 실현했던 행위자에게 엄청나고 중대한 손해결과를 초래케 하는 새로운 기술을 손에 쥐어줬음을 의미한다. 인터넷상에서 내지 인터넷을 통해 행해지고 있는 컴퓨터범죄가 대표적 예이다. 또한 과학기술의 발전은 새로운 형태의 범죄 출현을 용이하게 한다. 이에 대한 예로는 국제적으로 활동하고 있는 조직범죄와 테러범죄를 언급할 수 있다. 이는 의심할 여지없이 국가와 일반 시민에 대한 새로운 위험으로 다가오고 있다. 전체적으로 보아 새로운 기술발달의 결과는 형법에 있어 고의범이 아닌 미필적 고의범 내지 과실범의 중요성을 증대시키고 있다. 여기서 "기술적 결함"(technische Fehler)으로 인해 초래되는 손해가 주요한

10) Lau는 이러한 새로운 위험의 예로서 지면침식, 오존층 파괴, 산림고사 및 공기오염 등을 언급하고 있다(Lau, "Risikodiskurse: Gesellschaftliche Auseinandersetzungen um die Definition von Risiken", Soziale Welt 1989, 418면 이하, 423면).

문제로 등장한다. 즉 기술적 결함을 형법적으로 중요한 위험의 영역으로 포함시킬 것인지 아니면 계속해서 "허용된 위험"(erlaubtes Risiko)의 영역으로 포함시킬 것인지에 대한 보다 명확한 기준을 설정해야할 필요성이 지속적으로 제기된다.

또한 현대 후기산업사회는 벡이 주장한 바와 같이 인류의 생존을 위협하는 새로운 대량위험이 지배하는 위험사회로 불리어 질 수도 있지만 그밖에도 근대 산업사회와 구별되는 여러 특징들을 가진다. 그 특징 중 대표적인 것이 바로 "극도의 복잡성"을 갖는 사회라고 말할 수 있다. 이러한 복잡성 때문에 현대 후기산업사회는 타인과의 협동과 기능적 분업을 필요로 한다. 그 결과 개별적 상호행위가 지금까지의 어느 사회보다 중요시되고 있다. 즉 개별 산업조직체 내부에서 세밀하게 연결되어 있는 상호관계는 업무자 상호간의 의존성을 현저히 증대시키고 있다. 이러한 상호관계 중 어느 일부가 깨어졌을 경우 엄청난 손해발생을 초래할 개연성이 증대된다. 또한 이렇게 증대된 상호의존성은 개개인의 법익불가침성이 더욱더 광범위하게 위험(Risiko)을 성공적으로 통제하는 제3자의 행위에 의존되고 있음을 의미한다. 바꾸어 말하면 개별 산업조직체는 더 이상 개별 업무자 1인에 의해 자율적으로 작동되는 것이 아니라 업무자 상호간에 안전기능의 지속적인 인도와 인수라고 하는 상호현상에 의해 작동된다. 이는 곧 형법에 있어 작위범 뿐만 아니라 부작위범에 대한 적용범위가 이러한 영역으로까지 확대될 수 있을 의미한다. 나아가 부작위 도그마틱의 증가된 의미는 다시 객관적 귀속체계의 내부에서 재 반영되고 있다.

이렇게 위험사회에 있어 새로운 대량위험의 출현과 후기산업사회의 복잡성은 형법에 있어 고의범이 아닌 미필적 고의범, 과실범 그리고 부작위범의 중요성[11])을 증대시킴으로써 그 영역을 확대하고 있다.

2. 사회의 불안감 증가

앞서 언급한 과학기술의 발전에 따른 새로운 대량위험의 출현이라는 객관적 측면도 중요하지만 이로 인한 사회구성원의 불안감과 두려움이 증가하는 주관적 측면이 더욱더 큰 의미를 획득하고 있다.[12]) 이러한 관점으로부터 현재 후기산업사회를 위험사회가 아닌 “불안전사회”(Unsicherheitsgesellschaft) 또는 “두려움의 사회”(Angstgesellschaft)라고도 정의할 수 있다. 이러한 사회에서는 당연히 기술적이든 비기술적이든 새로운 대량위험이 상존하고 있기 때문에 이에 대한 불안감이 하나의 일반적인 감정으로 자리매김하고 있다. 나아가 선과 악 그리고 신뢰할 가치가 있는 것에 대한 결정을 가능케 하는 명확한 기준이 없거나, 반대로 이에 대한 과잉정보를 갖

11) 류인모 교수는 “형법의 귀속기준을 행위의 사악함이 아닌 사회적 위험성에서 찾아야 한다면 개개인의 의도적이고 인식적인 행위를 범죄성립의 기본으로 설정하고 있는, 즉 고의범 위주의 형법이론의 재구성이 필요”함을 지적하면서 “과실범과 부작위범의 중요성”을 강조하고 있다(류인모, “현대과학기술의 발전과 위험사회의 형법”, 비교형사법연구 제4권제2호, 2002, 16면).

12) 이와 관련하여 독일 사회학자 Franz-Xaver Kaufmann은 “오늘날처럼 인류가 자신의 삶을 이렇게 안전하게 영위한 적이 없었음에도 두려움(Angst)과 불안(Unsicherheit)이 지난 20세기의 주요한 주제로 다루어졌으며, 오늘날 인류는 객관적인 안전은 증가하였으나 주관적인 불안감이 늘어나는 이율배반적인 상황에 처해 있다”고 한다(Kaufmann, “Normen und Institutionen als Mittel zur Bewältigung von Unsicherheit: Die Sicht der Soziologie”, in: Bayerische Rückversicherung Aktiengesellschaft (Hrsg.), Gesellschaft und Unsicherheit, Karlsruhe 1987, 37면 이하, 46면 이하).

게 하는 사회의 복잡성은 의심, 불확실성, 두려움 그리고 불안감을 초래하는 결정적인 원인이 된다. 더욱 중요한 것은 통제하기 곤란하거나 통제 불가능한 위험에 대해 일반시민이 느끼는 이와 같은 불확실성, 두려움 그리고 불안감의 크기가 어떠한 객관적인 잣대로도 정확하게 측정될 수 없다는데 있다. 또한 새로운 대량위험의 출현은 과학기술의 발전으로 말미암아 현저하게 감소된 자연적 위험(예컨대 자연재해 내지 전염병과 같은 질병에 의한 손해)을 상쇄하고도 남는다. 그러므로 개별적인 측면에서는 서로 상이하지만 전체적인 측면에서 보면 일반 시민이 지각하는 주관적 불안감은 분명 객관적인 불안감을 능가하고 있음을 알 수 있다.

범죄발생에 의해 야기되는 일반 시민의 불안감과 그에 따른 사회 불안정에 대해 적절히 반응해야 하는 것이 형법의 임무라고 할 때 형법의 측면에서도 안전보장의 요구를 전적으로 회피할 수만은 없다. 즉 불안전사회에서 안전에 대한 사회적 요구가 계속해서 증가하고 있기 때문에 일반시민은 국가가 이러한 욕구를 충족시켜야 한다고 생각한다. 이때 국가와 형사입법자는 이러한 불안감의 문제에 대한 해결책을 경찰법에서가 아니라 형법에서 찾고자 한다. 그 결과 전통적·자유주의적 법치국가형법에서 추구되고 있는 형법의 단편적 성격을 간과한 채 불안감으로부터 발생하는 두려움을 제거할 수 있을 정도까지 형법적 보호를 확대할 것을 요구한다. 실제로 환경, 경제, 정치적 부패, 마약, 성희롱, 성매매, 조직폭력 그리고 가정내 폭력 등의 영역에서 비범죄화가 아닌 신범죄화의 요구가 날로 증대하고 있다.

3. 수동적 사회집단의 증가

현대 후기산업사회에서는 점차 일반 시민의 복지개념이 중요시되었고, 이러한 측면에서 "복지국가사회"(Gesellschaft des Wohlfahrtsstaates)라고 하는 사회모델이 새롭게 주목을 끌고 있다. 이러한 복지국가사회에서는 더욱더 수동적 사회집단, 예컨대 국민연금생활자, 정부에서 지급되는 생활보조금 내지 기타 공적 자금의 수령자, 하층 노동자 등이 중요한 사회집단으로 자리매김하고 있다. 이와 같은 수동적 사회집단의 증가는 반대로 능동적이고 역동적이며 기업가적인 사회집단의 수가 더욱더 축소됨을 의미한다. 복지국가사회에 있어 수동적 사회집단의 영향력이 점차로 증가하여 50년 전과는 비교할 수 없을 정도에 이르고 있다.

산업화 진행과정의 정점에서 허용된 위험의 카테고리는 객관적 귀속의 한계로서 도출되었지만, 복지국가사회에서 허용된 위험은 안전보장의 요구증대로 인해 날로 그 의미를 상실해가고 있다.[13)]주지하는 바와 같이 형법학의 영역에서 허용된 위험은 일정한 위험을 안고 살아야 하는 현대 후기산업사회에서 고도의 위험을 수반하는 행위를 했을 때(예컨대 자동차 운전, 원자력발전소의 운영, 거대한 구조물의 건축, 폭발물의 취급, 신기술의 사용행위 등) 발생하는 손실과 이익을 고려하여 고안해낸 결과물이다. 비록 고도의 위험이 수반하는 행위라 할지라도 행위자로 하여금 수반되는 위험을 불가피한 최소한도로 줄이도록 성실히 배려할 것을 요구하고, 이때 불가피하게 발생하게 될지도 모르는 위험을 허용된 위험이라 하여, 위험에 결부된 행위를 위법하지 않은 것으로 보고 있다.[14)] 그러나 위

---

13) 이에 관해 자세히는 Prittwitz, Strafrecht und Risiko. Untersuchung zur Krise von Strafrecht und Kriminalpolitik in der Risikogesellschaft, Frankfurt am Main 1993, 310면 참조.

험과 결부된 행위시 발생하는 손실과 이익 사이의 이익형량은 지금까지 한 사회에서 형성된 가치체계의 평가에 의존하고 있는데, 최근 수년간의 급속한 사회 가치체계의 변화는 시종일관 이러한 이익형량의 결과에 변화를 초래하고 있다. 이와 같은 토대위에서 진행되고 있는 허용된 위험의 재평가는 "위험한 자유"(riskante Freiheiten)[15]라는 말이 유행하고 있듯이 일반시민의 자유보다 안전을 보다 과잉평가 하는 결과를 가져왔다. 이러한 과잉평가는 앞서 언급한 능동적 사회집단보다 수동적 사회집단에 의해 지배되고 있는 사회에서 더욱 두드러지게 나타난다.

또한 수동적 사회집단이 지배하는 사회에서는 근대 산업사회에서와는 달리 법익침해결과가 우연 내지 운명적인 상황에 의해 발생되었음에도 불구하고 이에 대해 심리적 저항을 표출하는 특징이 있다. 왜냐하면 수동적 사회집단은 자신들에게 발생한 법익침해결과를 결코 우연이라 받아들이지 않고 오히려 인간, 보다 구체적으로는 능동적 사회집단의 작위 내지 부작위의 결정에 기인한 위험의 부산물이라고 생각하기 때문이다. 이로부터 수동적 사회집단에

---

14) 허용된 위험에 관해 자세히는 김일수/서보학, 새로쓴 형법총론(제11판), 박영사, 2006, 173면; 배종대, 형법총론(제8전정판), 홍문사, 2005, 699면 이하; 손동권, 형법총론(제2개정판), 율곡출판사, 2005, 334면; 이재상, 형법총론(제5판), 박영사, 2004, 189면 이하; 임 웅, 형법총론(개정판), 법문사, 2004, 185면 참조. 특히 허일태 교수는 과학기술적 위험을 허용될 수 있는 위험과 허용될 수 없는 위험으로 결정할 수 있는 기준으로 한국형법 제20조에서 명시한 "기타 사회상규에 위배되지 아니한 행위는 벌하지 아니한다"라는 법문을 이용하는 것이 바람직하다는 견해를 피력하고 있다(허일태, "위험사회에 있어서 형법의 임무", 비교형사법연구 제5권제2호, 2003, 14면).

15) Beck/Beck-Gersheim (Hrsg.), Riskante Freiheiten. Zur Individualisierung von Lebensformen in der Moderne, Frankfurt am Main 1994 참조.

서 발생한 "불행"(Unglück)이 "불법"(Unrecht)으로 전환되는 경향이 증가하고 있으며,[16] 그 결과 형법의 영역이 불가피하게 확대되고 있다.

Ⅲ. 위험사회에 있어서 형법의 기능은 어떻게 변화하고 있는가?

앞서 언급한 바와 같이 현대형법은 위험사회에 있어 새로운 대량위험의 출현, 사회의 불안감 증가 그리고 수동적 사회집단의 증가 등과 같은 원인에 의해 그 영역을 날로 확대해가고 있다. 이러한 상황에서 형법의 역할이 단지 범죄의 진압과 예방에만 국한 될 수는 없다. 즉 새로운 범죄현상 내지 새로운 위험원에 대한 적극적 조종과 축소라는 방향으로 형법의 기능이 새롭게 변화할 것을 요구하고 있다. 따라서 이하에서는 위험사회에 있어서 형법의 기능이 어떻게 변화하고 있는지를 보다 자세히 살펴보고자 한다.[17]

1. 형식법으로부터 예방법으로의 발전

이미 페터-알렉시스 알브레히트(Peter-Alexis Albrecht)는 "점증하는 사회분쟁 - 형법의 강화 또는 약화?"라는 주제로 개최된 1988년의

16) 이에 관해 자세히는 Prittwitz, 앞의 책, 108면 참조.

17) 이하의 논의에 관해 보다 자세히는 Kim, 앞의 책, 39면 이하 참조. 특히 허일태 교수는 위험사회에 있어서 법의 기능변화를 생태사회에서의 위험, 정보화사회에서의 위험, 생명공학사회에서의 위험 등으로 나누어 고찰하고 있다(허일태, "위험사회의 출현과 법의 기능변화", 비교형사법연구 제3권제2호, 2001, 3면 이하 참조).

독일 제12차 형사변호사대회에서 형법의 발전경향을 다음과 같이 피력하였다: "예전의 반응적이고 개별적인 효과가 있는 형식법(Formalrecht)은 예견가능하게 의도되어지고 합목적적인 예방법(Präventivrecht)으로 변화되고 있다."[18] 그에 따르면 19세기의 자유주의 국가에서 20세기 복지국가사회로의 전환과 함께 형법상 기본원칙도 규제적 제재사상에서 예방적 조정모델로 변화하고 있다고 한다. 그러나 한편으로 이러한 "규제적·제재모델에서 예방적 조종모델로의 변화"라는 역사적인 거대한 흐름이 모든 사회공동체에 공통적인 것은 아니라고 한다. 그는 그 원인을 사회공동체가 정치·행정적 체계와 기술·경제적 체계로 나눠지기 때문이라고 설명하면서 정치·행정적 체계에서는 "과잉조종"(Übersteuerung)이 발생하는 한편, 이와 반대로 기술·경제적 체계에서는 "조종결함"(Steuerungsdefizite)이 나타나고 있다고 한다.[19] 이러한 기술·경제적 체계(예컨대 환경형법 분야)에서의 조종결함은 정치·행정적 체계에서의 과잉조종을 통해 과잉보상 된다고 한다.[20] 더 나아가 그는 형법이 사회적 갈등의 규율을 위해 원용되어진다면, 형법은 이를 위해서는 부적합한 수단일 수밖에 없음을 지적하면서 환경형법의 효과는 단지 상징적일 수밖에 없다고 하는 형사정책적 결론을 도출하고 있다.[21]

2. 형법의 체계적 재해석

롤프-페터 칼리스(Rolf-Peter Callies)는 알브레히트와 유사하게 위험

---

18) Albrecht, "Das Strafrecht auf dem Weg vom liberalen Rechtsstaat zum sozialen Interventionsstaat", KritV 1988, 184면.

19) Albrecht, 앞의 논문, KritV 1988, 184면.

20) Albrecht, 앞의 논문, KritV 1988, 201면.

21) Albrecht, 앞의 논문, KritV 1988, 192면.

사회와 최근 형법에서 나타나고 있는 일정한 경향과의 특별한 관계를 구체화했다. 그는 위험사회를 신체, 생명 및 환경 등에 대한 새로운 대량위험이 생존을 위협하는 방식으로 지속적으로 창출되는 사회로 이해하고 있다. 이러한 위험사회에서는 인간의 복지를 달성하기 위해 최선의 것(Gute)에 중점을 두기 보다는 최악의 것(Schlimmste)을 최소화하는 것에 중점을 두고 있다고 한다.[22] 더 나아가 현대의 위험사회에서 형법은 더 이상 전통적인 보충적, 규제적 역할에 머물지 않고, 오히려 법익보호의 전치화와 예방적 기능의 확대라는 경향이 나타나고 있다는 것이다. 이와 같이 새로운 대량위험에 노출되어 있는 위험사회의 새로운 예방적 사고는 사회적, 권위적으로 이해되는 국가의 유연한 조종 메카니즘에 기초하여 전통적·자유주의적 법치국가형법을 체계적으로 재해석하는 방향으로 나아갈 것이라고 한다.[23]

3. 사회적 갈등해결의 도구로서의 형법

빈프리트 하쎄머(Winfried Hassemer)는 기본적으로 알브레히트의 견해에 동조한다. 그는 현대의 위험사회가 불확실성을 최소화하고 복잡한 사회적 과정들을 전 지구적으로 조종하라고 요구하고 있다고 한다. 이러한 이해관계는 현재 형사정책, 형벌이론 및 법익론에 침투하고 있기 때문에 형법의 임무에 대한 사고는 변화하고 있다고 한다.[24] 즉 위험사회에서의 형법은 더 이상 "도덕의 최소한의 확보"가 아니라, 사회적 또는 국가적 대형사고의 조종수단으로 기

22) Callies, "Strafzwecke und Strafrecht", NJW 1989, 1338면 이하.

23) Callies, 앞의 논문, NJW 1989, 1340면.

24) Hassemer, "Symbolisches Strafrecht und Rechtsgterschutz", NStZ 1989, 557면.

능하게 된다. 따라서 형법의 목적 또한 더 이상 단순한 범죄투쟁이 아니라 보조금정책, 환경정책, 보건정책, 대외정책의 측면에 있고, 형법의 임무 역시 개인적 법익침해에 대한 개별적 제재가 아니라 문제 상황에 대한 광범위한 예방으로 변화하였다는 것이다.[25)]

하쎄머는 이러한 형법의 변화경향을 "형법의 기능화"(Funktionalisierung) 및 "탈정형화"(Entformalisierung)라는 개념으로 설명한다. 먼저 그는 형법의 탈정형화를 정치적 목적추구에 장애가 되는 법치국가적 형법의 전통에 기초한 장애물을 제거하거나 극소화하는 것으로 이해한다. 이러한 형법의 탈정형화는 형법의 기능화와 밀접한 관련을 갖는다고 한다. 즉 형법의 기능화는 새로운 대량위험의 예방 및 효과에 대한 고려를 형법의 정당화의 핵심기준으로 삼게 되고, 이로부터 승인되지 않는 특정한 위험이 구체적 위험에 이르지 않도록 하기 위하여 위험의 근거가 될 수 있는 행위태양조차 아주 초기단계에서부터 저지하려고 하는 "전단계범죄화"(Vorfeldkriminalität)로 나아가게 된다는 것이다. 전단계범죄화로 나아가기 위하여 한편으로 전통적으로 인정되어 오던 개인적 법익보다 훨씬 앞당겨진 법익, 즉 "보편적 법익"(Universalrechtsgüter)을 인정하고, 다른 한편으로 구체적인 행위결과와는 무관하게 일정한 위험창출의 개연성이 있는 행위들까지도 형벌의 대상으로 삼음으로써 행

---

25) Hassemer, 앞의 논문, NStZ 1989, 558면. 특히 Hilgendorf는 전통적인 자유주의·법치국가적 형법의 죄형법정주의(독일기본법 제103조 제2항, 독일 형법 제1조), 행위형법의 원칙, 책임원칙, "의심스러울 경우에는 피고인에게 유리하게"의 원칙(in dubio pro reo, 유럽인권협약 제6조 제2항) 및 비례성의 원칙 등으로는 위험사회의 새로운 위험상황에 탄력적으로 대응조종 할 수 없으며 예방에 적합하지도 않음을 지적하면서 이러한 문제를 해결하기 위해 형사입법자는 광범위한 보편적 법익, 추상적 위험범 및 상징적 형법 등의 도입을 시도한다고 한다(Hilgendorf, 앞의 책, 45면).

위와 침해결과 사이의 인과관계에 대한 요건은 완화하고 있는 "추상적 위험범"(abstrakte Gefährdungsdelikte)을 광범위하게 도입한다고 한다.[26] 그러나 보편적 법익의 창설[27]과 추상적 위험범의 급속한 증가[28]를 통한 가벌성의 전치화는 본질적으로 문제가 되고 있는 위험의 예방이나 제거라는 효과를 달성하지 못한 채, 단지 정치적 이득만을 획득하는데 그치는 소위 "상징형법"(symbolisches Strafrecht)[29]으로 나아가게 될 것이며, 이는 결과적으로 형법의 실효성과 집행상의 결함을 초래할 뿐이라고 한다.[30]

---

26) AK-Hassemer, vor § 1 Rn. 480 ff.

27) Hassemer에 의하면, 이러한 보편적 법익의 수용은 형사입법의 비판원칙으로서 형법의 법익보호원칙을 무력화시키며, 또한 형법의 보충성 및 명확성의 원칙을 침해할 수 있다고 한다(AK-Hassemer, vor § 1 Rn. 265 ff.).

28) 위험범에 대한 비판적 견해에 대해서는 특히 Kindhäuser, Gefährdung als Straftat. Rechtstheoretische Untersuchungen zur Dogmatik der abstrakten und konkreten Gefährdungsdelikte, Frankfurt am Main 1989 참조.

29) 형법에서 상징적 입법의 개념에 관한 자세한 내용은 Amelung, "Strafrechtswissenschaft und Strafgesetzgebung", ZStW 92 (1980), 19면 이하; Seelmann, "Risikostrafrecht", KritV 1992, 460면 이하; Voß, Symbolische Gesetzgebung: Fragen zur Rationalität von Strafgesetzgebungsakten, Ebelsbach 1989, 25면 이하, 34면 이하, 82면 이하, 102면 이하 참조.

30) Hassemer, 앞의 논문, NStZ 1989, 558면; 이상돈, 형법의 근대성과 대화이론, 홍문사, 1994, 34면 이하. 한편 Hilgendorf는 상징적 형법에 관한 Hassemer의 견해에 대해 전적으로 동의하고 있지만 추상적 위험범의 창설과 관련해서는 민주적으로 정당화된 입법자의 전적인 재량에 속한다는 입장을 피력하고 있다. 즉 까다로운 귀속문제를 극복하기 위해, 또한 침해결과의 입증이 어렵거나 침해 후 상당히 지나서야 확정될 수 있는 사례들(예컨대 위증죄나 음란물 반포죄와 관련된 사례들) 또는 과실에 의한 침해범죄의 우연적 요소를 배제하기 위하여(철도, 선박, 항공 교통의 위태화와 관련된 독일 형법 제315조~제315조의c) 형사입법자는 추상적 위험범을 도입할 정당한 입법적 권한이 있다고 한다(Hilgendorf, 앞

4. 산업사회의 예방형법으로부터 위험형법으로의 발전

코넬리우스 프리트비츠(Cornelius Prittwitz)는 "형법과 위험 - 위험사회에서 형법과 형사정책의 위기에 관한 연구"라는 그의 논문을 통하여 위험사회에 대한 형법적 차원의 포괄적이고 차별화된 연구결과를 제시하고 있다. 그는 위험에 보다 중점을 두고자 하는 현대사회의 요구에 의해 형법이 효율성과 정당성의 문제에 보다 밀접하게 직면하고 있음을 밝히면서 이에 따라 위험형법이 더욱 더 요구되어지지만, 다른 한편으로 점증하는 위험형법에 대한 우려가 제기되고 있음을 지적하고 있다.[31] 즉 그의 견해에 따르면 위험사회에서의 형사정책은 상징적이고 예방적인 경향을 띠고 있으며, 이로 인해 산업사회의 "예방형법"(Präventionsstrafrecht)은 새로운 법익의 보호와 형법보호의 사전요구를 통해 위험사회의 "거대조종형법"(Großsteuerungsstrafrecht)으로 발전한다고 한다.[32] 그러나 그는 거대조종형법의 부작용을 "위험형법의 위험"(Risiko des Risikostrafrechts)으로 표현하면서 특히 다음과 같은 점을 지적하고 있다: "이러한 형법은 비효율적이고 반생산적이며, 나아가 장기적으로 명성과 신뢰성을 상실하고 법치국가에는 허용될 수 없을 것이다."[33]

결국 프리트비츠는 위험사회라는 사회학적 용어를 형법에 수용한 결과인 위험형법과 관련하여 형법은 질적·양적으로 위험사회의 새로운 위협분야에서 어떠한 명확한 결과도 제시할 수 없을 것이라는 부정적인 결론을 도출하고 있다.[34] 즉 위험사회에서 위험

의 책, 46면 이하).

31) Prittwitz, 앞의 책, 160면.

32) Prittwitz, 앞의 책, 236면 이하, 245면.

33) Prittwitz, 앞의 책, 247면 이하.

위험형법Risikostrafrecht의 특징

위험사회의 새로운 대량위험, 특히 미래의 안전과 관련된 범죄유형에 대처하기 위해 이른바 위험형법이 주장되고 있다. 위험형법의 특징으로는 크게 다음의 세 가지 측면을 언급할 수 있다.[35]

첫째, 형법적용의 대상과 관련하여 기존의 형법과 그것의 행위규범들은 전적으로 현재 진행되고 있는 사회분쟁을 대상으로 하며, 또한 그 해결책도 분쟁에 엉켜져 있는 지금 여기에 살고 있는 사람들에 관한 것이다. 그러나 위험사회의 문제는 현재 세대보다는 오히려 세대 간에 걸쳐 진행되는 사회분쟁을 그 대상으로 하며, 또한 그 해결책도 항상 다음 세대에 태어날 우리의 자손들과 연관을 맺는다는 것이다. 따라서 이와 같은 새로운 양상의 문제에 대해 기존의 형법으로 대응한다면, 그것은 단순히 현재의 문제와 관련되는 한에서만 형법의 개입을 고려한다는 문제점을 갖게 된다. 그러나 중요한 것은 현재가 아니라 "미래 그 자체"(die Zukunft als solche), 보다 구체적으로 현재로부터 시작해서 다음 세대에 그 본격적인 위험의 잠재력이 드러나게 되는 사회분쟁이라고 한다면, 미래에 필연적으로 발생하게 될 위험을 예견하고 이를 현재로부터 억제하는 것이 과연 기존의 형법수단으로 가능할 것인가의 물음에 대해서는 회의적일 수밖에 없다.

둘째, 형법의 불법구조(die Struktur des Unrechts)라는 측면에서 기존의 형법이 전제하고 있는 불법은 인간이 지각적으로 직접 확인할 수 있는 타인의 법익에 대한 침해이다. 반면에 위험형법의 불법이란 예컨대 공해, 유전인자의 조작 및 정보기술체계의 조작 등과 같이 이미 그 침해를 지각적으로 감지할 수 없는 종류의 것들이다. 더 나아가 기존의 불법이 일상적인 생활패턴으로부터 이미 구별되는 사회위해적인 위반행위인 반면, 위험사회에서의 불법이란 생활 오수를 버리는 것 혹은 대량의 스팸메일을 전송하기 위하여 컴퓨터를 작동시키는 것 등과 같이 이미 일상적으로 전혀 그 규범위반성이 드러나지 않는다는 것이다.

셋째, 위험형법의 특징은 범죄행위가 가시화되기 힘들 뿐만 아니라, 더 나아가 그 "행위의 주체"(das kriminelle Subjekt)가 불분명하다는 것이다. 즉 기존 형법의 불법 뒤에는 항상 이를 유발시킨 행위자 혹은 집단이 특정될 수 있으나, 위험사회에서 행위주체는 개별적인 행위자들이라기보다는 오히려 이와 같은 현상을 초래한 사회사회, 경제체계 그 자체라고 할 수 있다. 따라서 이러한 거대한 체계 안에서의 개별적인 행위자의 역할이란 결코 중요하지 않거나, 아니면 기껏해야 수없이 많은 하위체계의 공동작업에 의해 분산될 뿐이다.[36] 바꾸어 말하자면 기존의 형법이 전제하는 "중심적 형상"(Zentralgestalt)으로서의 행위자는 자취를 감출 뿐만 아니라, 더 나아가 위험원이 되는 체계 안에서의 개개인들은 오히려 이 체계가 제공하는 편의를 매일매일 제공받

34) Prittwitz, 앞의 책, 264면 이하.

고 있다. 상황이 이렇다면 범죄자와 비범죄자, 그리고 가해자와 피해자를 서로 명확히 구별하기란 어려운 문제가 된다.

이처럼 위험형법이 전통적인 형법과 구별되는 특징에도 불구하고 *Prittwitz*는 위험형법도 전통적인 형법의 선상에 서있다고 한다.[37] 즉 위험형법도 목적을 위한 수단으로서 이해되고 정당화된다는 점에서 전통적인 형법과 같다고 한다. 또한 위험형법은 전통적인 형법의 대상이었던 "악"(Bösen)한 행위를 "위험한 행위"(Gefährlichen)로 전환한 것일 뿐이라고 한다. 그 밖의 위험형법의 특징이란 위험형법의 목적들로서 한편으로는 위험사회학적 의미에서의 위험감소를, 다른 한편으로는 안전의 중재를 들 수 있다. 이것을 형법적인 언어로 구성한다면 한편으로는 행위조종을 통한 예방(Prävention)과 법익보호(Rectsgüterschutz), 다른 한편으로는 규범안정화(Normstabilisierung)라고 할 수 있다.

형법은 새로운 대량위험의 조종 내지 예방을 위해 결코 적합한 수단이 될 수 없으며, 오히려 그 자체가 하나의 위험으로 설명될 수 있다고 한다.[38]

5. 소결: 위험에 중점을 둔 예방형법으로의 발전

위험사회에서 형법의 실질적인 기능의 변화는 형법이 사회발전

---

35) Stratenwerth, "Zukunftssicherung mit den Mitteln des Strafrechts", ZStW 105 (1993), 679면 이하; Seelmann, 앞의 논문, KritV 1992, 452면 이하; 김일수/서보학, 앞의 책, 87면 이하; 김영환, "정보사회에 따른 법이론적 문제들 - 특히 형법의 귀속원리의 변화를 중심으로", 정보사회에 대비한 일반법 연구(I), 통신개발연구원1997, 47면 이하; 이상돈, 법학입문, 1997, 246면 이하; 하태훈/강동범, "정보사회에서의 형법의 임무와 대응방안", 정보사회에 대비한 일반법 연구(I), 통신개발 연구원 1997, 266면 이하; 류전철, "위험사회(Risikogesellschaft)와 위험형법(Risikostrafrecht)", 전남대학교 법률행정논총(제18집), 1998, 241면 이하.

36) Seelmann, 앞의 논문, KritV 1992, 456면 이하. Seelmann은 이러한 현상을 법적 귀속의 분산화(Zurechnungsverstreuung)라고 개념화하고 있다.

37) Prittwitz, 앞의 책, 366면.

38) Prittwitz, 앞의 책, 370면 이하.

의 조종에 기여해야 한다는 데에서 찾을 수 있다. 즉 형법은 위험사회에서 미래의 안전한 인류공동생활을 위해 공간적으로도 시간적으로도 한계지울 수 없는 손해결과와 관련하여 양적으로나 질적으로 새롭게 평가되어야 하는 새로운 대량위험을 축소 및 예방하는데 기여해야 한다. 이러한 측면에서 형법은 위험사회에서 더욱더 "위험에 중점을 둔 예방형법"(risikoorientiertes Präventionsstrafrecht)으로 그 기능이 변화되고 있다. 이러한 위험에 중점을 둔 예방형법의 전형적인 특징은 형법의 도움으로 새로운 대량위험을 국가적으로 규제하는데 중점을 두고자 함에 있다. 특히 경제범죄, 환경범죄, 조직범죄, 테러범죄 및 마약범죄 등의 영역에 있어 형법의 기능은 더 이상 지속적이고 일반적인 사회질서를 유지하는데 있지 않다. 오히려 예방적인 성격을 갖는 규제의 도움으로 침해가 발생하기 전 단계에서 강력한 개입을 통해 총체적 사회구조를 조종하는데 있다.

그러나 다른 한편으로 위험에 중점을 둔 예방형법의 효율성은 끊임없는 논란의 대상이 되고 있다. 위험에 중점을 둔 예방형법은 새로운 대량위험을 그 주요대상으로 삼고 있으나, 이러한 새로운 대량위험은 대부분 인간의 지각능력 밖에 있으며, 이 때문에 적절하게 극복할 수 없다는 특징을 갖는다. 또한 새로운 대량위험은 어쨌든 인간의 행위(작위 내지 부작위)에 기인하지만, 마치 자연재해의 발생처럼 특정 개인에게 그 행위결과를 귀속시키는 것이 불가능하거나 현저히 곤란하다. 이 때문에 법, 심지어 국가적 사회통제의 최후수단으로 이해되는 형법을 통해 새로운 대량위험을 조종하고자 하는 시도에 있어 그 효율성이 의문시되는 것은 필연적인 결과이다.

더 나아가 새로운 대량위험에 대처하기 위한 형법의 지속적인 기능화와 탈실질화의 경향은 형법의 고유한 기능을 상실하게 할 위험을 수반한다. 왜냐하면 과학기술의 발전은 미래에 있어 새로운 대량위험의 지배불가능성을 더욱더 확대시키기 때문이다.[39] 따라서 새로운 대량위험에 대처하기 위한 시도로 나타나고 있는 형법의 팽창현상은 형법의 고유한 기능을 상실하게 함으로써 형법의 도움으로 미래를 안전하게 할 필요성보다 오히려 형법의 미래를 안전하게 할 필요성을 더욱 느끼게 할 뿐이다.

마지막으로 위험에 중점을 둔 예방형법은 새로운 대량위험에 대해 형법적 보호를 지속적으로 확대시키고자 하며, 그 결과 가벌성을 침해가 발생하기 전 단계까지 확장할 것을 요구한다. 이때 이를 위한 수단으로서 보편적 법익과 추상적 위험범이 형사입법자들에 의해 애용되곤 한다: "한편으로 예방이라는 목적에 지향된 형사입법자는 보편적 법익(예컨대, 환경 및 그 구성인자의 보호, 자본시장의 기능의 보호 및 국민건강의 보호 등)을 지극히 모호하고 피상적으로 구성한다. 다른 한편으로 추상적 위험범이라는 범죄형태는 가벌성의 전제조건을 급격히 축소시킴으로써 형법의 적용을 매우 용이하게 한다. 만약 손해발생의 증명이 포기되어 진다면, 더 이상 인과관계의 증명은 중요치 않게 된다".[40] 이러한 토대 위에서 죄형법정주의, 행위형법의 원칙, 책임원칙, 의심스러울 경우에는 피고인에게 유리하게(in dubio pro reo)의 원칙 및 비례성의 원칙 등과 같은 전통적·자유주의적 법치국가형법의 체계원칙들은 점차 그 모습을 감추게 된다. 하쎄머가 이미 지적했듯이,[41] 형법의 팽창현상은 장

39) Seelmann, 앞의 논문, KritV 1992, 466면 참조.

40) Hassemer, "Kennzeichnen und Krisen des modernen Strafrechts", ZRP 1992, 378면 이하, 381면; Hassemer, Produktverantwortung im modernen Strafrecht, 2. Aufl., Heidelberg 1996, 10면 이하.

기적으로 가벌성과 불법의 체감력을 감소시킬 뿐이다. 이로써 위험에 중점을 둔 예방형법은 위험사회에서 현대형법의 위기를 더욱더 크게 경고하고 있다.[42]

Ⅳ. 현대형법이 위기에 처한 원인은 어디에 있고, 그 극복방안은 무엇인가?

1. 위험사회에 있어서 현대형법의 위기

위험사회에서 사회조절력의 해체로 인해 점증하는 위험은 그에 비례하여 더 많은 정치적, 사회적 규제수요를 창출하게 한다. 여기에 반응하는 형법은 그 영역을 더욱더 확대하고 있다. 그 결과 형법의 팽창현상이 나타나고 있다. 여기서 형법은 더욱 탈정형적이고 강화된 법효과를 지향하는 법규범으로 변화한다. 따라서 위험사회라는 현대사회의 특징은 형법에 있어 기능화 내지 도구화의 측면을 강조하는 방향으로 변모시키고 있다. 즉 형법은 정치적 목적을 위한 도구로 전락하게 되고, 이것은 하나의 단순한 행동규범인 형식법으로서의 형법을 다양한 사회적 요구에 응답하는 규제법(regulatorisches Recht)으로 변질시키는 것이 된다. 이렇게 특정한 사회적 변화를 목적으로 하는 사회형성의 도구로서 형법기능의 변화는 형법에 대하여 그 효율적 집행과 정치적 목적의 달성을 요구하기 때문에 동시에 형법을 위기에 빠뜨리는 원인이 된다.[43]

---

41) Hassemer, 앞의 논문, ZRP 1992, 381면; Hassemer, 앞의 책, 12면.

42) Kim, 앞의 책, 44면 이하.

43) Teubner, "Verbrrechtlichung Begriffe, Merkmale, Grenzen, Auswege", in: Friedrich Kübler (Hrsg.), Verrechtlichung von Wirtschaft, Arbeit und sozialer Solidarität, Baden-Baden 1984, 306면 이하; 박강우, "위험사회

현대형법의 위기의 원인을 또 다른 측면에서 찾을 수 있다. 즉 과학기술의 발전은 한편으로 인간의 생존을 끊임없이 위협하는 새로운 위험원을 창출한다. 위험사회에서 사회구성원은 필연적으로 새로운 대량위험에 대한 불안감을 그 어느 사회보다 크게 지각하게 되며, 이러한 불안감의 해소를 위해 형법의 개입필요성을 적극적으로 요구한다. 예컨대 조직범죄 내지 테러범죄의 증가, 환경파괴 또는 약물중독의 증가는 이에 대한 실효성 있는 대응책을 요구한다. 여기서 문제는 형법의 보충성과의 관계에서 발생한다. 새로운 대량위험에 대한 불안감을 줄이려는 요구는 형법이 범죄통제의 도구에서 미래안전의 보호를 목적으로 한 광범위한 예방의 도구로 바뀌어 가게 한다.[44] 왜냐하면 전통적·자유주의적 법치국가형법에서 그 기초로 삼고 있는 명확성의 원칙, 보충성의 원칙 및 비례성의 원칙 등은 위험사회의 새로운 위험상황에 탄력적 대응조종과 예방에 적합하지 않기 때문이다. 이러한 문제를 해결하기 위하여 형사입법자는 광범위한 보편적 법익, 추상적 위험범 및 상징형법을 그 수단으로 사용한다.[45] 그러나 그 결과 형법의 보충성의 원칙은 침식되고, 형법의 과잉투입 문제가 발생한다. 이는 곧 시민의 기본권과 자유권에 대한 제약 내지 침해라는 결과를 낳게 되고, 현대형법은 위기에 처해진다.

따라서 이하에서는 특정한 위험의 발생을 초기단계에서부터 형법적 수단을 통하여 차단하고자 도입하였으나, 다른 한편으로 현대형법을 위기에 빠뜨리게 한 원인이 되어버린 광범위한 보편적

와 형법의 변화", 형사정책연구 제8권 4호, 1997, 275, 277면 참조.

44) Hassemer, Einführung in die Grundlagen des Strafrechts, 2. Aufl., Frankfurt am Main 1990, 250면.

45) Hilgendorf, 앞의 책, 45면.

법익 및 추상적 위험범의 도입과 그에 따른 상징형법의 문제점을 보다 자세히 고찰하고자 한다.

(1) 보편적 법익의 팽배

형법상 법익(Rechtsgut)이란 일반적으로 형법에 의해 그 침해가 금지되는 개인 및 공동체의 이익이나 가치를 말한다. 전통적인 법치국가적 형법이 보호하는 법익은 생명, 신체, 자유 또는 재산 등과 같은 개인적이고 주관적인 권리로 정향되어 있었으며 형법적 고려도 이러한 주관적 법익의 보호에 중점을 두었다. 주관적 권리면에서 형법상 법익이란 국가가 모든 개개인에게 똑같이 보장해 주어야 하는 기본적 보호가치를 말한다. 그러나 위험사회에서의 형법은 이러한 전통적 법익의 보호만으로는 새로운 대량위험을 예방 및 제거하는 것이 곤란하거나 또는 불가능하게 되어 지금까지 전통적으로 인정되어 오던 구체적, 개인적 법익 보다 훨씬 앞당겨진 법익, 즉 보편적 법익을 광범위하게 인정하게 된다.[46] 따라서 사회에 있어서 개인의 개별적 이익을 보존하기 위한 전제에 해당하는 일정한 기능연관과 체계연관을 포괄하는 법익을 인정하게 되고, 이를 보호함으로써 궁극적으로 개인의 법익도 효과적으로 보호할 수 있게 된다. 예컨대 경제형법에서는 은행이나 국가의 경제조정의 수행능력과 같은 경제생활의 기능과 제도를 보호법익으로 삼게 된다. 환경형법에서는 환경 자체 또는 수질, 대기, 토양 등과 같은 그 구성인자를 형법상의 보호법익으로 인정하게 된다.[47] 그

---

46) 개인적 법익과 보편적 법익의 구별에 대하여는 Jescheck, Lehrbuch des Strafrechts AT, 4. Aufl., Berlin 1988, § 26 I 3 c.

47) 환경형법의 보호법익에 관한 상세한 논의로는 심재무, "환경형법에 있어서 보호법익", 형사법연구 제8호, 1995, 179면 이하; Bloy, "Umweltstra-

러나 보편적 법익의 수용[48]은 형사입법의 비판원칙으로서의 형법의 법익보호원칙을 무력화시키고, 형법의 보충성 및 명확성의 원칙을 침해하는 결과를 초래한다.[49] 또한 보편적 법익의 팽배는 구체적으로 확정 가능한 이익이 아니기 때문에 실제에 있어서는 불확정적인 빈껍데기에 불과하게 되거나 도덕이나 윤리와 같은 우리의 관념에 혼재되어 있는 비형법적인 요소로 잘못 채워질 수 있는 위험을 수반한다. 나아가 더 이상 구체적이고 상세한 규정화 작업은 외면되고 개인의 이익보호라는 형법의 전통적 역할은 뒷전으로 밀려나게 된다.[50]

(2) 추상적 위험범의 확대

전통적 범죄유형인 침해범의 경우에 범행의 계획, 예비단계에서 실행의 착수, 특히 법익침해의 결과발생까지 범죄자가 관여하여야 한다. 이에 반해 위험사회에서의 형법은 예비단계에서부터 형법적 평가의 대상이 된다. 즉 위험사회로의 이행이 형법에 미치는 영향 가운데 또 하나는 바로 추상적 위험범의 도입을 통한 범죄유형의 확대현상이다.[51] 추상적 위험범의 도입을 통해 구체적인 행위결과

---

frecht: Geschichte - Dogmatik - Zukunftsperspektiven", JuS 1997, 577면 이하; Kuhlen, "Umweltstrafrecht auf der Suche nach einer neuen Dogmatik", ZStW 105 (1993), 697면 이하 참조.

48) Hassemer는 이를 법익의 탈실질화경향(Entmaterialisierungstendenz)이라고 한다(AK-Hassemer, vor § 1 Rn. 265 ff.).

49) AK-Hassemer, vor § 1 Rn. 265 ff.

50) 이용식, "위험사회에서의 법익보호와 적극적 일반예방", 형사정책 제13권 제1호, 2001, 43면.

51) 이런 관점에서 추상적 위험범과 적성범(Eignungsdelikte)에 대한 논의로 Seelmann, "Atypische Zurechnungsstrukturen im Umweltstrafrecht", NJW 1990, 1257면, 1259면 참조.

와는 무관하지만 일정한 위험창출의 개연성이 있는 행위까지도 형벌의 대상으로 삼음으로써 행위와 침해결과 사이의 인과관계에 대한 요건을 완화시킨다. 예컨대 환경형법에 있어서 행정기관의 허가없이 일정한 물질을 다루거나 대기 또는 하천 등에 유입시키는 행위, 마약형법에 있어서 특정한 거래구조를 형성하는 행위 또는 구입처를 탐색하는 행위처럼 일상경험에 비추어 위험의 개연성 또는 가능성만이 있는 행위까지도 구성요건화하여 형벌의 대상으로 삼는다. 이와 같이 새로운 대량위험으로부터의 생존의 확실성 또는 안전의 보호를 목적으로 하는 추상적 위험범은 이미 오래 전부터 책임원칙과 관련하여 문제시 되어 왔으나,[52] 오늘날 위험사회에 있어서는 오히려 형사입법자의 총애를 받아 광범위하게 도입되고 있다.

그러나 형법의 결과형법적 전통에 비추어 볼 때 이러한 추상적 위험범은 두 가지 측면에서 문제가 제기될 수 있다.[53] 첫째, 추상적 위험범은 범죄화되는 행위와 법익침해 사이의 연결고리를 끊음으로써 전통적인 결과범을 거의 완벽하게 배제한다. 범죄화되는 행위에 대한 선정과 개념기술에 있어 형법적 법익에 대한 추상적 위험성은 구성요건의 차원에서 논의되는 것이 아니라 단지 입법적 판단의 요소가 될 뿐이다. 둘째, 추상적 위험범은 예방적 조치에 방해가 되는 형법상의 귀속을 아주 의심스러운 방법으로 단순화한다. 형법은 침해규범을 확인하여 불법에 적절히 대응하는 반대급부를 제공하기보다는 장차 발생하게 될 위험을 대비하고 억제하기 위하여 투입되게 된다. 추상적 위험범이 이러한 방법으로 행위자

52) 대표적으로 Baumann/Weber, Strafrecht AT, 9. Aufl., Bielefeld 1985, 135면.

53) Hassemer, 앞의 논문, NStZ 1989, 554면.

의 지위를 약화시키고 전통적 형법의 요새를 붕괴시킨다는 것은 의심스럽지만 명확하다. 또한 추상적 위험범이 기대하고 실제로 허용하고 있는 "예방압력"(Präventionsdruck)의 완화라는 것은 그렇게 명확하지 않다. 왜냐하면 추상적 위험범의 문제를 해결하고자 하는 영역에서, 즉 환경형법에서 그리고 마약형법에서의 "집행상의 결함"(Vollzugsdefizite)[54]에 대한 비판은 영속적으로 수반되기 때문이다.[55]

이러한 추상적 위험범의 문제점과 관련하여 주의해야 할 점은 형법의 영역에 있어서 추상적 위험범 자체가 금지되는 것은 아니며, 예컨대 방화죄와 같은 전통적 영역에 있어서는 추상적 위험범이 정당화될 수 있지만 새로운 영역에 있어서 "추상적 위험성범"(abstrakte Gefährlichkeitsdelikte)의 도입을 반대한다는 것이다. 보다 구체적으로 설명하면 전체적으로 형법의 중심이 위험사회에 있어 새로운 대량위험의 근거가 될 수 있는 행위태양조차 아주 초기단계에서 저지하려고 하는 전단계범죄화로 나아가는 추상적 위험성범에 반대함을 의미한다.[56] 이때 현실적이고 구체적인 위험결과와 관련되는 "위험범"(Gefährdungsdelikte)과 행위자의 입장에서 정해지는 행위의 위험성에 지향되어 있는 "위험성범"(Gefährlichkeitsdelikte 또는

---

54) 환경형법에 대해서는 Heine/Meinberg, "Empfehlen sich Änderungen im strafrechtlichen Umweltschutz, insbesondere in Verbindung mit dem Verwaltungsrecht?", Gutachten D für den 57. Deutschen Juristentag, 1988, D 77 ff., 152 ff.; Hassemer/Meinberg, "Umweltschutz durch Strafrecht", Neue Kriminalpolitik 1989, 46면 이하 참조. 향정신성의약품 형법에 대해서는 Kühne, Staatliche Drogentheraphie auf dem Prüfstand, Heidelberg 1985, 29면 이하, 108면 이하 참조.

55) Hassemer, 앞의 논문, NStZ 1989, 558면.

56) Hassemer, 앞의 논문, NStZ 1989, 558면.

Risikodelikte)은 서로 구별되어야 한다.[57] 전자의 경우는 일반적으로 법익에 대한 침해의 가능성 정도에 따라 "구체적 위험범"(konkrete Gefährdungsdelikte)과 "추상적 위험범"(abstrakte Gefährdungsdelikte)으로 구별된다. 그리고 후자의 경우도 마찬가지로 구체적 위험성이 요구되는지 또는 추상적인 적합성만으로 만족하는지에 따라 "구체적 위험성범"(konkrete Gefährlichkeitsdelikte)과 "추상적 위험성범"(abstrakte Gefährlichkeitsdelikte)으로 구별될 수 있다. 먼저 구체적 위험성범은 보통 독일 "질서위반법"(Ordnungswidrigkeitengesetz)의 영역에 존재하는 것으로 이해된다. 다만 추상적 위험성범이 형법에 받아들여질 수 있는가의 문제는 당해 행위의 불법의 정도에 따라 예외적으로 근거지워질 수 있는가라는 가치판단에 따라서 정해질 것이다. 그러나 구체적으로는 법익에 대한 아무런 위험성도 없는 행위가 형법적으로 금지되거나, 더 나아가 형벌의 대상이 될 수 있는가는 의문스럽다. 왜냐하면 이 경우에는 단지 단순한 명령위반만이 문제가 되고 실질적인 불법이 존재한다고는 볼 수 없기 때문이다.[58]

(3) 상징형법의 문제

형법이 실효성을 거두지 못하거나 집행상의 결함을 나타냄에도 불구하고 형법에 중요한 상징적 의미를 부여함으로써 형법이 위험형법화되는 현실을 타개하고자 하는 논의로 상징적 입법론이 제기되고 있다. 특히 젤만(Seelmann)에 의하면 법률이 시간적으로나 내

---

57) Hirsch, "Strafrecht als Mittel zur Bekämpfung neuer Kriminalitätformen?", in: Hans-Heiner Kühne/Koichi Miyazawa (Hrsg.), Neue Strafrechtsentwicklungen im deutsch-japanischen Vergleich, Köln u.a. 1995, 19면 이하; 이상돈, 앞의 책, 34면 이하 참조.

58) Hirsch, 앞의 논문, in: Neue Strafrechtsentwicklungen im deutsch-japanischen Vergleich, 1995, 20면 이하.

용적으로 원래 의도한 목적과 달리 작용하는 경우 또는 법률이 법적 의무나 그러한 의무의 이행을 부과한 수범자와는 다른 수범자에게 적용될 경우, 이런 법률을 "상징적 법률"(symbolisches Gesetz)로서 정의할 수 있다고 한다. 즉 형법이 시간적으로나 내용적으로 원래 의도한 목적과 달리 작용한다는 것은 예컨대 형법상 범죄행위의 방지에서 보통의 암수범죄보다 훨씬 더 많은 암수범죄가 발생하는 경우를 말한다. 또한 형법이 명시적으로 규정된 수범자와는 다른 수범자에게 적용된다는 것은 형법이 형벌위하를 통해 원래 저지하려고 했던 행위주체에 적용되는 대신 오히려 그들의 이익과 가치관이 침해된 것으로 보는 사람들을 안심시키려고 하는 경우를 말한다.[59)]

위험사회에서 형사입법자는 새로운 대량위험의 예방을 목적으로 상징형법의 방향으로 나아가고 있다. 오늘날 "적극적 일반예방"(positive Generalprävention)이 인기가 있는 이유는 집행상의 결함, 즉 법익침해행위들 중에서 일정한 비율만 선택하여 처벌함으로써 처벌비율을 의식적으로 제한해도 일반인을 법에 충실하게 하는데 커다란 지장이 없다는 현상과 관련이 있다.[60)] 이러한 일련의 상징적 작용에 대한 기대는 실제 현실에서 형법이 얼마나 흡족하게 구현되기를 희망했었는지를 보여준다. 그러나 오늘날 이러한 의미의 상징적 입법이라는 개념은 대부분의 학자들에 의해 부정적 의미로 이해되고 있다. 즉 상징형법의 개념은 궁극적으로는 위하효과의

---

59) Seelmann, 앞의 논문, KritV 1992, 461면.

60) Schünemann, "Zur Stellenswert der positiven Generalprävention in einer dualistischen Straftheorie", in: Positive Generalprävention. Kritische Analyse im deutsch-englischen Dialog Uppsala-Symposium 1996, Berd Schünemann u.a. (Hrsg.), Heidelberg 1998, 120면; Zipf, Kriminalpolitik, 2. Aufl., Heidelberg/Karlsruhe 1980, 137면 이하.

대변자로서 본래의 의도 이상을 실현한다는 것이었는데, 이제는 부정적으로 단순히 기망 내지 속임수의 의미로만 받아들여지고 있다.[61] 또한 위험사회의 형법인 위험형법은 귀속의 어려움과 반생산성[62]으로 인하여 실효성이 없을 뿐만 아니라 기대했던 상징적 작용에 있어서도 실효성이 없다는 사실이 점차 밝혀지고 있으며, 상징적 의미도 충분하지 않기 때문에 좌초될 수밖에 없다는 것이다.[63]

상징형법은 이제 형법이 시민사회와 개인에게 유익한 결과를 달성하는 도구로서 적합하지 않다는 것을 담지하는 개념으로만 의의를 가진다. 위험사회에서 상징형법의 문제는 그것이 본질적인 문제는 해결하지 않고 정치적 이득만을 취하려 하는데 있다. 그렇다면 위험사회에서 상징형법의 임무는 불안감의 잠재적 양상에 대하여 형사입법자의 체면과 양심을 꾸며내는 것에 있는지도 모른다.[64] 결국 상징형법은 단기적으로는 문제를 완화시켜주는 듯하지

---

61) Hassemer, 앞의 논문, NStZ 1989, 553면 이하.

62) Seelmann은 귀속의 어려움(Zurechnungsschwierigkeiten)과 반생산성(Kontraproduktivität)에 대해 환경형법과 마약형법의 예를 들어 설명하고 있다. 보편적 법익과 추상적 위험범의 범죄유형을 통한 선행단계에서의 범죄화는 얼핏 보면 귀속을 용이하게 만드는 것처럼 보이지만 이것은 형법에서 매우 중요한 행위자와 행위결과의 직관적 연관을 분리시키기 때문에 법적용에서 개별적 귀속을 오히려 어렵게 만든다고 한다. 한편, 형법은 심지어 환경형법과 마약형법의 분야에서 자신의 고유한 목적설정과 모순될 위험, 즉 반생산적으로 될 위험에 빠진다고 한다. 예컨대 마약형법에서 형법은 전세계적으로 불법적인 마약거래가 확산되도록 값을 올려놓고, 중독된 소비자가 공적 부조를 요청하는 것을 방해하고, 더 나아가 주거침입절도, 강도 및 공갈이라는 2차 범죄를 유발시키는 등 반생산적이라는 것이다(Seelmann, 앞의 논문, KritV 1992, 456면 이하).

63) Seelmann, 앞의 논문, KritV 1992, 466면.

64) Hassemer, 앞의 논문, NStZ 1989, 558면.

만 장기적으로는 법치국가의 자유주의 원칙, 특히 법익보호사상을 침해하며 형사사법에 있어 국민의 신뢰를 기망하는 등 오히려 역효과를 가져올 뿐이다.[65)]

2. 위험사회에 있어 형법의 위기극복과 과제

앞서 언급한 바와 같이 위험사회에서 새로운 대량위험에 대한 불안감의 축소 및 이를 통한 미래의 안전보장을 목적으로 형사입법자는 광범위한 보편적 법익, 추상적 위험범 및 상징형법을 그 수단으로 사용하고 있다. 그러나 이러한 수단들은 그 반작용으로서 형법의 보충성의 원칙을 침식시키고 형법의 과잉투입이라는 문제를 야기시키고 있다. 그 결과 일반시민의 기본권과 자유권의 보호를 목적으로 하는 전통적·자유주의적 법치국가형법으로부터 거리가 멀어진 현대형법은 더욱더 깊은 위기에 처해지고 있다. 이러한 현대형법의 위기를 어떻게 극복할 것이며, 위험사회에서 형법에 부여된 새로운 과제는 무엇인가에 대해 독일과 국내의 형법학자들은 다양한 대안을 제시하고 있다. 따라서 이하에서는 이들 대안을 간략히 검토하고 필자 나름의 대안을 제시하고자 한다.

(1) 위험사회에서 현대형법의 위기극복과 그 과제에 대한 대안

가. 순수한 기능적인 형법으로의 해결

위험사회에서 현대형법의 위기극복의 대안의 하나로서 형법의 임무를 위험사회에 적합하게 재규정할 것을 역설하며, 이런 기반

65) Hassemer, 앞의 논문, NStZ 1989, 553면 이하; 이상돈, 앞의 책, 34면 이하; 이용식, 앞의 논문, 45면 이하; 최석윤, "상징형법에 대한 비판적 고찰", 비교형사법연구 제5권 제2호, 2003, 158면 이하 참조.

위에서 이에 장애가 되는 기존의 형법적인 개념의 틀을 제거하자는 견해이다. 즉 인류의 생존을 보장하는 것이 가장 시급한 법 내지 형법의 과제이며, 따라서 이와 같은 목적을 달성하기 위해서는 기존의 형법 체계가 제공하는 개념적인 도식들을 다소 저버려도 괜찮다고 한다. 그리고 그 대신 새로운 임무수행에 보다 효율적인 소위 "순수한 기능적인 형법"(ein rein funktionalistisches Strafrecht)을 발전시킴으로써 미래를 위협하는 새로운 대량위험원을 미리 예방하자는 것이다.[66)]

그러나 순수한 기능적인 형법에 대한 문제점은 단순히 효율성만을 지향하는 형법이 과연 그 임무를 현실적으로 수행할 수 있는가이다. 왜냐하면 형벌을 통한 규범의 안정화기능은 바로 그 형벌이 얼마만큼 근거가 있으며 정당화될 수 있는가에 전적으로 의존하기 때문이다. 그런데 규범에 대한 불복행위 그 자체를 처벌하려는 소위 형식범의 부활은 이런 관점에서 별로 설득력이 없다. 달리 말해 기존의 형법적 귀속원리를 배제하려는 순수한 기능적인 형법은 다른 법적 제재들과 구별되는 형사적인 제재의 독자성을 근거지우지 못한다. 이러한 점에서 이 대안은 단지 일반적인 차원에서의 목표설정에만 표면적 지지를 받을 수 있을 뿐이다.

나. 간섭법을 통한 극복

위의 대안과는 정반대되는 입장으로 형법을 다시금 전통적인 "핵심형법"(Kernstrafrecht)으로 축소시키고 위험사회와 관련된 제반문

---

66) 이에 대해서는 특히 Kratzsch, Verhaltenssteuerung und Organisation im Strafrecht. Ansätze zur Reform des strafrechtlichen Unrechtsbegriffs und der Regeln der Gesetzesanwendung, Berlin 1985; Prittwitz, "Funktionalisierung des Strafrechts", StV 1991, 435면 이하 참조.

제는 형법이 아닌 형법과 질서위반법의 사이, 민법과 공법 사이에 자리 잡는 하나의 특별한 "간섭법"(Interventionsrecht)[67]으로 해결하는 견해이다. 간섭법은 형법보다는 요구수준이 낮은 보장과 절차적 규제를 사용하지만 그에 대하여 사용하는 개인에 대한 제재는 훨씬 덜 가혹하며, 이러한 현대적인 법이 규범적으로도 의문이 적을 뿐만 아니라 실제로도 현대사회의 특별한 현상적 문제를 담당함에 더욱 적합한 수단이 될 수 있다고 한다. 구체적으로 위험사회에 있어서도 형법은 여전히 개인적인 법익보호를 그 원칙으로 하며, 보편적 법익보호는 단지 예외적으로 개인적인 법익보호와 직결될 때에만 인정된다고 한다. 따라서 형법적인 귀속원리의 근간은 여전히 전통적인 결과범이며, 이에 따라 추상적 위험범은 정당화되기 힘들다고 한다. 이렇듯 위험사회의 예방책에 대한 형법적인 구성요건이 아예 형법에 존재하지 않는다면 이론상의 형법적인 문제는 비교적 간단히 해결될 수 있다. 그러나 보다 실질적인 문제는 이런 대안에 의해 위험사회에 대한 형법의 임무가 적절히 구현될 수 있는가이다.[68]

하쎄머에 의해 제안된 국가적 간섭법과 관련하여 이 법이 보편적 법익을 보호함에 있어 어떻게 형법과 질서위반법 사이에서 독자적인 역할을 할 수 있는가라는 근본문제가 제기된다. 만일 어떠한 사례가 형법에 포섭되지 않는다면 질서위반법이 유일한 처벌의

---

67) Hassemer, 앞의 논문, ZRP 1992, 378면, 383면.

68) 국내 형법학자중 Hassemer에 의해 주장된 간섭법을 통한 해결에 찬성하는 입장으로는 김학태 교수가 있다. 김학태 교수는 "현대 위험사회에서 나타나는 새로운 위험현상에 대해서는 형법이 아닌 타법영역에서(간섭법), 아니면 법적 규제가 아닌 자율적 조절가능성에 따라 문제해결을 시도함이 바람직하다"는 입장을 취하고 있다(김학태, "현대위험사회에서의 형법상 귀속구조의 변화", 비교형사법연구, 제3권제1호, 2001, 28면).

대안이 될 것이다. 또한 하쎄머가 사회계약으로부터 형법의 범위에 관해 이끌어내려 했던 결론이 왜 간섭법과 질서위반법에는 똑같이 적용되지 않는지가 불분명하다. 여기서도 역시 국가의 처벌적 간섭이 문제되기 때문이다. 마지막으로 그의 설명은 당해 행위방식의 양적 불법내용에서 보면 형사법적 반작용을 하기에 충분하지 않다는 단순한 주장일 뿐이다. 그러나 이는 실제적으로 질서위반법으로의 재후퇴만을 의미한다. 이와 같은 가치결정이 그 포괄성에 있어 오늘날 전혀 공감을 기대할 수 없다는 점은 더 이상 설명이 필요하지 않다.[69] 한편, 클라우스 뤼더센(Klaus Lüderssen)[70] 역시 하쎄머의 견해에 대해 다음과 같은 점을 지적하고 있다. 즉 핵심영역으로의 형법의 제한은 예로부터 전래되어 온 범죄만을 처벌하는 고전형법(Klassenstrafrecht)으로의 후퇴를 의미한다고 한다. 예컨대 절도범은 형벌이라는 고통을 감내해내야 하지만, 반면에 경제범 내지 환경범죄자는 단지 간섭법의 완화된 제재(mildere Sanktionen)만이 부과되어질 뿐이다. 이러한 점과 관련하여 쉬네만(Schünemann) 역시 다음과 같은 비판을 제기하고 있다: "천연자원의 지속적인 낭비의 산물로 엄청난 쓰레기가 산더미처럼 쌓여가고 있는 오늘날 재산범죄를 형법적인 핵심영역으로 부속시키는 동시에 대부분의 환경범죄를 질서위반의 영역에 속하도록 하는 것은 다만 환원적인 것으로 밖에는 볼 수 없다".[71]

69) Hirsch, 앞의 논문, in: Neue Strafrechtsentwicklungen im deutsch-japanischen Vergleich, 1995, 28면.

70) Lüderssen, Abschaffen des Strafens?, Frankfurt am Main 1995, 11면.

71) Schünemann, "Zur Dogmatik und Kriminalpolitik des Umweltstrafrechts", in: Kurt Schmoller (Hrsg.), FS-Otto Triffterer zum 65. Geburtstag, Wien/New York 1996, 438면 이하.

다. 미래보장의 영역에서 법익문제의 포기를 통한 극복

권터 슈트라텐베르트(Günter Stratenwerth)[72]는 바젤에서 열린 1993년의 형법학자대회에서 행한 기조연설에서 종래의 형법은 새로운 범죄유형, 특히 "미래보장"(Zukunftssicherung)에 관련된 범죄유형(대표적인 예로 환경범죄)에 대처하는데 적합하지 않다고 하면서 간섭법을 통한 해결과는 달리 그는 형법체계 내에서 해결책을 찾으려고 했다. 즉 미래보장이라는 시급한 임무를 수행하기 위해서 전통적인 수단은 수정되어져야 하며, 우리는 21세기의 문제를 18세기의 정신도구로서 해결할 수 없음을 강조하였다. 먼저 그는 보호법익과 관련하여 미래보장의 영역에서는 충분하게 윤곽이 그려진 보호이익의 결여 때문에 법익사상이 더 이상 중요하지 않을 것이라고 한다. 따라서 그는 미래보장의 영역에서는 법익개념을 포기하되 그 대신에 전적으로 "행위반가치"(Verhaltensunwert)에 지향하여야 함을 주장하고 있다. 나아가 그는 미래의 임무에 상응하는 형법은 추상적 위험성의 한계를 넘어서고 일반적 행위규범의 단순한 위반도 처벌할 수 있음을 요구하고 있다.

슈트라텐베르트에 의해 제기된 미래보장의 영역에서 법익개념을 포기하고 그 대신에 전적으로 행위반가치에의 지향을 통한 해결방식 역시 다음과 같은 비판이 제기될 수 있다. 즉 그가 주장한 법익개념이 현존하는 새로운 대량위험과 관련하여 미래보장의 영역에서 유용하지 못하다[73]는 점은 그 근거가 미약하다. 오히려 법익 개념은 전영역의 폭넓음과 불명확함 그리고 특히 "감정화"(Emotionalisierung)와 "정치화"(Politisierung) 때문에 바로 이러한 영

72) Stratenwerth, "Zukunftssicherung mit den Mitteln des Strafrechts", ZStW 105 (1993), 679면 이하, 693면.

73) Stratenwerth, 앞의 논문, ZStW 105 (1993), 693면.

역에서 특별히 요구된다. 법치국가적 근거뿐만 아니라 행위의 불법내용의 평가에서 법익침해의 원근을 적절히 고려하기 위해서도 법익개념의 합리화기능 및 한계기능이 필요하다.[74)]

라. 법치국가적 전통의 기반 위에서의 해결

한스-요하임 히르쉬(Hans-Joachim Hirsch)[75)]는 60년대 중후반의 독일형법개정논의에서는 장래의 형법 발전은 기존의 형법구성요건의 제한과 폐지를 통한 비범죄화에 있다고 믿었으나, 70년대 초 이래로 새로운 형벌구성요건이 꾸준히 증가하고 있음을 지적하고 있다. 특히 그는 환경형법, 마약형법 및 유전공학과 관련된 형법 및 경제형법의 일부분과 관련하여 형법이 과연 이러한 영역에 있어 관련 범죄억지를 위한 적합한 대처수단인가라는 근본 물음을 제기하고 있다. 이러한 문제제기와 관련하여 그는 하쎄머에 의해 제기된 간섭법을 통한 해결방안과 이와 정반대되는 입장으로 미래보장의 영역에서 법익의 포기를 주장하는 슈트라텐베르트의 견해를 모두 비판하면서 다음과 같은 새로운 해결책을 제시하고 있다.

먼저, 그는 미래보장의 영역에서 법익문제를 포기하라는 슈트라텐베르트의 요구는 전체 형법의 관점에서 대단히 위험한 견해임을 지적하면서, 법익개념은 그가 나타내고 있는 불명확성에도 불구하고 형법에서의 비합리성과 불명확성을 방지하는 하나의 보루이며, 이로써 포기 할 수 없는 성과중의 하나라고 한다. 법익개념이 문제시되고 이 때문에 특히 노력이 요구되는 곳에서 법익개념의 포

---

74) Hirsch, 앞의 논문, in: Neue Strafrechtsentwicklungen im deutsch-japanischen Vergleich, 1995, 17면.

75) Hirsch, 앞의 논문, in: Neue Strafrechtsentwicklungen im deutsch-japanischen Vergleich, 1995, 11면 이하.

기를 요구하는 것은 형법의 발전을 의미하는 것이 아니라 법치국가 이전의 사고방식으로 회귀하는 것을 의미할 뿐이라고 한다.76) 다른 한편으로 그는 하쎄머에 의해 주장된 견해와는 달리 불충분한 것으로 여겨진 환경형법의 효율성이 당해 형벌규정의 실패를 입증 한 것은 아님을 강조하면서 다음과 같은 근거를 제시하고 있다. 즉 환경보호가 그 사이 사회공동체 내에서 차지한 비중은 이러한 형벌규정을 특히 형법에 규정하는 것에 찬성하며, 그 비중은 국가목표로서 이를 기본법에 도입되었다는 점에도 반영되고 있다. 이로부터 특별한 경고신호 효과가 나오기 때문에 국가는 형법에서 그 깃발을 흔들어 보인다는 것이다. 그리고 연간 2,700건의 유죄판결을 단순히 무시할 수 없는 것이며, 따라서 단순히 환경형법의 상징적 성격이 언급될 수 있는 것은 아님을 지적하고 있다. 그 밖에도 유죄판결의 수에 있어서 그 사이 환경형법의 작용으로 얻어진 국민과 기업의 환경에 대한 민감성(Sensibilisierung)이 무시되어서는 안 되며, 기업은 공공의 주목을 받고 있고 발각될 경우 기업의 이미지에 치명적 상처를 입기 때문에 그러한 규정이 기업에 대해서 일반예방 효과를 충분히 거둘 수 있다고 한다.77) 이로부터 그는 형법은 기본적으로 새로운 범죄발전에 대처하는 수단으로 적합하며, 다른 한편으로 지금까지의 형법의 요구나 형법의 법치주의적 원칙들에 대해 일반적 수정을 가할 필요는 없고 오히려 새로운 영역에서도 바로 이러한 원칙들을 준수하는 것이 특히 중요하다는 결론을 도출하고 있다.78)

---

76) Hirsch, 앞의 논문, in: Neue Strafrechtsentwicklungen im deutsch-japanischen Vergleich, 1995, 17면.

77) Hirsch, 앞의 논문, in: Neue Strafrechtsentwicklungen im deutsch-japanischen Vergleich, 1995, 23면.

히르쉬의 견해는 앞서 설명한 세 가지의 대안들보다 더 이론적으로 공고한 벽을 갖추고 있다고 하겠다. 왜냐하면 그는 우선 슈트라텐베르트가 지적한 테제인 "우리는 21세기의 문제를 18세기의 정신적 도구로서만 해결할 수 없다"는데 전적으로 동의를 표하면서 미래영역의 문제를 그 위치가 불문명하고 형벌 내지 제재라는 측면에서 불균형을 필연적으로 야기시키는 간섭법이 아닌, 또한 다소 극단적인 견해라 할 수 있는 법익개념의 포기나 순수한 기능적인 형법으로의 회귀가 아닌 전통적인 법치국가적 형법의 틀 안에서 새로운 법익개념, 추상적 위험범, 행정종속성의 문제, 법인의 처벌문제 등에 대해 세심한 이론분석과 이를 통한 탄력적 수용을 통해 미래영역의 문제를 해결하고자 하기 때문이다. 이는 일면 진부한 혹은 절충적 결론이라는 비판이 가해질 수도 있지만, 오늘날 우리의 형법적인 도구가 다만 18세기의 유물이라고는 말 할 수 없으며, 오히려 200년의 점진적인 발전의 성과임을 간과해서는 안 된다. 또한 환경형법과 마약형법에서 잘 나타나고 있듯이 정치가 및 형사입법자들이 형법의 보충성의 원칙을 무시한 채 사회적인 문제들을 우선적으로 형법적인 수단에 의해 해결할 수 있다는 관념을 지니고 있지만, 형법은 어디까지나 국가행위의 최후수단(ultima ratio)이지 근본적인 사회정책에 대한 어떠한 대체수단도 아님을 결코 잊어서는 안 된다.

마. 델타모델로의 해결

김일수/서보학 교수는 현대형법의 과제를 해결하기 위해서는 우선 형법이 직면하고 있는 생활사실을 보통의 생활사태(예컨대 핵심

78) Hirsch, 앞의 논문, in: Neue Strafrechtsentwicklungen im deutsch-japanischen Vergleich, 1995, 31면 이하.

형법분야)와 현대적(특수한) 생활사실(예컨대 경제형법분야, 원자력형법분야, 환경형법분야, 유전공학형법분야, 의료생명기술형법분야, 제조물형법분야, 컴퓨터형법분야 등)로 구분하여 보통의 생활사태에 대해서는 부드러운 최후수단의 법으로, 특별한 위험상황에 직면하고 있는 현대적 생활사실에 대해서는 강한 우선수단의 법으로 형법은 신축성을 지닌 법으로 접근해야 한다는 의견을 제시하고 있다. 이 견해는 소위 "델타모델"(Deltamodel)로 설명되고 있다. 이에 따르면 위험사회에서도 법치국가형법은 원칙적으로 전통적인 자유보장책 안에서 흘러가는 강물과 같지만, 삼각주(Delta)가 형성되어 있는 하류에서는 이미 그 흐름의 영향에서 벗어난 새로운 델타영역과 마주칠 수 밖에 없다는 것이다. 이와 같은 현대형법의 델타는 환경형법, 마약형법, 경제형법, 원자력형법, 여성보호형법, 의료생명기술형법, 컴퓨터형법 등의 분야에서 뚜렷하게 나타나고, 이러한 분야에서는 형법이 위험을 예방할 수 있는 실효성 있는 안전확보의 수단으로 극대화하는 경향이 있다는 것이다.[79)]

(2) 소결: 법치국가적 원칙에 기반을 둔 자기 제한적 형법으로의 해결

앞서 언급한 바와 같이 위험사회에 있어 형법은 인류의 생존을

---

79) 김일수/서보학, 앞의 책, 86면 이하 참조. 이밖에도 류인모 교수는 "대량화되고 예측불가능한 거대한 위험들을 특징적으로 가지고 있는 새로운 범죄유형에 대처하기 위한 예방적 차원의 프로그램들이 진지하게 모색되어야 하며, 대량위험사회의 적절한 통제수단으로서의 예방적 기능을 중심으로 한 형법의 새로운 기능확대를 진지하게 고민할 필요가 있다"는 견해를 제시하고 있다(류인모, 앞의 논문, 18면). 허일태 교수는 과학기술적 위험에 대한 형사정책적 고려로서 자율적 규제가 가능하도록 하는 사전배려의 필요성과 규범의식강화의 필요성을 강조하고 있다(허일태, 앞의 논문, 2003, 23면 이하).

위협하는 새로운 대량위험을 축소하고 예방하라고 하는 압력의 증가로 인해 더욱더 위험에 중점을 둔 예방형법으로 그 기능이 변화하고 있다. 그 결과 위험의 예방과 불안감의 최소화를 위한 형법의 팽창은 불가피한 현상으로 받아들여지고 있다.

그러나 위험에 중점을 둔 예방형법에서 나타나고 있는 형법의 팽창현상에 대해 독일과 국내의 대다수 형법학자들은 비판을 가하고 있다.[80] 즉 이들은 환경, 경제, 마약, 테러리즘 등과 같은 사회적 갈등을 해결하기 위해 계속해서 진행되고 있는 무분별한 범죄화의 실험을 포기하는데 찬성한다. 형법 팽창현상의 지속적인 수용은 우리가 인식하지 못한 사이에 법치국가형법에서 아무런 실효성도 담보하지 못하는 "정치형법"(politisches Strafrecht)[81]으로 변질될 위험성을 내포하고 있기 때문이다.

따라서 위험사회에 있어 형법은 경제적, 사회적 변화를 계속해서 무시할 수 없지만 여전히 자신의 제한된 영향력으로 인한 한계를 지니고 있으며, 여러 사회적 갈등, 특히 위험사회에서의 새로운 범죄현상과 새로운 대량위험에 대한 실효성 있는 조종수단으로서는 매우 제한적으로 적합함을 재인식해야 한다. 바로 여기서 보충성의 원칙, 명확성의 원칙, 비례성의 원칙 및 의심스러울 경우에는 피고인에게 유리하게의 원칙 등과 같은 법치국가적 원칙에 기반을 둔 자기 제한적 형법이 강조될 필요성이 있다. 특히 이때 법치국가적 원칙이 위험사회에 있어 새로운 범죄현상과 새로운 대

---

80) 예컨대 Prittwitz, 앞의 책, 374면 이하, 383면 이하; Roxin, Strafrecht. Allgemeiner Teil I, 3. Aufl., München 1997, § 2 Rn. 30 f.

81) 정치형법에 관해 자세히는 Wolfgang Beck, Unrechtsbegründung und Vorfeldkriminalisierung, Berlin 1992, 134면 이하, 140면 이하, 160면 이하 참조.

량위험에 대해 효율적으로 대처하는데 있어 저해요인으로 작용하기보다는 오히려 형법의 광범위하고 정당하지 않는 투입을 방지하기 위해 필요한 경계선 내지 브레이크의 역할을 한다는 점을 유의해야 한다.[82] 나아가 이러한 법치국가적 원칙에 기반을 둔 자기제한적 형법은 일정한 법익(예컨대 환경 내지 그 구성인자)에 대해 새롭게 인식된 위험이 있을 경우 새로운 구성요건을 창설하는 것이 결코 닫혀져 있지 않기 때문에 여전히 유연적인 성격을 지니고 있다. 그러나 이때도 형법의 투입은 사회적 갈등해결을 위해 적합한 최후수단이라는 전제조건이 충족되어야 한다.[83]

Ⅴ. 논의를 마치며

이상으로 위험사회에 있어 형법의 팽창현상을 유발시키는 원인과 그에 따른 형법기능의 변화, 나아가 형법의 팽창현상에 따른 현대형법의 위기와 이를 극복하기 위해 지금까지 제시된 대안을 검토하고 법치국가적 원칙에 기반을 둔 자기 제한적 형법으로의 해결이라는 나름대로의 대안을 제시하였다. 이에 관하여 전체적으로 요약하면 다음과 같다.

첫째, 벡에 의해 처음으로 제시되고 그 후 형법학에서 수용된 위험사회라는 개념은 형법의 임무가 개인의 생명, 신체, 자유 또는 재산의 보호 등과 같은 구체적, 개인적 법익보호라는 측면보다

---

82) 김학태 교수 역시 자유주의적・법치주의적 형법원리는 현대 형법이론에서 주장하는 것과 같이 순수한 개념적 틀에 불과한 것으로, 혹은 껍데기에 불과한 기능만을 가지는 것이 아니라 오히려 국가형벌권의 자의적인 폭력으로부터 인간의 존엄과 가치를 보장하기 위한 최고의 법원칙으로서 결코 포기할 수 없는 것임을 지적하고 있다(김학태, 앞의 논문, 27면).

83) Kim, 앞의 책, 224면 이하.

인류의 생존가능성을 위협하는 새로운 대량위험, 예컨대 원자적, 화학적, 생태적 그리고 유전공학적 위험의 예방이라는 측면에서 더 중요하게 되었다. 이로써 위험사회라는 개념은 현대형법의 새로운 임무가 무엇인가에 대한 논의의 출발점으로서 유용한 분석의 틀을 제공하고 있다. 특히 이러한 위험사회에 있어 새로운 범죄현상과 새로운 대량위험에 대한 예방압력의 증가로 인해 형사입법자는 형법의 영역을 지속적으로 확대하고 있다. 이러한 형법의 팽창현상에 대한 근본원인으로 크게 위험사회에 있어 새로운 대량위험의 출현, 사회의 불안감 증가 및 수동적 사회집단의 증가 등을 지적할 수 있다.

둘째, 위험사회에 있어 형법은 더 이상 국가적 사회통제수단이 아닌 아니라 새로운 범죄현상과 새로운 대량위험의 조종 내지 예방수단으로 인식되고 있으며, 이에 따라 형법도 위험에 중점을 둔 예방형법으로의 발전하고 있다. 이와 같은 위험에 중점을 둔 예방형법에서는 보편적 법익, 추상적 위험범 및 상징형법 등이 증가하고 있다. 이러한 수단은 전통적·자유주의적 법치국가형법으로부터 거리가 멀어져 현대형법을 위기에 처하게 하는 주된 원인이 되기도 하지만, 미래안전의 보장과 관련된 21세기의 문제를 18세기의 정신적 도구로써만 해결할 수 없음도 명백하다.

셋째, 미래안전의 보장을 위해 보편적 법익 및 추상적 위험범 등을 도입함에 있어서도 보충성의 원칙, 명확성의 원칙 및 비례성의 원칙 등과 같은 법치국가적 원칙은 여전히 충족되어야 한다. 구체적으로 보편적 법익을 현대형법에서 완전히 배제할 수는 없지만 가능한 한 구체적이고 상세하게 규정하여 종래 개인적 법익에서의 제한원리가 통용될 수 있도록 해야 하며, 범죄유형과 관련하여 침해범, 위험범 및 위험성범을 명확히 구별하고 진정한 의미의 추상적 위험성범은 형법의 영역에서 배제시켜야 할 것이다. 또한 특별형법 내지 부수형법의 양산에 대해서는 최대한 신중하게 대처해야 하며, 이점은 추상적 위험범을 형법의 규율대상에 새로이 포함시키는데 있어서도 마찬가지이다.

넷째, 위험사회에서 형법의 새로운 임무와 과제에 대한 논의에 있어 형법학의 근본적이고 직접적인 문제는 형법을 통한 미래안전의 보장뿐만 아니라 자유주의적 법치국가원리를 구현하여 국가권력을 제한하고 개인의 자유를 최대한 확보하는 것임을 간과해서는 안 된다. 왜냐하면 앞서 살펴보았듯이 위험사회에 있어서 새로운 대량위험이라는 것은 현재 눈앞에 닥친 위험을 의미하는 것이 아니라 점증하고 있는 후기산업사회의 부수효과로서의 위험을 의미하는 것이고, 오늘날 한국 사회에서 보다 현실적이고 실제적인 위협은 사회의 위험원에 대한 위험제거라기 보다는 개인의 자유와 권리에 대한 국가권력의 침해라고 여겨지기 때문이다. 따라서 위험사회에 있어 형법학의 임무와 과제는 한편으로 자유주의적 법치국가원리를 구현하여 국가권력을 제한하고 개인의 자유를 확보해야 하는 반면, 다른 한편으로 개인을 중심으로 하는 법의 귀속원리를 다소 완화시켜서라도 최소한 우리 자손에 대한 미래의 생존조건을 확보해야 한다. 결국 위험사회에 있어 이와 같은 두 가지 형법의 임무와 과제는 위험에 중점을 둔 예방형법이 아닌 법치국가적 원칙에 기반을 둔 자기 제한적 형법을 통해 이루어질 수 있을 것이라고 본다.

[§ 2] 형법을 통한 안전보장의 가능성과 한계*

Ⅰ. 논의 배경

독일 사회학자 프란츠-사버 카우프만(Franz-Xaver Kaufmann)은 오늘날처럼 인류가 자신의 삶을 이렇게 안전하게 영위한 적이 없었음에도 두려움(Angst)과 불안(Unsicherheit)이 지난 20세기의 주요한 주제로 다루어졌음을 지적하고 있다. 그에 따르면 오늘날 인류는 객관적인 안전은 증가하였으나 주관적인 불안감이 늘어나는 이율배반적인 상황에 처해 있다고 한다.[1] 특히 산업화와 과학기술 발전의 어두운 측면으로서 인류의 생존을 위협하는 위험원들이 끊임없이 창출되고 있는 위험사회에서 사회 구성원은 필연적으로 새로운 대량위험에 대한 불안감을 그 어느 사회보다 크게 지각한다. 이러한 불안감의 해소를 위해 법, 특히 형법을 통한 안전보장(Gewährleistung der Sicherheit)을 요구하고 있다.[2]

법을 통한 안전보장은 우선 잠재적이고 추상적인 위험영역에서

---

* "형법을 통한 안전보장의 가능성과 한계에 관한 고찰", 비교형사법연구 제6권 1호, 2004.7., 1-24면.

1) F.-X. Kaufmann, "Normen und Institutionen als Mittel zur Bewältigung von Unsicherheit: Die Sicht der Soziologie", in: Bayerische Rückversicherung Aktiengesellschaft (Hrsg.), Gesellschaft und Unsicherheit, Karlsruhe 1987, 37면, 46면.

2) P.-A. Albrecht, Kriminologie, 2. Aufl., München 2002, 3면.

경찰법상의 위험예방을 통해 이루어질 수 있다.[3] 나아가 일반 시민은 형법에 대해서도 자신의 생명, 신체의 불가침성, 신체적 자유 및 재산 등에 대한 일정 정도의 안전을 보장해 줄 것을 기대한다. 따라서 거의 모든 형법 교과서에서 형법의 임무를 범죄행위에 의한 침해로부터 개인의 법익 내지 사회공동체의 보호라고 설명하고 있다. 이러한 의미에서 형법은 평화로운 공동생활의 보장을 목표로 한다.[4]

그러나 일반 시민이 국가로부터 새로운 대량위험(예컨대 원자적, 화학적, 생태적 그리고 유전공학적 기술들에 기초한 위험)과 새로운 범죄현상(예컨대 환경범죄, 경제범죄, 마약범죄, 조직범죄 및 테러범죄 등)[5]에 대한 보다 많은 안전보장을 요구하면서, 이와 동시에 국가로부터 개인의 자유를 최대한 보장해 주기를 기대하는 것은 모순된 요청이다. 왜냐하면 안전보장을 이유로 광범위한 범죄예방의 도구로 변화된 형법은 공권력에 의한 기본권의 침해수단들(예컨대 비밀수사관의 투입, 도청장치의 설치 및 심지어 감시를 목적으로 하는 위치 또는 방향추적시스템의 설치 등)을 정당화하기 때문이다.[6] 이러한 수단들은 필연적

---

3) 이에 관해 자세히는 Drews/Wacke/Vogel, Gefahrenabwehr, 9. Aufl., Bd. 1, Köln u.a. 1986, 232면 참조.

4) 손동권, 형법총칙(제2개정판), 율곡출판사, 2005, 10면; 이재상, 형법총론(제5판), 박영사, 2004, 8면; Jescheck/Weigend, Lehrbuch des Strafrechts. Allgemeiner Teil, 5. Aufl., Berlin 1996, 2면 이하; Krey, Deutsches Strafrecht. Allgemeiner Teil, Band 1, Stuttgart 2001, § 1 Rn. 2; Roxin, Strafrecht. Allgemeiner Teil I, 3. Aufl., München 1997, § 2 Rn. 1 ff.; Wessels/Beulke, Strafrecht. Allgemeiner Teil, 31. Aufl., Heidelberg 2001, § 1 Rn. 5 ff.

5) 이러한 영역에서 범죄의 실질적인 발전에 관해서는 H.-J. Albrecht, "Entwicklungen der Krinimalität, Ursachen und die Rolle der Kriminalpolitik", in: Hans Joachim Hirsch (Hrsg.), Krise des Strafrechts und der Kriminalwissenschaften?, Berlin 2001, 17면 이하, 26면 이하 참조.

으로 시민의 기본권과 자유권에 대한 희생을 요구한다. 즉 안전보장은 개인의 자유의 희생이란 대가의 지불 없이 실현되지 않는다는 것이다.[7] 더 나아가 오늘날 예방적 효율사상에 기초한 형법이 안전보장에 대한 일반 시민의 기대를 얼마나 충족시키고 있는지도 의문스럽다. 특히 지속적으로 증가하고 있는 새로운 범죄현상과 새로운 대량위험의 영역에서 형법은 실효성 있는 대책을 거의 제공하고 있지 못하고, 다만 상징적 입법[8]의 기능을 수행하고 있을 뿐이라는 비판이 가해진다. 이러한 관점에서 자유주의적 법치국가원리를 구현하여 국가권력을 제한하고 개인의 자유를 최대한 확보하고자 했던 전통적인 "법치국가적 형법"(rechtsstaatliches Strafrecht)과는 달리 안전보장을 최우선 과제로 하는 "안전형법"(Sicherheits-strafrecht)이 실제로 이에 기여할 수 있는가, 또한 있다면 그 한계는 어디까지인가라는 근본적인 문제가 제기된다.

따라서 아래에서는 형법을 통한 안전보장의 가능성과 그 한계라는 문제를 중심으로 먼저 안전의 개념(Ⅱ), 안전형법이 탄생하게 된 역사적 배경(Ⅲ) 및 범죄구성요건의 정당화기초로서 안전(Ⅳ) 등을 간략히 설명하고자 한다. 다음으로 안전형법의 대표적인 영역이라 할 수 있는 환경범죄와 조직범죄에 있어 형법을 통한 안전이

---

6) P.-A. Albrecht, 앞의 책, 4면.

7) Isensee, Das Grundrecht auf Sicherheit. Zu den Schutzpflichten des freiheitlichen Verfassungsstaates, Berlin/New York 1983, 1면.

8) 상징적 입법의 개념에 관해 자세한 내용은 Amelung, "Strafrechtswissenschaft und Strafgesetzgebung", ZStW 92 (1980), 19면 이하; Seelmann, "Risikostrafrecht", KritV 1992, 452면 이하, 460면 이하; Voß, Symbolische Gesetzgebung: Fragen zur Rationalität von Strafgesetzgebungsakten, Ebelsbach 1989, 25면 이하, 34면 이하, 82면 이하, 102면 이하 참조.

얼마만큼 보장될 수 있는지를 검토해 보고자 한다(V). 마지막으로 법익보호형법으로부터 안전형법으로 변화하려는 현대형법의 발전경향에 대해 비판적인 검토가 이루어질 것이다(VI).

Ⅱ. 안전(Sicherheit)이란 개념은 무엇을 뜻하는가?

1. 위해(Gefahr)와 위험(Risiko)의 반비례 관계로서의 안전

안전[9]이라는 개념은 이미 기원전부터 그리고 현재까지도 큰 의미를 지니고 있다. 하지만 안전이 무엇을 의미하는지, 어떠한 목적에 기여하는지, 또한 무엇을 보호하는지 등에 관해서는 그렇게 간단히 설명할 수 없다. 이미 1970년에 카우프만은 안전의 개념이 오래 전부터 사용되었지만 그 정의에 대해서는 결코 일치를 보지 못하고 있음을 지적했다.[10] 그럼에도 안전은 우선 위해(Gefahr) 내지 위험(Risiko)이 존재하지 않음과 동일한 의미로 이해할 수 있다. 나아가 어느 사회 또는 시대에도 절대적인 안전은 존재하지 않았으며, 그 결과 사회적 현실로서의 안전은 다만 위험수위가 아주 낮은 단계로서 이해되고 있다. 이때 위험은 일반적으로 자연과 인간의 행위에 근거하여 초래된다. 따라서 형법의 임무는 처음부터 자연이 아닌, 단지 인간의 행위에 근거한 위험예방에 있다. 하지만 형법도 인간의 행위에 근거한 모든 위험을 다루는 것은 아니다. 즉 자연적인 인간의 행위에 근거하여 초래된 위험은 형법의

---

9) 안전(Sicherheit)의 어원적 근원은 라틴어의 "securitas"에서 유래했다는 데에 의견이 일치하고 있다 (F.-X. Kaufmann, Sicherheit als soziologisches und sozialpolitisches Problem, 2. Aufl., Stuttgart 1973, 63면 이하).

10) F.-X. Kaufmann, 앞의 책, 2면 이하.

영역에서 배제될 가능성이 높다. 왜냐하면 형법의 작용영역은 단지 귀속가능하게 야기된 위험으로 설명되는 범죄행위에만 국한되기 때문이다.

인간의 행위에 의해 귀속가능하게 야기된 위해(Gefahr)를 위험(Risiko)이라 할 수 있다. 따라서 Risiko는 객관적으로 귀속 가능한 - 의식적으로 - 야기된 또는 계산되어진 위해이다. 인간은 이러한 Risiko를 신의 의지에 따른 운명적인 것으로 보지 않고, 예측하고 계산할 수 있다고 생각하기 때문에 기꺼이 무릅쓰거나 감수를 한다. 그러므로 Risiko는 위해와는 달리 기회(Chance)로 이해되며, 언제나 인간의 의사결정의 산물이다. 단지 인식 없는 과실의 경우에

위해Gefahr와 위험Risiko의 구별

Luhmann은 위해(Gefahr)와 위험(Risiko)를 원인귀속에 따라 구별하고 있다. 그에 의하면, 위험은 결정의 당사자가 그 결정으로 인하여 손해를 보는 것이고, 위해는 본인의 결정과는 무관하게 해를 입는 것으로 파악한다. 달리 표현하면 '위험'은 자신의 결정 여하에 따라 회피할 수 있는 경우라면, 위해는 자신의 통제 밖에 있는 계산할 수 없는 경우로, 위해의 원인은 자연현상이나 타자, 다른 조직의 결정에 기초한다고 한다. 이처럼 Luhmann은 위험과 위해 간의 구분을 결정하는 자와 결정으로부터 영향을 받는 자 간의 대립과 연관되어 있는 것으로 파악하면서, 현대사회는 지식의 증대와 기술발달을 통해 위험에 대한 결정가능성을 확대시킴으로써 위해를 위험으로 전환시키는 경향이 있다고 한다.[11)]

한편, 김영환 교수는 위해(Gefahr)를 영어의 danger와 동의어로 보고 이를 위험이라고 번역하고, Risiko을 영어의 risk로 이해하여 모험 또는 위험으로 번역하고 있다. 그 의미는 위해의 경우는 예기치 않은 법익의 위태화를, 위험은 이미 예견된 법익의 위태화를 의미한다고 한다.[12)]

---

11) 루만/김종길(역), 복지국가의 정치이론, 일신사, 2001, 56-57면.

12) 김영환, "정보사회에 따른 법이론적 문제들 - 특히 형법의 귀속원리를 중심으로", 정보사회에 대비한 일반법 연구(I), 통신개발연구원 1997, 47면.

만 Risiko는 의식적인 의사결정 없이도 존재할 수 있다. 결국, 이러한 위해와 위험과의 관계는 일반적으로 "모든 위해가 Risiko는 아니지만, 모든 Risiko는 위해이다"라는 표현으로 설명될 수 있다.[13)]

형법의 대상으로서의 위해와 위험은 안전과 서로 반비례 관계를 형성하고 있다. 즉 위해와 위험이 크면 클수록 안전은 더욱 더 작게 보장되며, 반대로 위해와 위험이 작으면 작을수록 안전은 더욱 더 크게 보장된다.[14)]

〈위험과 안전의 관계〉

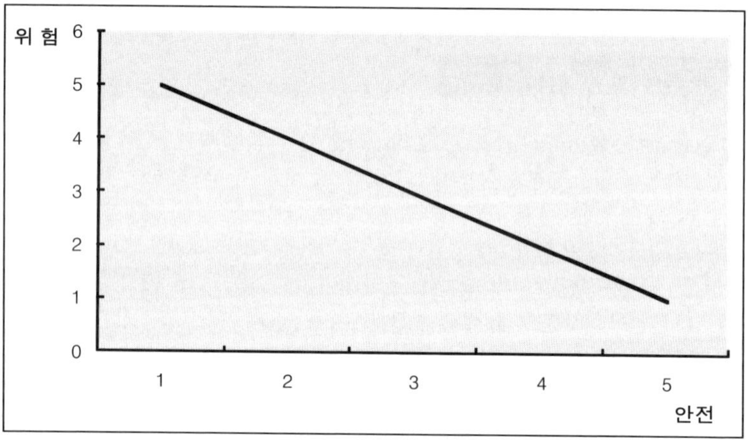

13) 위해(Gefahr)와 위험(Risiko)과의 구별에 관해 자세히는 Bonß, "Unsicherheit und Gesellschaft Argumente für eine soziologische Risikoforschung", Soziale Welt 1991, 258면 이하; ders., Vom Risiko. Unsicherheit und Ungewißheit in der Moderne, Hamburg 1995, 52면 이하; Luhmann, Soziologie des Risikos, Berlin/New York 1991, 16면 이하.

14) Bloy, "Möglichkeiten und Grenzen der Gewährleistung von Sicherheit durch Strafrecht", in: Carsten Momsen u.a. (Hrsg.), Fragmentarisches Strafrecht, Frankfurt am Main u.a. 2003, 9면 이하, 11면.

2. 안전 개념의 양면성과 다양성

안전은 자유의 외부적인 성립조건에 속하는 것으로서 자유를 제한하는 성질을 가진다.[15] 이로부터 정치적 일상생활에서 자유라는 주제의 양면성이 도출된다. 즉 한편에서는 안전이란 개념으로부터 언제나 자유로운 활동공간의 설정과 확대(예컨대 안전한 조치들이 취해졌을 경우 사람들은 밤늦게까지도 지하철을 탈 수 있으며, 아이들을 거리에서 놀게 할 수 있다)만을 기대하는 반면, 다른 한편에서는 이로부터 통제와 감시를 통한 자유의 제한에 귀를 기울인다.

또한, 안전 개념의 양면성으로부터 누구의 그리고 어떠한 안전에 관한 것인가, 즉 안전 개념의 다양성이라는 문제가 제기된다. 먼저, 개인적인 관점에서 보면 서로 다른 종류의 위험에 대한 개인의 안전이 고려된다. 예컨대 위험한 기계를 매일 다루는 일터에서의 안전 또는 타인의 공격으로부터의 안전 등이 이에 해당한다. 하지만 이러한 개인의 안전 개념에서 결코 보편적인 안전 개념은 형성되지 않는다. 다음으로, 국가의 과잉침해로부터의 개인의 안전, 개인의 공격으로부터의 국가의 안전, 국가의 내적 그리고 외적인 안전 등이 있다. 이러한 안전은 개인에 대해 서로 다른 의미를 갖는다. 더욱이 한 국가 내에서 국가의 안전은 개인의 안전과 동일하게 위치시킬 수도 없다. 왜냐하면 국가의 안전은 개인의 안전과는 명확히 구별되는 아주 특별한 차원을 갖기 때문이다.

이러한 안전 개념의 양면성과 다양성은 무엇보다도 안전이라는 주제가 다루어야 하는 대상범위를 구체화하는 것이 필요하다는 점을 명료하게 한다. 왜냐하면 안전은 언제나 하나의 대상과 관련을

---

15) Würtenberger, "Über Freiheit und Sicherheit", in: Festschrift für Hans Welzel, Berlin/New York 1974, 23면 이하, 28면 이하 참조.

<안전개념의 양면성과 다양성>

안전개념의 양면성	안전개념의 다양성
- 안전은 자유를 보장하는 동시에 제한 ▪ 안전이란 개념으로부터 자유로운 활동 공간의 설정과 확대 기대 ▪ 이로부터 통제와 감시를 통한 자유의 제한에 관심을 기울임	- 누구의 그리고 어떠한 안전에 관한 것인가의 문제 ▪ 서로 다른 종류의 위험에 대한 개인의 안전 ▪ 국가의 과잉침해로부터의 개인의 안전 ▪ 개인의 공격으로부터의 국가의 안전 ▪ 국가의 내적·외적인 안전

맺고 있기 때문이다. 그러나 형법을 통한 안전보장이 언급될 경우 이러한 대상이 언급되기 보다는, 오히려 형법의 도움으로 안전이 보장되어야 하는 수단이 언급될 뿐이다.[16)]

Ⅲ. 안전형법(Sicherheitsstrafrecht)과 계몽주의 사상과는 어떤 관계에 있는가?

형법을 통한 안전보장은 범죄행위로 인해 위협받는 손해, 즉 Risiko의 예방을 의미한다. 더 정확히는 안전과 Risiko 사이의 선택의 문제라기보다는, 오히려 포괄적인 Risko의 예측에 관한 것이다.[17)] 따라서 Risko의 예측에 기초한 안전은 Risiko의 최소화에 의해 획득되어지는 "상대적인" 안전만을 실현할 수 있을 뿐이다.

16) Bloy, 앞의 논문, 11면 이하.

17) Risiko 예측의 복잡한 과정에 관해 자세히는 Luhnamm, 앞의 책, 28면 이하 참조.

이로써 우선 구체적 상황에서 안전과 불안전에 관해 의사결정을 하는 잠재적 범죄인으로서 개인의 시민이 언급되어 진다.[18] 그러므로 안전은 일차적으로 타인의 자유를 존중하는 시민 개인의 고유한 행동을 통해 등장한다.

계몽주의 시대의 인간상은 합리적인 사고인(思考人)으로서의 시민을 전제로 했다. 이로부터 신적인 존재질서를 유지하고자 했던 종교적·형이상학적 형법 개념은 Risiko예측사상을 수용한 합목적적인 형법에 의해 해체되었다.[19] 잘 알려진 바와 같이 이러한 역사적 발전을 이끌었던 대표적인 학자는 "심리적 강제이론"(Theorie des psychologischen Zwanges)을 주장했던 포이에르바하(Feuerbach)였다.[20] 형법의 예방작용[21]이 이러한 Risiko예측과 관련을 맺음으로써 형법은 결과적으로 안전보장에 기여하게 되었다. 계속적인 역사적 발전과정에서 서로 다른 예방이론이 격렬히 상호 경쟁을 하며 전개되었지만, 모든 예방형법의 공통적인 목적은 안전의 보장이었다.[22]

---

18) Prittwitz, Strafrecht und Risiko. Untersuchungen zur Krise von Strafrecht und Kriminalpolitik in der Risikogesellschaft, Frankfurt am Main 1993, 84면 이하.

19) 이에 관한 개관으로는 Sellert/Rüping, Studien- und Quellenbuch zur Gesichte der deutschen Strafrechtspflege I, Aalen 1989, 253면 이하 참조.

20) Feuerbach, Über die Strafe als Sicherungsmittel vor künftigen Beleidigungen des Verbrechers, Chemnitz 1800 (재인쇄 1970), 94면 이하.

21) 예방, 의사결정 및 Risiko와의 관계에 관해서는 Luhnamm, 앞의 책, 38면 이하 참조.

22) 이에 관해 자세히는 Mailwald, "Moderne Entwicklung der Auffassung vom Zweck der Strafe", in: Ulrich Immenga (Hrsg.), Rechtswissenschaft und Rechtsentwicklung, Göttingen 1980, 291면 이하; Frisch, "Sicherheit durch Strafrecht?", in: Gunnar Duttge u.a. (Hrsg.), Gedächtnisschrift für Ellen Schlüchter, Köln u.a. 2002, 686면 이하, 670면 이

이러한 안전보장의 과제는 당연히 경험적 · 심리적인 것보다는 규범적인 것으로 이해될 수 있다. 범죄행위로부터 완전히 자유로울 수 있다고 하는 약속은 어쩌면 환상에 지나지 않는다. 오히려 경험적으로는 실망스럽겠지만, 규범효력의 보증을 통해 안전의 기대를 유지토록 하는 것이 더 현실적일 수 있다. 그러나 이는 장기적으로 일정한 정도의 관용의 한계가 유지될 경우에만 달성될 수 있다. 나아가 이러한 규제기능은 형법이 예방형법으로서 특징지어질 경우에만 고려될 뿐이다.

비른바움(Birnbaum)에 의해 주장된 법익론(Rechtsgutslehre)[23]의 등장으로 19세기 형법의 전형적인 모형은 법익보호(Rechtsgüterschutz), 즉 법익의 안전 사상에 중점을 두게 되었다. 이 때문에 형법을 통한 안전보장의 가능성과 한계에 관한 문제 해결의 핵심기능은 법익의 개념과 역할에서 찾을 수 있다.[24]

Ⅳ. 안전은 범죄구성요건의 정당화기초로서 자리매김할 수 있는가?

형법 각칙으로 시선을 돌려보면 공공의 안전(öffentliche Sicherheit) 내지 공공의 평온(öffentlicher Frieden)[25]의 보호를 목적으로 하는 개

하 참조.

23) J.M.F. Birnbaum, "Über das Erfordemiß einer Rechtsverletzung zum Begriffe des Verbrechens, mit besonderer Rücksicht auf den Begriff der Ehrenkränkung", ArchCrimR N.F. 1 (1834), 149면 이하; 법익개념의 역사적 발전과정에 관해 상세히는 Sina, Die Dogmengeschichte des strafrechtlichen Begriffs "Rechtsgut", Basel 1962 참조.

24) Bloy, 앞의 논문, 12면 이하.

25) 엄격한 의미에서 공공의 안전과 공공의 평온은 구별되는 개념이다. 공공

별 범죄구성요건들을 발견할 수 있다. 예컨대 형법 제5장은 공안을 해하는 죄[26)]로 제114조 이하에서 범죄단체의 조직죄(제114조), 소요죄(제115조), 다중불해산죄(제116조), 전시공수계약불이행죄(제117조) 및 공무원자격사칭죄(제118조)의 5개 범죄를 규정하고 있다.[27)] 특히 독일 형법학자 킨트호이저(Kindhäuser)는 1989년에 발표한 "범죄행위로서의 위험(Gefährdung als Straftat)"이라는 논문에서 "추상적 위험범의 규범목적은 안전의 보장, 즉 재화에 대한 방해받지 않은 처분에 있다"라고까지 주장하고 있다.[28)] 그러나 이로부터 안전이 하나의 독자적인 법익(Rechtsgut)으로까지 재구성될 수 있는지,[29)] 또는 이러한 입장에서 더 나아가 법익보호가 안전보호를 통해 대

의 안전은 사람의 생명 · 신체 또는 재산에 대한 위험만을 의미하는 데 반하여, 공공의 평온은 모든 종류의 평온에 대한 위험을 의미한다(두 개념의 구별에 관해서는 LK-Bubnoff, § 125 Rn. 17; SK-Rudolphie, § 125 Rn. 12; 이재상, 앞의 책, 479면 이하).

26) 독일 형법은 공공질서에 대한 죄(제7장)로 예컨대 특수주거침입죄(제124조), 소요죄(제125조), 범죄위형에 의한 공공평온교란죄(제126조), 무장단체조직죄(제127조), 범죄단체조직죄(제129조), 테러단체조직죄(제129조의a), 국민선동죄(제130조) 등을 규정하고 있다.

27) 그러나 전시공수계약불이행죄와 공무원자격사칭죄는 국가의 기능을 보호하기 위한 국가적 법익에 대한 죄임에는 명백하나, 공공의 안전 또는 평온과는 아무런 관련이 없는 범죄라 할 수 있다(이재상, 앞의 책, 479면).

28) Kindhäuser, Gefährdung als Straftat. Rechtstheoretische Untersuchungen zur Dogmatik der abstrakten und konkreten Gefährdungsdelikte, Frankfurt am Main 1989, 19면 이하, 277면 이하, 280면 이하, 294면.

29) 이런 의미로 해석한 대표적인 예로는 Frisch, "An den Grenzen des Strafrechts", in: Festschrift für Walter Stree/Johannes Wessels, Heidelberg 1993, 69면 이하, 91면 이하; Schünemann, "Kritische Anmerkungen zur geistigen Situation der deutschen Strafrechtswissenschaft", GA 1995, 201면 이하, 211면.

체되어야만 하는지[30]는 여전히 불확실한 상태로 남겨져 있다. 어쨌든 안전이 법적 평온(Rechtsfrieden)과 마찬가지로 단지 일반예방의 적극적인 측면에 대한 표시에 관련된 문제로 다루어지기 때문에 이미 법익이 될 수 없음은 명확하다. 즉 재(財)의 안전은 모든 범죄행위를 통해 문제시 되지만, 보호법익은 개별 범죄의 특별한 불법으로 표현될 뿐이다.[31]

다른 한편으로 안전형법에 대해 무엇보다도 다음과 같은 비판이 제기될 수 있다. 안전과 법적 평온은 인간의 전체 심리상태에 관한 문제인 반면에, 법익은 인간의 자기계발과 관련된 조건들의 전체로부터 엄격히 선별된 개별단면(예컨대 생명, 건강, 자유 등)만을 대표한다. 따라서 법익보호형법을 통해, 즉 당벌적이고 형벌이 요구되는 법익침해가 있는 경우에 한해서 안전과 법적 평온은 다만 의식적으로 또한 선별적으로만 보호될 뿐이다.[32] 이러한 방식으로 보장된 형법의 단편적인 성질은 자유주의 법치국가의 가장 중요한 구조요소라 할 수 있다.[33] 그러나 예방적인, 즉 財의 안전에 지향된 형

---

30) 이와 관련해서는 Prittwitz, 앞의 책, 249면, 각주 69; Krüger, Die Entmaterialisierungstendenz beim Rechtsgutsbegriff, Berlin 2000, 95면 참조.

31) 안전이 법익으로 대체되는 데에 반대하는 견해로는 Hirsch, “Strafrecht als Mittel zur Bekämpfung neuer Kriminalitätsformen?”, in: Hans-Heiner Kühne/Koichi Miyazawa (Hrsg.), Neue Strafrechtsentwicklungen im deutsch-japanischen Vergleich, Köln u.a. 1995, 11면 이하, 16면; Krüger, 앞의 책, 98면; Müssig, Schutz abstrakter Rechtsgüter und abstrakter Rechtsgüterschutz, Frankfurt am Main u.a. 1994, 202면 이하; Roxin, 앞의 책, § 11 Rn. 131; Zieschang, Die Gefährdungsdelikte, Berlin 1998, 354면 이하.

32) 특히 Gusy는 경찰법의 향후 전망과 관련하여 안전 자체가 아니라 “법익의 안전”(Sicherheit von Rechtsgütern)이 보호되어야 함을 강조하고 있다 (Gusy, Polizeirecht, 5. Aufl., Tübingen 2003, Rn. 82).

법은 안전사상의 확대결과로 법익개념을 파괴할 위험성을 내포하고 있다.[34] 더 나아가 순수한 안전형법은 단지 법익보호를 통해 안전보호라는 목표를 달성하고자 하는 규제적 메카니즘을 상실케 한다. 실질적인 논의에 있어 이러한 상실과 관련된 문제는 포괄적인 안전형법으로서 표시될 수 있는 위험형법이라는 개념 하에서 다루어지고 있다.[35] 특히 위험형법과 관련하여 자주 관찰되는 법익개념의 탈실질화경향(Entmaterialisierungstendenz)[36]은 안전 또는 법적 평온과 같은 보편적 가치를 법익으로 선언함으로써 법익보호형법으로부터의 이탈을 은폐하고자 하는 하나의 전략에 지나지 않는다.[37]

V. 안전형법의 대표적 영역으로 어떠한 범죄를 언급할 수 있는가?

1. 형법을 통한 안전보장의 한계

안전보장, 즉 위험예방은 오늘날 거의 모든 생활영역에서 추구되고 있으며, 사회구조를 재구성함에 있어 중요한 문제로까지 여

33) Jescheck/Weigend, 앞의 책, 52면 이하.

34) 이와 관련해서는 이미 Prittwitz, 앞의 책, 246면; Hassemer, "Kennzeichen und Krisen des modernen Strafrechts", ZRP 1992, 378면 이하, 380면에서 적절히 지적하고 있다.

35) 이러한 주제를 다루는 대표적인 문헌으로는 Herzog, Gesellschaftliche Unsicherheit und strafrechtliche Daseinsvorsorge. Studien zur Vorverletzung des Strafrechtsschutzes in den Gefährdungsbereich, Heidelberg 1991; Prittwitz, 앞의 책; Wohlers, Deliktstypen des Präventionsstrafrechts. Zur Dogmatik "moderner" Gefährdungsdelikte, Berlin 2000.

36) 이에 관해 자세히는 Krüger, 앞의 책.

37) 법익보호형법으로부터 안전형법으로의 변화라는 현대 형법의 비판에 관해서는 아래 VI. 참조.

겨지고 있다. 하지만 위험사회로 표현되는 현대사회에서 절대적 안전이 아닌 "상대적" 안전을 추구하는 것은 어쩌면 필연적인 결과라 하겠다. 이러한 위험사회에서 형법규범의 임무는 무엇보다도 공공의 안전 내지 평온을 위협하는 위험을 예방하는 데 있다. 위험과 불확실성이 지배하는 위험사회에서 형법은 전통적인 범죄통제의 도구에서 더욱 더 광범위한 위험예방의 도구로 기능화되고 있다. 즉 위험이 예측되는 곳에는 예방을 목적으로 한 형법의 투입이 요구된다. 그 결과 환경·경제·마약·조직·테러·의료·교통·컴퓨터범죄 등의 영역에서 위험에 대한 예방을 목적으로 다수의 특별형법이 양산되고 있음을 목격할 수 있다.[38]

그러나 형사입법자뿐만 아니라 일반 시민의 기대와는 달리 형법을 통한 안전보장은 원칙적으로 제한된 가능성을 가질 뿐이다. 이와 관련해서는 두 가지 이유가 제시될 수 있다. 먼저, 특정한 범죄 집단과 범죄 상황에 대해 언제나 제한적일 수밖에 없는 형벌위협의 일반예방 효과는 대부분 적발위험(Entdeckungsrisiko)에 의존하고 있다는 점이다. 이러한 적발위험이 현저히 적어 잠재적 범죄인이 이를 기꺼이 무릅쓰는 경우에 형벌위협을 강화하는 것은 그다지 의미가 없다.[39] 다음으로, 형법은 이미 범죄행위를 저지른 또는 범죄인으로 인정될 수 있는 사람과 관련해서 특별예방 효과를 거둘 뿐이라는 점이다. 이와 관련해서는 형벌의 위하적이고 재사회화를 가능케 하는 특별예방 효과를 지나치게 과잉 평가하는 경향이 있다.[40] 지속적으로 위험스러운 범죄인일 경우라도 법치국가

38) Hassemer, "Symbolisches Strafrecht und Rechtsgüterschutz", NStZ 1989, 553면 이하, 557면 이하; ders., Einführung in die Grundlagen des Strafrechts, 2. Aufl., München 1990, 275면.

39) 일반예방의 문제점에 관하여는 Hassemer, 위의 책, 309면 이하 참조.

에서 요구되는 책임의 한도를 넘어 형벌을 과할 수 없기 때문에 현실적으로 거둘 수 있는 특별예방 효과는 충분하지 않다.[41] 이러한 형법을 통한 안전보장의 한계는 특히 환경범죄와 조직범죄의 영역에서 명확히 나타나고 있다.

2. 환경범죄

생태적 위험사회에서 환경보호는 의심할 여지없이 현대형법의 가장 중요한 임무에 속한다. 왜냐하면 이는 현 세대뿐 아니라 미래세대의 안전한 삶의 기반유지에 관한 문제이자 인류의 생존에 관한 문제이기 때문이다. 이러한 관점에서 현대 형법에서는 어떠한 수단과 방법을 사용하여 효율적인 환경보호에 기여할 수 있을지가 근본적인 문제로 자리 잡고 있다. 특히 미래 안전보장과 관련해서는 모든 새로운 생태적 위험원에 대해 형법적인 보호를 지속적으로 확대할 것과 침해가 발생하기 전 단계에서 예방할 것을 요구한다. 이때 이러한 예방 목적을 지향하는 형사입법자는 전통적으로 인정되어 오던 개인적 법익보다 훨씬 앞당겨진 법익, 즉 "보편적 보익"(예컨대 환경 및 그 구성인자의 보호)[42]과 생태적 위험사회에서의 위험예방 내지 불확실성을 최소화하기 위한 사전요구 수단으로서 구체적인 행위결과와는 무관하게 일정한 위험창출의 개연성이 있는 행위들까지도 형벌의 대상으로 삼음으로써 행위와 침

40) 특히 Kaiser는 경험적 측면에 특별예방의 이러한 문제를 지적하고 있다(Kaiser, Kriminologie, 3. Aufl., Heidelberg 1996, § 31 Rn. 47 ff.).

41) Frisch, 앞의 논문, 2002, 675면.

42) Hassemer에 의하면, 이러한 보편적 법익의 수용은 형사입법의 비판원칙으로서 형법의 법익보호원칙을 무력화시키며, 또한 형법의 보충성 및 명확성의 원칙을 침해할 수 있다고 한다(AK-Hassemer, vor § 1 Rn. 265 ff.).

해결과 사이의 인과관계에 대한 요건을 완화하고 있는 추상적 위험범[43]을 광범위하게 도입하고자 한다. 이는 법익침해의 전 단계에서 가벌성을 전치화하는 것, 즉 전단계범죄화(Vorfeldkriminalität)를 의미한다.

그러나 한편으로 지극히 모호하고 피상적으로 구성된 보편적 법익과 가벌성의 전제조건을 급격히 축소시킴으로써 형법의 적용을 매우 용이하게 하는 추상적 위험범 등의 광범위한 도입은 죄형법정주의, 행위형법의 원칙, 책임원칙, 의심스러울 경우에는 피고인에게 유리하게(in dubio pro reo)의 원칙 및 비례성의 원칙 등과 같은 전통적인 법치국가적 형법의 체계원칙들을 위태롭게 한다. 이미 하쎄머가 지적했듯이,[44] 이러한 현상은 장기적으로 가벌성과 불법의 체감력을 감소시킬 뿐이다.

다른 한편으로는 이러한 보편적 법익과 추상적 위험범이라는 형법적인 수단들에 의해 달성하고자 했던 효율적인 환경보호 역시 제한적으로만 가능하다.[45] 이는 국내적으로 제한된 형법규범이 환경이라고 하는 보편적 법익을 충분히 보호할 수 없기 때문만은 아니다. 한정된 국내영역 내에서도 형법을 통한 환경침해 내지 위태화의 예방 가능성은 제한적이다. 왜냐하면 형법은 단지 행정법적으로 허용되지 않은 불법행위에 대해서만 투입되기 때문이다. 예컨대 독일 형법 제324조에 따라 금지되는 것은 단지 행정법상 권

---

43) 위험범에 대한 비판적 견해에 관해서는 특히 Kindhäuser, 앞의 책 참조.

44) Hassemer, "Kennzeichnen und Krisen des modernen Strafrechts", ZRP 1992, 378면 이하, 381면; ders., Produktverantwortung im modernen Strafrecht, 2. Aufl., Heidelberg 1996, 10면 이하.

45) 이에 관하여 예컨대 P.-A. Albrecht, "Das Strafrecht auf dem Weg vom liberalen Rechtsstaat zum sozialen Interventionsstaat", KritV 1988, 182면 이하, 188면 이하; Herzog, 앞의 책, 50면 이하, 141면 이하 참조.

한 없이 수질을 오염시키거나 그 수질을 유해하게 변경시킨 행위이다. 따라서 동조를 통해 명목상 성취되어야 하는 절대적인 수질보호는 현실적으로 환경형법이 아닌 경찰형법에 의해 가능할 뿐이다. 더 나아가 환경의 가장 중대한 침해와 위태화는 단지 불법행위에 의해서만이 아니라, 오히려 간과할 수 없는 다수인의 합법적인의 행위(예컨대 수백만 명이 내품는 자동차 매연에 의한 대기오염, 현대 소비사회의 결과물로서 매일같이 버려지는 쓰레기더미에 의한 수질 및 토양오염)의 누적(Kumulation)에 의해서 더욱 빈번히 발생한다.[46] 결국 환경보호가 법적인 수단을 통해 다루어지는 한 환경형법이 아닌 환경행정법이 전면에 등장해야 한다. 환경형법은 단지 조종수단이라는 범위 내에서 효율적인 환경보호를 위해 다만 보충적이고 보조적인 기능을 수행할 수 있을 뿐이다.[47]

3. 조직범죄

조직범죄(organisierte Kriminalität)가 어떠한 범죄를 의미하는지는 그 범죄형태의 이질성으로 인해 일반적으로 정의내리기가 어렵다.[48] 다만 조직범죄에 해당하는 중요한 범죄형태를 열거해 보면 이에 대해 조금 더 쉽게 이해할 수 있다. 즉 조직범죄에서는 국제적 마약거래, 자동차의 암거래와 같은 밀매단체의 활동, 폐기물밀수, 절도단체와 장물취급상이 상호 연계된 공동 활동, 조직적인

46) 이른바 누적범(Kumulationsdelikte)에 관해 상세히는 Kuhlen, "Umweltstrafrecht auf der Suche nach einer neuen Dogmatik", ZStW 105 (1993), 697면 이하, 716면; Wohlers, 앞의 책, 318면 이하 참조.

47) 이에 대한 상세한 분석은 아래 [§ 4] 참조.

48) 조직범죄의 다양한 형태에 관해서는 Kaiser, 앞의 책, § 38 Rn. 15 ff., 20 ff., 24 ff. 참조.

인신매매, 보조금갈취, 대규모 경제범죄 행위, 무기암거래, 자금세탁 등의 범죄형태가 다루어진다. 이러한 조직범죄의 범죄 형태에는 공통적으로 범죄행위가 일정한 조직구조, 다소간의 계급적인 구성 및 대체가능한 이행기관을 갖추고 불법적인 이윤추구를 목적으로 하는 조직(Organisation)에 의해 계획적으로 또한 통상의 업무처리 방식으로 행하여진다는 특징이 있다. 이러한 조직의 대다수는 국내는 물론이고 국제적으로 활동을 한다.[49)]

이러한 조직범죄는 국민경제에 엄청난 손실[50)]을 초래할 뿐만 아니라 일반 시민에 대한 폭력행사와 연계될 경우(예컨대 조직적인 인신매매) 또는 국민건강과 같은 보편적 법익을 위태롭게 할 경우

조직범죄의 개념정의

조직범죄라는 용어는 이미 오래 전부터 언론매체에서 뿐만 아니라 형사실무상으로도 상당한 비중을 차지하여 왔으나, 학문적으로 또는 실무상으로나 법률적으로 명확한 개념정의에 관하여는 의견의 일치를 보지 못하고 있다. 다만 국제적으로 조직범죄의 개념정의와 관련하여 그 주요한 표지들로 ① 지속성 있는 조직체 내의 위계질서, ② 범죄를 통한 막대한 이익의 창출 및 축적, ③ 폭력이나 협박을 통한 불법사업의 독점화 추구, ④ 공직매수 등을 통한 비호세력의 육성, ⑤ 범행에 있어서의 세밀한 준비와 계획, ⑥ 범죄수행에 있어서의 고도의 전문성, ⑦ 범죄의 은폐 및 위장에 있어서의 조직성, ⑧ 범죄의 기동성과 국제성 등이 나열되고 있다.

이러한 조직범죄의 주요한 표지를 토대로 개념정의를 시도해보면, "조직범죄란 다수인으로 단체를 구성하고 경제적 이익을 목적으로 내부 통솔체계를 갖추어 지속적으로 저지르는 범죄행위"로 이해할 수 있다. 이러한 범죄행위의 전형을 이루는 것은 폭력 또는 마약조직에 의한 청부폭력, 금전갈취, 이권개입 및 마약류 제조·판매 등의 각종 범법행위, 기업형태의 범죄신디케이트 등이며, 외관상 합법적인 기업형태를 갖추고 있더라도 부정한 수단을 행사하는 경우에는 조직범죄에 포함될 수 있다.[51)]

---

49) Kaiser, 앞의 책, § 38 Rn. 16.

50) 이에 관해 자세는 Steinke, "Wirtschaftkriminalität 1992," NStZ 1994, 168면 이하, 169면 참조.

51) 임웅 외 5인 공저, 조직범죄와 형사법, 법문사, 2004, 15, 22면.

(예컨대 마약거래와 밀수입) 안전에 대한 심각한 위협감까지 느끼게 한다.[52] 이처럼 조직범죄는 현대사회에서 간과할 수 없는 중대한 범죄행위에 해당하기 때문에 형법이 시급히 해결해야 하는 중대한 도전으로 여겨지고 있다. 따라서 형사입법자는 이러한 조직범죄에 효율적으로 대처하기 위한 여러 법률을 제정하고 있다. 예컨대 우리나라는 폭력행위등 처벌에 관한 법률에서 단체등의 구성·활동(동법 제4조), 특정범죄가중처벌 등에 관한 법률에서 단체의 조직(동법 제5조의 8), 마약사범(제11조) 등을 가중처벌하고 있다. 또한, 독일에서는 불법적인 마약거래와 기타 조직범죄의 대처에 관한 법률(1992년), 범죄대처법률(1994년) 및 조직범죄 대처의 개선에 관한 법률(1998년) 등이 제정되었다.

이러한 일련의 법률들은 다음과 같은 두 가지 방법으로 조직범죄 현상을 예방하고 일반 시민의 안전을 보장하려고 한다. 하나는 범죄조직의 중점적 활동을 새롭게 평가하여 특히 중한 조직범죄(예컨대 인신매매, 마약범죄)에 대한 형벌위협을 대폭 상향조정하는 방법이다. 다른 하나는 조직범죄에 대한 형법적 전략을 범죄조직에 의해 획득된 불법적인 이득을 철저히 재환수하는 데에 초점을 맞추는 방법이다. 이에 대한 대표적인 사례로 '범죄수익은닉의 규제 및 처벌 등에 관한 법률'이 있다. 동 법에서는 특정범죄(조직범죄, 거액경제범죄, 부패범죄 등 36종의 범죄)와 관련된 범죄수익의 취득 등에 관한 사실을 가장하거나 특정범죄를 조장할 목적 또는 적법하게 취득한 재산으로 가장할 목적으로 범죄수익을 은닉하는 행위, 즉 자금세탁행위를 규제하고, 특정범죄와 관련된 범죄수익의 몰수 및 추징에 관하여 형법 등에 대한 특례를 규정하고 있다. 또한,

---

52) 조직범죄의 위협정도에 관해서는 Werthebach/Droste-Lehner, "Organisierte Kriminalität", ZRP 1994, 57면 이하 참조.

독일 형법 제73조의d 제1항에서 규정하고 있는 확대박탈(erweiterter Verfall)[53]을 언급할 수 있다. 이러한 관점에서 독일 형법 제261조에서 규정하고 있는 "자금세탁, 불법 재산가치의 은닉죄" 역시 중요한 역할을 하고 있다. 이는 동조 제1항[54]에 따라 타인의 위법한

53) 독일 형법 제73조의d (확장적 박탈) ① 이 조항을 원용하고 있는 법률에 의한 위법행위를 범한 경우, 법원은 위법행위를 위하여 또는 위법행위로 인하여 물건을 취득하였다는 사실을 인정하는 것이 정당한 경우에 정범 또는 공범의 물건에 대한 박탈을 명한다. 제1문은 정범과 공범이 위법행위를 위하여 또는 위법행위로 인하여 취득하였기 때문에 그 물건이 정범과 공범에게 속하지 아니하거나 그에게 귀속되지 아니하는 경우에도 준용된다. 제73조의b와 관련한 제73조 제1항 제2문 및 제73조 제2항은 동일하게 적용된다.

54) 독일 형법 제261조 (자금세탁, 불법적으로 획득한 재산가치의 은닉) ① 제2문 언급된 위법행위로 인하여 생긴 대상물을 은닉하거나 그 출처를 위장하거나 출처의 수사, 그 대상물의 발견, 추징, 몰수 또는 압류를 방해하거나 위태롭게 한 자는 3월 이상 5년 이하의 자유형에 처한다. 제1문에 의한 위법행위란 다음 각호의 죄를 말한다.

1. 중죄
2. 다음에 해당하는 경죄
   a) 제33조 제1항, 제3항 및 제334조
   b) 향정신성의약품법 제29조 제1항 제1호 또는 원료감독법 제29조 제1항 제1호
3. 조세규정 제373조 및 제74조 제2항에 의한 경죄, 모든 경우에 공동시장조직 및 직접변제의 수행에 관한 법률 제12조 제1항과 연계
4. 다음 각 해당 경죄를 영업적 또는 당해 행위의 계속적 수행을 목적으로 조직된 범죄조직의 구성원으로 행한 경우
   a) 제152조의a, 제181조의a, 제232조 제1항 및 제2항, 제233조 제1항 및 제2항, 제233조의a, 제242조, 제246조, 제253조, 제259조, 제263조 내지 제264조, 제266조, 제267조, 제269조, 제284조, 제326조 제1항, 제2항 및 제4항, 제328조 제1항, 제2항 및 제4항
   b) 체류법 제96조 및 망명절차법 제84조 및 조세규정 제370조
5. 제129조 및 제129조의a 제3항 및 제5항에 의한 경죄, 모든 경우에 제129조의b 제1항과 범죄조직 또는 테러조직의 구성원으로서(제129조,

행위로 인하여 생긴 대상물을 은닉하거나 그 출처를 위장하거나 출처의 수사, 그 대상물의 발견, 추징, 몰수 또는 압류를 방해하거나 위태롭게 하는 행위까지도 처벌함으로써, 범죄조직이 불법적으로 획득한 이득을 유지하거나 비정상적인 방법으로 전환(이른바 자금세탁)하는 것을 거의 어렵게 하기 때문이다.[55)]

<조직범죄의 예방을 통한 시민의 안전보장>

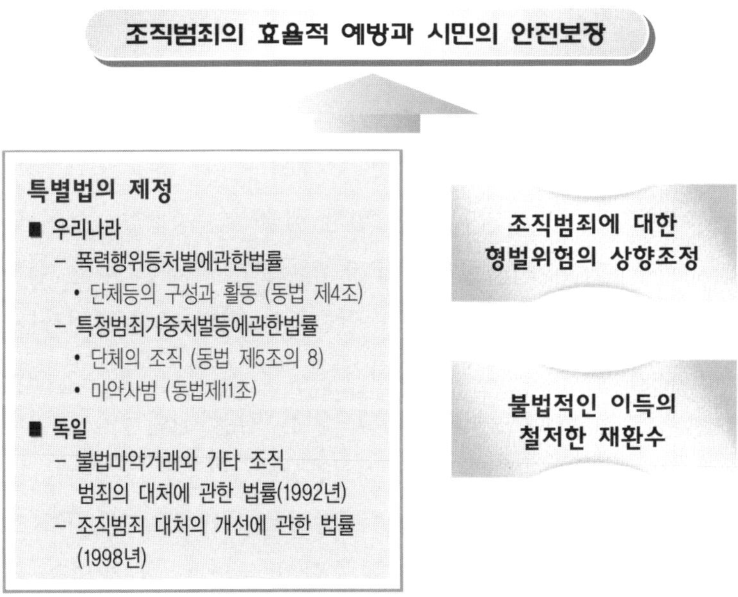

제129조의a, 각각의 경우 제129조의b 제1항과 연계) 범한 경죄 조세규정 제370조에 의한 영업적 또는 조직범죄적 탈세의 경우에 탈세를 통해 절약된 비용 및 불법하게 취득한 조세상환액 및 조세변상액에 대하여 더 나아가 제2문 제3호의 경우에 당해 조세에 관하여 탈세한 대상물에 대하여 제1문은 적용된다.

55) 이 조항의 신설의 입법적 배경에 관해서는 BT-Drs. 12/989, 26면; Vogel, “Geldwäsche - ein europaweit harmonisierter Straftatbestand?”, ZStW 109 (1997), 335면 이하 참조.

그러나 형법을 통한 조직범죄의 효율적인 대처와 이를 통한 일반 시민에 대한 안전보장은 전문적으로 이득과 위험을 계산하고 조직적으로 활동하는 조직범죄의 영역에서 그 한계를 명료하게 보여주고 있다. 왜냐하면 이를 위해 도입된 형벌위협의 상향조정, 새로운 범죄구성요건 및 새로운 제재 등은 실제로 범죄조직의 구성원이 체포될 가능성이 현저히 경미할 경우 거의 효과를 거둘 수 없기 때문이다. 더 나아가 조직적인 범죄행위에 대한 진상규명이 철저히 이루지지 않고, 그 결과 제재의 부과를 통한 조직범죄의 억제 역시 실현될 가능성이 적을 경우 강화된 형벌과 새로운 범죄구성요건은 단지 상징(Symbol)으로만 머무를 수 있기 때문이다. 형사입법자들 역시 이러한 부정적인 측면들을 인식하고 있다. 이 때문에 이들은 조직범죄의 대처를 위한 실질적인 중점을 진상규명을 위한 조치의 확대와 개선에 두고자 한다. 특히 최근 독일 형사소송법에서는 전통적인 범죄규명 수단들로는 거의 조직 범죄자를 체포할 수 없다는 문제점을 극복하기 위하여 일련의 새로운 그리고 부분적으로 격렬한 논란을 불러일으키는 경찰 권한들이 도입되고 있다. 이에 대한 대표적인 예들로 영상감시와 인적 사항이 담긴 자료검색,[56] 잠입수사관의 투입,[57] 감시를 목적으로 한 위치 또는 방향추적시스템과 같은 기술적인 수단의 투입[58] 및 혐의자 내지 심지어 위급상황에서 아무런 혐의도 없는 제3자의 가택에 도청장치의 설치[59] 등이 있다. 그 외에도 이들은 전화감청과 같은 이미

56) 독일 형사소송법 제98조의a 및 제98조의c.

57) 독일 형사소송법 제100조의a 내지 제100조의e.

58) 독일 형사소송법 제100조의c 제1항 제1호의b; 이에 관해 자세히는 Hilger, "Neues Strafverfahrensrecht durch das OrgKG - 1. Teil -", NStZ 1992, 457면 이하, 461면 참조.

존재하는 경찰 권한들을 확대하거나 조직범죄에 대한 효율적인 수사가능성을 열어 놓을 수 있도록 수정을 가하고 있다.

앞서 언급된 수단들이 조직범죄의 효율적인 대처를 위해 실질적으로 어떠한 효과를 갖고 있는지를 평가하기란 그리 쉬운 일이 아

독일의 잠입수사관제도의 이해

잠입수사관(Verdeckter Ermittler)은 장기간의 은닉장치로 범인주변에 대한 정보나 범죄조직의 구조에 관한 정보를 수집하는 경찰공무원을 말한다. 독일에서는 잠입수사관의 투입에 관하여 오랫동안 법적 규정 없이 연방재판소의 판례에 의해 인정되어 왔다. 연방재판소는 이미 1983년에 특별히 위험하고 해명하기 어려운 범죄에 대해서는 잠입수사관의 투입이 필요하고 법적으로 허용되는 것이라고 판시한 바 있다(BGHSt 32, 115, 122). 그러다가 1992년의 조직범죄방지법에 의해 처음으로 잠입수사관의 투입에 대한 법적 근거가 마련되었다. 현재는 독일 형사소송법 제110조의a 및 제110조의b에 의해 마약 또는 무기거래, 통화 및 유가증권의 위조 등의 일정한 중대범죄에 대하여 그 범죄가 행하여졌다는 충분한 사실적 근거가 존재하는 경우 및 특정 사실에 의거할 때 재범의 위험이 있다고 인정되는 때에는 원칙적으로 검사의 동의를 얻어 잠입수사관을 투입할 수 있도록 규정하고 있다.

이러한 잠입수사관은 조직범죄의 효율적인 대처에 있어서 가장 중요한 도구로 활용되고 있으나, 투입수단으로서 다음과 같은 한계가 있음을 부인할 수 없다. 우선, 잠입수사관의 투입의 목적은 원칙적으로 범인조직을 밝혀내는 것이지 개별적인 사람이나 개별적인 행위를 추적하는 것은 아니다는 점이다. 다음으로, 독일 형사소송법 제110조의a는 잠입수사관 투입의 전제로서 중요한 의미를 갖는 특정한 범행에 대한 확실한 근거가 존재할 것을 요구한다. 이는 잠입수사관이 이 규정을 근거로 초기 범죄혐의의 전단계에서부터 투입되어서는 안 됨을 의미할 뿐만 아니라 초기혐의가 구체적으로 밝혀져야 한다는 것을 의미한다. 마지막으로, 잠입수사관의 투입은 최후의 수단이어야 하므로 비록 그것이 법률상 허용된다고 하더라도 자본의 투입 또는 기술적 수단의 투입에 의하여 동일한 효과를 가져 올 수 없는지가 우선적으로 검토되어야 한다.[60]

---

59) 독일 형사소송법 제100조의c 제1항 제2호, 제3호, 제2항 제5문.

60) 도중진, 조직범죄의 유형변화와 대처방안, 한국형사정책연구원, 2004, 106-107면; 임웅 외 5인 공저, 앞의 책, 202면.

니다.[61] 다만 이러한 수단들이 없는, 특히 범죄행위의 진상규명을 위한 경찰의 포괄적인 권한이 없는 형법은 조직범죄의 효율적인 대처라고 하는 문제에 있어 계속해서 실패를 거듭할 수밖에 없다는 점은 분명하다.[62] 이러한 관점에서 형법을 통한 조직범죄 대처의 지속적인 효율성 향상을 위해 예컨대 특정지역의 전자적 감시,[63] 형사소추의 영역에서 국제공조의 개선 및 범죄인자료 상호교환의 개선[64] 등을 부분적으로 긍정하는 것은 불가피하다고 여겨진다. 하지만 이러한 수단들은 범죄행위의 포착과 진상규명을 위해 법치국가에서 정당화될 수 있는 경계선에 도달하고 있으며, 다수의 견해에 따르면 이미 그 경계선을 넘어섰다고 한다.[65] 나아

61) 감청과 감시의 결과적인 측면과 관련하여 부정적인 견해로는 Eisenberg, "Straf(verfahrens-)rechtliche Maßnahmen gegenüber Organisiertem Verbrechen", NJW 1993, 1033면 이하, 1093면; Hassemer, "Brauchen wir den Großen Lauschangriff"? Warum man den Großen Lauschangriff nicht führen sollte", DRiZ 1992, 357면 이하; Lisken, "Befugnis zum Belauschen?", ZRP 1993, 121면 이하; Staechelin, "Der Große Lauschangriff der dritten Gewalt", ZRP 1996, 430면 이하. 이와 반대로 찬성하는 견해로는 Zachert, "Brauchen wir den Großen Lauschangriff? Elektornische Überwachung der Wohnung als Mittel zur Bekämpfung organisierter Kriminalität", DRiZ 1992, 355면 이하.

62) BT-Drs. 12/989, 1면; BT-Drs. 13/8651, 12면 이하.

63) 예컨대 독일 Baden-Württemberg州 경찰법 제21조 제3항 참조.

64) 국제공조 개선의 필요성에 관해서는 Kaiser, 앞의 책, § 38 Rn. 28 참조.

65) 특히 독일 형사소송법 제100조의c 제1항 제3호 (대규모 도청장치의 허용)의 헌법합치성과 관련한 논의에 관해서는 Böttger/Pfeiffer, "Der Lauschangriff den USA und in Deutschland", ZRP 1994, 7면 이하, 17면; Denninger, "Lauschangriff - Anmerkungen eines Verfassungsrechtlers", StV 1998, 401면 이하, 403면; Wolter, "Verfassungsrecht im Strafprozeß- und Strafrechtssystem", NStZ 1993, 1면 이하, 3면. 위에서 언급된 특별한 수사조치에 의한 독일 형사소송법의 기대치 않은 경찰화의 측면과 관련해서는 Kaiser, 앞의 책, § 38 Rn. 26 참조.

가 여전히 존재하는 다양한 수사조치의 잠재성을 충분히 고려하더라도 단지 형법만을 통해 조직범죄를 완전히 억제하기란 불가능에 가깝다. 더욱이 개별사례에서 나타나는 저조한 진상규명 결과는 그리 놀라운 일이 아니다. 각고의 진상규명 작업에 의해 체포된 자도 대부분은 단지 범죄조직의 말단 하수인이거나 중간 조직책에 불과하다. 대부분 해외에 머무르면서 조직 구성원을 원격조정을 하는 조직의 우두머리 내지 핵심간부들은 여전히 신분을 감추고 있어 체포하기도 어렵다. 특히 국제적 마약거래에 있어 이러한 수사상의 난점은 아주 뚜렷이 나타나고 있다. 마약거래 총책임자를 체포하기란 거의 불가능에 가깝고 하위 마약거래자를 체포하더라도 체포위험을 스스로 무릅쓰는 다수의 젊은 마약거래자에 의해 지체 없이 대체되기 때문이다. 이와 유사한 현상은 조직적 테러범죄 등 그 밖의 여러 조직범죄에서도 동일하게 적용된다.[66]

이러한 현상을 종합해보면 조직범죄에 대한 효율적 대처와 시민의 안전보장을 위해 도입된 강력한 경찰의 권한들은 실질적으로 그 실효성을 발휘하지 못한 채 형사입법자들이 이를 위해 무엇인가를 했다는 정치적 목적만을 달성할 뿐이다. 더 나아가 이러한 수단들은 조직범죄의 예방이라는 미명하에 시민의 기본권과 자유권을 비정상적으로 제한하고, 전통적인 법치국가적 형법의 체계원칙들(대표적으로 "의심스러울 경우에는 피고인에게 유리하게"의 원칙)을 붕괴시킬 위험성까지 내포하고 있다. 즉 형법을 통한 조직범죄의 효율적인 대처와 이를 통한 일반 시민의 안전보장은 시민의 기본권과 자유권의 엄청난 희생을 통해 이루어질 수밖에 없다. 따라서 위험사회에서 시민은 자신의 안전을 위협하는 (단 한명의) 조직범죄

66) Kaiser, 앞의 책, § 38 Rn. 27.

자 내지 테러범을 잡기 위해 헌법에서 보장하고 있는 기본권을 일정부분 포기할 것을 강요받고 있다. “안전을 선택할 것인가, 아니면 자유를 선택할 것인가?”라는 질문은 이러한 딜레마를 극명하게 나타낸다. 하지만 형법은 강제적 수단인 동시에 시민의 자유를 최대한 확보하기 위한 도구이기도 하며, 결코 사회문제해결을 위한 만병통치약이 아니라 최후수단(ulima ratio)임을 고려하면 이에 대한 답변은 분명하다.

〈형법을 통한 안전보장의 한계〉

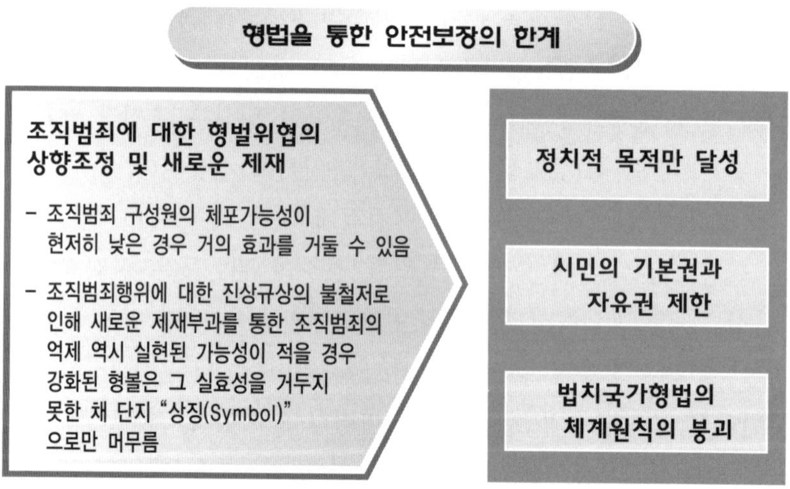

Ⅵ. 현대형법의 발전방향: 법익보호형법으로부터 안전형법으로의 변화?

앞서 살펴본 바와 같이 위험사회에서 형법은 더 이상 국가적 사회통제 수단이 아니다. 예컨대 환경, 경제, 마약, 테러리즘 등과 같은 사회적 문제를 해결하기 위해 하나의 독자성을 갖는 주요한

법치의 안전?

독일의 사회학자 볼프강 조프스키(Wolfgang Sofsky)는 위험사회에 있어 법치에 의해 확보하고자 했던 안전이 결국에는 안전 국가로 귀결되는 현상을 다음과 같이 기술하고 있다: "국가권력의 자의성에 맞서기 위해 예부터 법치가 대응 수단으로 선호되어왔다. 법치는 권력이 자신을 행사하는 수단인 동시에 그 한계선이다. 권력 엘리트들은 법률을 제정하고 그것의 준수를 강제한다. 법은 집단 윤리나 전통, 감정 등의 표현이기도 하다. 하지만 법의 첫째 기능은 정의를 지키는 것이 아니라 경악스러운 일들로부터 사람들을 보호하는 것이다. 법은 민주사회에서 일어나는 다양한 일들을 몇 가지의 표준적인 사례로 정리하여 사회생활을 일정하게 규제한다. 법이 발효되면 사람들은 자기가 서 있는 위치를 알게 된다. 법률은 안정된 질서를 위한 사전 조치다. 그것은 사람들에게 무엇이 허용되며 무엇을 단념해야 하는지를 말해준다. 또한 국가권력의 자의성으로부터 국민을 지켜주고 신뢰의 감정을 심어준다. 분쟁이 발생하면 상충하는 온갖 주장들은 판결의 바탕인 규범에 예속된다. 판결이란 무엇이 타당한지를 확정하는 일이다. 법은 스산한 어둠 속에서 미래를 건져낸다.

그런데 이런 안전은 새로운 공포를 불러온다. 법도 질서의 딜레마에서 벗어날 수 없다. 법은 형벌에 의해 보호될 때에만 구속력을 갖는다. 형벌은 법의 가장 중요한 강제 수단이다. 제재 없이는 규범도 없다. 규범만으로는 폭력을 제어하지 못할 뿐만 아니라 오히려 새로운 폭력이 나타난다. 물론 규범은 정상적인 것을 비정상적인 것과 구분하여 일정 수준의 안전을 유지한다. 그러나 규범이 내리는 조치들이 범죄의 동기를 정의하기도 한다. 규범이 없으면 판결도 없지만, 동시에 범죄도 없다. 그 근본 원리가 무엇이든 법은 스스로 자신을 정의하고 표시하는 악과의 투쟁에서 하나의 절차일 뿐이다.

판결권은 통치자의 고전적인 의무 가운데 하나다. 법률은 당국이라는 권위에 의해 제정된다. 중앙 권력의 정립과 더불어 사법권과 입법권이 통치자에게 이양되고, 그때그때 사건을 처리하던 관행은 법전으로 대체된다. 즉 법률이 관습의 자리를 대체한다. 입법부는 국가의 팽창을 극대화한다. 법의 통일은 국가의 통일도 강화한다.

현대 국가는 '만인은 법 앞에 평등하다'는 외피를 두르고 있다. 법은 그 어떤 치외법권의 영역도 허락하지 않는다. 특권도 당연히 인정하지 않는다. 따라서 법이 국가화 한다는 것은 동시에 국가에 속한 각종 관할권이 거대해진다는 것을 의미한다. 새로운 법률이 제정될 때마다 이미 국가의 과제였던 것이 합리적으로 국가에 부여된다. 이렇게 법률 국가에서 행정 국가가 탄생했다. 입법권의 독점은 애초부터 그 자체에 권력 팽창의 경향이 있었다. 보편적인 법치의 안전을 확보하려고 시작했던 일이 결국은 모든 사람과 사건, 사물을 관할하는 안전 국가로 귀결되었다."[67)]

위기관리 수단으로서 정당화되고 있다.[68] 이는 계몽사상에 입각한 자유주의 법치국가(liberaler Rechtsstaat)로부터 안전보장에 보다 중점을 두는 "안전국가"(Sicherheitsstaat)로의 전환이라는 국가임무의 구조적 변화와도 관련을 맺고 있다.[69] 이러한 관점에서 전통적인 법치국가적 형법이 과연 환경범죄, 조직범죄 및 테러리즘과 같은 새로운 도전에 대한 해결책으로서 안전형법으로 재구조화되어야 하는가라는 문제가 제기된다.

자유주의 법치국가의 기본가치로서의 안전은 전통적인 의미에서 법익의 보호라고 여겨졌다.[70] 하지만 위험사회에서 안전은 예컨대 경찰법에서 위험예방과 형사소추라는 전통적 과제(즉 예방과 진압) 이외에 범죄예방의 세 번째 지주로 자리 잡음으로써 다양한 의미로 이해되고 있다. 이와 관련하여 안전보장을 위한 실질적인 행동의 필요성이 요구될 때마다 형법도 이를 적극적으로 반영하여 포괄적인 안전형법으로 변모해가고 있다. 실제로 지난 10년간의 형사입법의 영역에서 안전보장을 위한 분주한 활동은 이를 반증한다. 이처럼 사회문제해결의 최후수단으로 머무르려고 했던 전통적인 법치국가 형법과는 달리 안전국가에서의 안전형법은 그 영역을 현저하게 확대시키고 있으며, 안전보장이라는 새로운 임무완수에 걸림

67) Sofsky/이한우 옮김, 안전의 원칙-위험사회, 자유나 안전이냐, 푸른숲, 2007, 141-143면.

68) 이러한 형법의 기능변화와 관련하여 Prittwitz는 형법이 새로운 법익의 보호와 형법보호의 사전요구를 통해 위험사회의 거대조종형법(Großsteuerungsstrafrecht)으로 발전하고 있다고 지적하고 있다(Prittwitz, 앞의 책, 135면 이하).

69) 이에 관해 자세히는 Köck, "Risikovorsorge als Staatsaufgabe", AöR 121 (1996), 1면 이하, 13면 이하 참조.

70) 이러한 의미에서 Arzt/Weber, Strafrecht Besonderer Teil, LH 1: Delikte gegen die Person, 3 Aufl., Bielefeld 1988, § 1 Rn. 1.

돌이 되는 법치국가적 장해물을 제거하려는 경향을 보이고 있다.

이러한 안전형법에서의 영역 확대현상에 대해 대다수 형법학자들은 비판을 가하고 있다. 즉 이들은 사회적 갈등(예컨대 법적 평온의 방해, 안전의 상실)을 해결하기 위해 계속해서 진행되고 있는 폭넓은 범죄화의 실험을 포기하는 데에 찬성하고 있다. 왜냐하면 이러한 확대현상의 지속적인 수용은 우리가 깨닫지도 못하는 사이에 법치국가 형법에서 정치형법으로 변질될 위험성을 내포하고 있기 때문이다. 더 나아가 최대한의 안전보장을 목적으로 하는 안전형법은 시민의 자유의 축소 내지 심지어 마비라는 희생을 강요한다. 반면에 보충성의 원칙, 명확성의 원칙, 비례성의 원칙 및 "의심스러울 경우에는 피고인에게 유리하게"의 원칙 등과 같은 법치국가적 원칙들에 기반을 둔 자기 제한적인 형법은 개인적 자유의 실현을 위한 충분한 형성여지를 열어놓고 있다.

범죄행위의 억제와 예방이라는 두 측면을 엄격히 분리하라는 과제 속에서도 경찰 임무를 해결해야하고, 이로써 본질적으로 행정적 기능을 인수한 포괄적 안전형법은 치유가 불가능한 내부 모순, 즉 최대한의 자유와 안전의 동시 확보라는 이율배반적 요구로 고통 받고 있다. 따라서 자유와 안전이라는 서로 괴리된 두 부분을 안전형법이라는 공통분모로 묶어두려는 시도는 이러한 두 영역 중 그 어느 하나도 실질적으로 확보하지 못한 채 모두에게 깊은 상처만을 입히는 결과를 초래한다. 이로써 형법은 경제적, 사회적 변화를 언제나 무시할 수도 없지만 자신의 제한된 영향력을 고려하여 스스로의 안전성을 위태롭게 하는 무분별한 영역확대의 실험도 자제해야 한다.

그러나 위험사회에서 인간은 자유와 안전의 확보를 모두 포기할 수도 없기 때문에 이 모순 된 과제를 어떻게 해결할 수 있는가라는 문제에 직면하게 된다. 이때 중요한 것은 형법에 대해 지나치게 많은 기대도, 반대로 너무 적은 기대도 품어서는 안 된다는 데 있다. 이미 독일에서는 70년대에 형법의 존재정당성에 대한 격렬한 논의가 이루어진 후에[71] 형법의 가능성에 대해 변함없는 신뢰를 나타내는 새로운 경향이 널리 확산되고 있다. 하지만 양적인 확대가 질적인 변화로까지 이어지는 형법의 팽창주의에 대해서는 여전히 비판적 시각을 견지하고 있다.[72] 이상과 같은 점을

〈현대형법의 발전방향〉

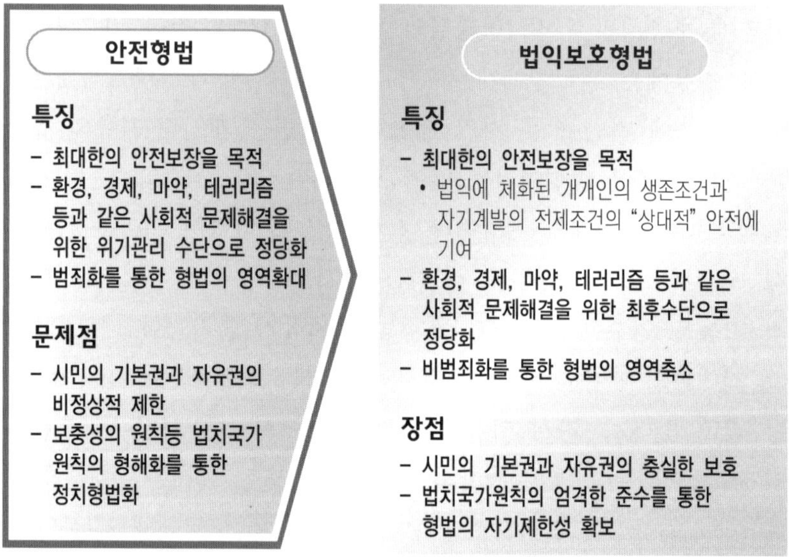

71) 특히 Plack는 형법의 폐지를 강력히 주장했다(Plack, Plädoyer für die Abschaffung des Strafrechts, München 1974). 하지만 당시의 형법 폐지론은 전혀 새로운 현상이 아니었다. 이에 관해 자세히는 Lamnek, Neue Theorien abweichenden Verhaltens, 2. Aufl., München 1997, 314면 이하 참조.

72) 예컨대 Prittwitz, 앞의 책, 374면 이하, 383면 이하; Roxin, 앞의 책, § 2 Rn. 30 f.

고려하면 형법을 통한 안전보장은 법익의 보호, 즉 법익에 체화된 개인의 생존조건과 자기계발의 전제조건의 “상대적인” 안전보장에의 기여라고 하는 제한된 범위 내에서만 가능함을 알 수 있다. 이로써 형법의 본질적 임무는 최대한의 안전보장이 아니라 최대한의 법익보호임을 재인식해야 한다. 바로 이곳에 자신의 경계선을 명확히 그어야 한다. 즉 위험사회에서도 형법은 포괄적인 안전형법이 아니라 “법익보호형법”(Rechtsgüterschutzstrafrecht)으로 발전해야 한다.[73]

Ⅶ. 논의를 마치며

이상으로 새로운 범죄현상과 새로운 대량위험에 대해 커다란 두려움과 불안감을 그 어느 사회보다 크게 지각하는 위험사회에서 형법을 통한 안전보장의 가능성과 그 한계에 관한 문제를 살펴보았다. 형법을 통해 최대한의 안전보장이 가능할 것이라고 많은 기대를 품었던 사람은 현대형법이 안전형법이 아닌 법익보호형법의 방향으로 발전해야 한다는 결론에 대해 다소 실망감을 느낄 수 있다. 하지만 형법의 제한된 작용력과 형벌 부과의 까다로운 전제조건들을 인식한 사람은 그렇게까지 놀라지 않았을 것이다. 개인의 자유가 충분히 인정되어야 하는 자유주의 법치국가에서의 형법은 안전보다는 법익보호를 통해 시민의 자유를 최대한 보장해야 한다. 왜냐하면 예컨대 마약범죄, 조직범죄 및 테러리즘 등에 대한 효율적 대처와 이를 통한 일반 시민의 안전보장을 위해 독일 형사소송법에서 최근에 도입되었고 우리 사회에서도 그

73) Bloy, 앞의 논문, 27면 이하.

도입여부가 본격적으로 논의되고 있는 강력한 경찰 권한들은 범죄예방이라는 그 본래의 목적달성은 외면한 채 일반 시민에 대한 통제와 감시의 수단으로 전락할 위험성을 내포하고 있기 때문이다. 이렇게 실효성이 의심스럽고 다분히 시민의 자유를 부당하게 억압할 위험성이 있는 강력한 경찰 권한들의 도입보다는 오히려 안전보장은 다음과 같은 실질적인 조치들을 통해 이루어질 수 있다. 즉 이러한 조치들로는 경찰장비와 경찰인력의 개선, 개선된 인사정책과 보수체계, 지속적인 인권교육, 과학적 예방의 선호, 정보공학이라는 요소의 강조 대신에 경찰에서 인간이라는 요소의 강조 등이 있다.

형사입법자와 일반 시민들의 기대와는 달리 형법을 통한 안전보장은 형법의 영역에서 다만 제한된 가능성을 가질 뿐임을 재인식해야 한다. 자유주의 법치국가에서 형법은 어디까지나 범죄예방, 즉 안전보장을 위한 최우선 수단(prima ratio)이 아닌 최후수단(ultima ratio)이어야 하기 때문이다. 더 나아가 더 많은 자유를 원하는 시민은 단지 제한된 효율성만을 갖는 형법에서 불가피하게 나타나는 대가, 즉 절대적 안전보장이 아닌 법익보호를 통한 상대적 안전보장을 지불할 준비가 되어 있어야 한다. 반대로 더 많은 안전을 원하는 시민은 헌법에서 보장하고 있는 자신의 기본권과 자유권을 일정부분 포기하고 범죄예방을 위한 국가의 통제와 감시에 동의해야 할 것이다. 그러나 법치국가에서 이에 동의할 시민이 과연 얼마나 될지는 지극히 의심스럽다. 따라서 위험사회에서 형법을 통한 최대한의 안전보장은 실현가능성이 아주 낮은 희망사항에 불과하다.

<위험사회에 있어 형법을 통한 안전보장의 가능성과 한계>

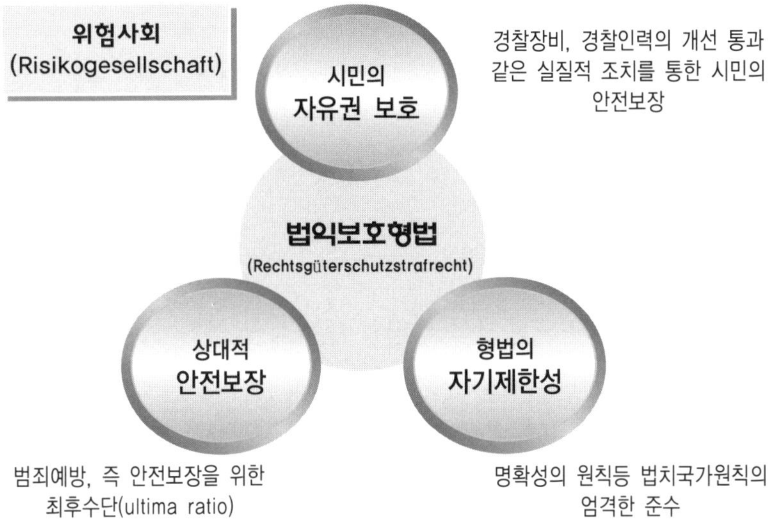

[§ 3] 현대형법에 있어서 거증책임전환의 허용한계*

Ⅰ. 논의 배경

현대형법은 과거 전통적인 형법의 단편적 성격에서 벗어나 새로운 사회문제에 대해 자신의 조종력을 능동적이고 적극적으로 발전시켜야 한다는 요청이 독일 형법학계를 중심으로 제기되고 있다. 이때 새로운 사회문제로는 특히 환경범죄, 경제범죄, 마약범죄, 조직범죄 및 테러범죄와 같은 새로운 범죄뿐만 아니라 위험형법의 주요 대상으로 다루어지고 있는 새로운 대량위험(예컨대 원자적, 화학적, 생태적 그리고 유전공학적 기술들에 기초한 위험) 등이 언급될 수 있다. 이와 같은 새로운 사회문제를 해결하기 위한 형법의 조종력 향상은 형법의 투입확대 시도로 연결되어 진다. 우리 형사법체계 내에서도 이러한 형사정책적 요구를 실현하고자 하는 시도가 발견된다.[1] 그러나 이때 수많은 어려움이 발생한다. 그 대표적인 하나가 바로 복잡한 경제적, 기술적 그리고 사회적 관계에서 야기되는 불확실한 상황을 형법이 주도적으로 다루어야 한다는 것이다.

---

* "현대형법에 있어 거증책임전환의 허용한계에 대한 고찰", 저스티스 통권 제86호, 2005.8., 130-145면.

1) 대표적으로 테러의 예방·방지와 신속한 대응에 필요한 사항을 정함으로써 테러로부터 국가의 안전을 확보하고 국민의 생명과 재산을 보호하고자 2001.11.25 발의(제16대 국회)된 '테러방지법안'은 수많은 논란만을 야기시킨 채 2004.5.29 임기만료폐기 되었다.

불확실성은 기업범죄의 영역에서, 특히 새로운 대량위험과 관련하여 기업과 국가 사이의 책임소재가 불명확한 곳에서 나타난다.[2)] 이와 같은 불확실성과 관련하여 기업범죄뿐만 아니라 환경범죄, 조직범죄 및 경제범죄의 영역에서도 범죄사실에 대한 입증의 어려움이 호소되고 있다. 형사입법자와 실무는 이와 같은 입증곤란의 문제를 입증책임완화에서부터 거증책임전환에 이르기까지 다양한 방법으로 해결하고자 한다. 예를 들어 우리나라에서는 환경범죄의단속에관한특별조치법 제11조에서 인과관계의 추정을, 마약류불법거래방지에관한특례법 제7조에서 불법수익의 추정을 규정하여 검사의 거증책임을 완화하고 있으며, 경제범죄에서는 광범위하게 추상적 위험범을 도입함으로써 실질적으로 거증책임을 피고인에게 전환시키고 있다. 외국에서도 이러한 경향을 살펴볼 수 있는데, 특히 스위스에서는 자금의 수입이 발생했을 경우 검사가 아닌 피고인이 그 자금의 합법적 출처를 입증해야 하고, 독일에서도 야당의 입법초안이 이와 동일한 방식을 채택하였다.[3)]

그러나 입증책임완화 내지 거증책임전환이라는 이러한 경향은 형사소송법에 있어 법치국가적 원칙의 폐기로까지 평가됨으로써 많은 거부감을 불러일으키고 있다. 즉 거증책임전환은 직권주의 내지 무죄추정의 원칙에 반하기 때문에 원칙적으로 형사소송에서 받아들일 수 없는 것으로 이해되고 있다. 이러한 상황 속에서 우리는 과연 기존의 수단으로 새로운 사회문제를 극복할 수 있는가

2) 기업체 내에서 한 개인의 '조직화된 무책임'(organisierte Unverantwortlichkeit)에 대해서는 Schünemann, Unternehmenskriminalität und Strafrecht, Köln u.a. 1979, 34면; Heine, Die strafrechtliche Verantwortlichkeit von Unternehmen, Baden-Baden 1995, 34면 이하 참조.

3) 스위스에 대해서는 1994.3.18 개정된 스위스형법 Art. 59 Ziff. 3; 독일에 대해서는 BT-Drs. 12/6784 Art. 1 und 2 참조.

라는 문제를 진지하게 검토할 필요가 있다. 현대형법은 이러한 문제를 부분적으로나마 비례성의 원칙으로 해결하고자 한다. 즉 거증책임전환은 이를 인정하지 않을 경우 중대하고 사회적으로 용인하기 어려운 결과를 초래할 때에 한해서 허용된다. 보다 구체적으로 인류의 미래생존을 위협하는 새로운 대량위험과 관련해서 포괄적인 입증책임완화가 하나의 국가적 의무로까지 인식되고 있다.

이와 같은 모순 된 해결책은 의심스러울 때에는 피고인에게 유리하게(in dubio pro reo) 원칙[4]의 효력과 적용범위의 문제와도 중요한 관련을 맺는다. 전형적으로 불확실성이 지배하는 영역(예컨대 환경범죄, 조직범죄 및 경제범죄의 영역)에서 이 원칙의 엄격한 적용을 고수할 경우 피고인이 야기한 엄청난 법익위태화 내지 법익침해에도 불구하고 그의 유죄를 입증하기는 어렵다는 치명적인 결과를 초래할 수 있기 때문이다.

따라서 아래에서는 우선 입증책임완화 내지 거증책임전환을 요구하게 된 원인으로 고전적 · 전통적 형법의 기능변화를 살펴보고(Ⅱ), 입증곤란의 문제를 해결하기 위해 환경범죄, 조직범죄, 경제범죄 등의 새로운 범죄영역에서 도입하고 있는 인과관계의 추정, 불법수익의 추정 및 광범위한 추상적 위험범의 입법화에 대한 분석이 이루어질 것이다(Ⅲ). 마지막으로 이상의 분석을 토대로 법치

4) 이 원칙과 관련하여 판례는 "형사소송법에 있어서는 사실의 인정은 증거에 의하는 것이라 할지라도 그 인정과정에서 증거의 내용 또는 가치의 판단이나 그에 의한 사실의 확정에 의심스러운 점이 있을 경우에는 피고인의 이익에 따른다는 것이 대원칙이라 할 것이다."라고 판시한 바 있다(대판 1968.2.20, 67도1432). 즉 피고인에게 유죄판결을 내리기 위해서는 법관은 증거평가에 있어서 합리적 의심이 없을 정도로 확신을 가져야 한다는 것이고, 만약 법관이 증거평가에 있어서 이러한 확신이 없이 합리적 의심이 남아 있는 경우에는 유죄판결을 내릴 수 없고, 이 경우 'in dubio pro reo'의 원칙에 따라 무죄가 선고되어야 함을 의미한다.

국가적 원칙과 조화할 수 있는 거증책임전환의 허용한계에 대한 나름대로의 결론을 도출하고자 한다(Ⅵ).

Ⅱ. 고전적·전통적 형법의 기능변화에 따른 입증곤란의 문제란?

오늘날 형사입법자는 형사적 강제수단을 통해 인류의 안전보장을 위협하는 사회적 발전과정에 대해 효과적인 영향력을 행사할 것을 요청받고 있다. 이와 관련하여 현대형법은 전통적인 법익보호의 임무를 달성해야 할뿐만 아니라 미래의 평화로운 공동생활을 위해 새로운 대량위험을 축소해야 한다는 새로운 과제를 요구받고 있다. 예컨대 현대형법은 환경범죄, 조직범죄 및 경제범죄의 영역에서 전체적 경제구조 내지 사회구조를 조종하는 것을 목표로 한다. 이는 부분적으로 위험관리를 개선하기 위한 투자활동과 업무상의 위험감독을 위한 기업조직체 차원의 준비를 통해 간접적으로나마 이루어지고 있으며, 부분적으로는 과도하게 보호된 기업조직체의 재정능력을 약화시킴으로써 직접적으로 이루어지고 있다. 어쨌든 현대형법은 장차 적절한 해결책을 계속해서 모색하고자 한다. 그러나 적절한 해결책은 문제해결을 위한 확실성을 담보하기보다는 이상적인 진단에 불과하다. 그에 따라서 'in dubio pro reo'원칙은 더욱 더 그 의미를 상실해가고 있다.

고전적·전통적 형법과는 달리 현대형법에 있어 이러한 사회적 위기관리로의 재전환은 개인의 행위영역의 고정성을 축소시키고, 집단적 책임형식(Formen kollektiver Verantwortung)을 수용하는 결과를 초래한다. 절박성 내지 긴급성을 내포하고 있는 입법자의 입법제안(Agenda)은 기업 또는 범죄단체에 효과적인 영향력을 행사한다.[5) 예를 들어 범죄행위주체가 기업체 종업원에서부터 기업체 자체로 변화하는 상황에서 'in dubio pro reo'원칙은 역기능을 나타낼 뿐이다. 왜냐하면 다수의 행위자에게 책임이 세분될 경우 전형적으로 누구에게 행위지배가 있었는지에 대해서는 지극히 의심스러울 수밖에 없기 때문이다. 더욱이 기업체는 기업의 구조, 경영상 계획과 투자 그리고 제품에 대한 위험 등에 관한 정보를 독점하고 있다. 그러나 'in dubio pro reo'원칙은 이와 같은 상황을 전혀 고려하지 않는다. 그 결과 이 원칙은 현대형법에서 누구나 접근할 수 있는 지식인지 여부 또는 최종적으로 당사자에게 인식이 존재하는지의 여부를 묻지 않고 언제나 피고인에게 유리하게 결정되는 결과를 초래한다.

이러한 현대형법의 기능변화는 형사제재의 영역에서도 나타난다. 인격적으로 그리고 또한 윤리적으로 잘못된 결정에 대해 "대체할 수 없는 형벌"(unvertretbare Strafe)은 이제 더 이상 의문시되지 않는다. 이때 중점은 스스로 직접적인 조종과제를 인수한 "대체가능한 형사제재"(vertretbare Sanktionen)에 놓여진다. 이러한 형사제재는 전형적으로 경찰임무에 근접하며, 머지않아 민사적인 조정메카니즘(Ausgleichsmechanism)을 지향한다. 이와 같이 변화된 형법의 목표설정은 불법수익의 몰수, 합리적 손해산정, 일정한 활동의 금지, 환경의 개선 및 직장폐쇄명령 등을 요구한다.[6) 형사제재가 행정법

---

5) 대표적인 예로 이탈리아의 제2차 반마피아법률(1982.9.13) 제12조와 영국의 1989년 대테러예방법 제1편이 있다.

6) 조직범죄에 대해서는 Dessecker, Gewinnabschöpfung im Strafrecht und in der Strafrechtspraxis, Freiburg 1992, 82면 이하; 경제범죄와 환경범죄에 대해서는 Heine, 앞의 책, 75면 이하; 기업범죄에 대해서는 유병규, 기업범죄 수사의 효율성 제고방안, 한국형사정책연구원, 2003, 215면 이

적 또는 민사적 제재로 근접하면 할수록 'in dubio pro reo'원칙은 더욱 더 적절한 해결책의 실현에 장애가 될 뿐이다. 예컨대 하나의 사업체가 폐쇄되거나 범죄단체가 해산되어야 한다면 장래에 존재하는 위험에 대한 의구심은 피고인을 무죄로 추정하는 이와 같은 결정을 가로막는다. 마찬가지로 'in dubio pro reo'원칙은 1986년 4월 26일 발생한 체르노빌 원전사고와 같이 사고원인이 어디에서부터 진행되었는지 그 과정을 명확하게 규명하기 어려운 경우에 손해사정을 어렵게 한다. 하지만 경찰법과 민법에서 상황은 전혀 다르다. 즉 민법에 있어서는 의심스러울 경우 현재상태(status quo) 보다는 오히려 사태정합성에 의해 결정된다. 위험을 예방함에 있어 엄격한 의심원칙은 고려대상이 되지 않는데, 그 이유는 위험예방에 있어서는 진단절차, 개연성판단 그리고 사태정합성이 중요시되기 때문이다. 이와 같은 방식으로 민법은 전형적인 입증곤란의 사례에 대해 오래 전부터 대응해 왔는데, 오늘날은 민사상의 위험책임(Gefährdungshaftung)[7]의 형식을 더욱더 강력하게 확대하는 방향으로 나아가고 있다. 현대형법도 고전적·전통적 형법에서와는 다른 새로운 과제 내지 임무를 맡게 될 경우 상기한 민법과 같은 결론을 도출해서는 안 되는 것인가라는 의문이 제기된다.

새로운 형태의 범죄와 새로운 위험의 예방이라는 특별한 영역에

하 참조.

7) 위험책임이라는 개념은 1986년 Max Rümelin에 의해서 처음으로 확립되었고 그 후에 널리 사용되고 있는데, 이는 허용되는 방법으로 위험한 활동을 행하거나 위험한 시설을 운영하여서 이러한 시설로부터 이익을 얻는 자가 위험의 실현으로 인하여 손해를 발생시킨 경우에, 특별한 위험(besondere Gefahr)을 지배하고 있는 것에 대한 귀책의무의 원칙에 입각한 책임을 말한다. 이에 대한 자세한 분석으로는 전경운, 독일 환경사법론, 법문사, 1998, 201면 이하 참조.

서 이와 같은 경향은 소송절차에 있어 무게중심이 공판절차로부터 수사절차로 이동하고 있는 것과도 일치한다. 보편적 법익의 확대, 추상적 위험범의 광범위한 도입과 같은 변화된 실정법의 프로그램은 위험예방의 요소를 수용함에 있어 유리하게 작용한다. 이때 다시금 'in dubio pro reo'원칙은 형법적 간섭을 저지하는데, 위험예방은 언제나 의심을 동반하기 때문이다.

이러한 문제에 대한 형법적 강제가 요구되어져야 하고 고전적·전통적 책임형법의 반기능적 작용이 극복되어져야 한다면 현대형법은 새로운 메커니즘을 찾도록 노력해야 한다. 따라서 이하에서는 이러한 고전적·전통적 형법의 기능변화에 따라 현대형법의 주요영역인 환경범죄, 조직범죄 및 경제범죄의 영역에서 시도되고 있는 구체적 해결방식을 살펴볼 필요가 있다.

Ⅲ. 현대형법에 있어서 입증곤란의 구체적 해결방식은 무엇인가?

1. 환경범죄에 있어 인과관계의 추정

환경보호는 의심할 여지없이 현대형법의 가장 중요한 임무에 속한다. 이는 현재세대뿐 아니라 미래세대의 안전한 삶의 기반유지에 관한 문제이자 인류의 생존에 관한 문제이기 때문이다. 이러한 환경보호의 중요성에 대한 인식 아래 각국에서는 환경형법 내지 환경특별법을 제정하여 환경범죄에 대해 효과적으로 대처하고자 노력하고 있다.[8] 그러나 환경형법을 통한 환경보호는 환경범죄가

8) 국제적으로는 1978년 부다페스트에서 개최된 제10회 국제비교법학회대회에서 제3주제로 '환경의 형법적 보호'가 채택되었고, 1979년 독일 함부

다른 범죄와는 달리 행위자에게 형사책임을 귀속시키기 위한 인과관계의 확정이 결코 용이하지 않다는 문제로 인해 그 실효성을 의심받고 있다. 즉 유해물질을 배출, 폐기함으로써 대기·토양을 오염시켜 인간의 생명·신체에 위험을 발생케 한 경우에 환경범죄의 특성인 유해물질의 간접적이고 완만한 유입, 그로 인한 오염원인의 불명확성 등으로 인과관계의 입증이 어렵다. 특히 유해물질을 다수기업이 배출하는 경우에는 더욱 더 인과관계의 입증이 곤란한데 형사증거법상의 원칙인 '의심스러울 때에는 피고인에게 유리하게'의 원칙이라든가 '무죄추정의 원리'[9] 등을 엄격히 적용한다면 중대하고 사회적으로 용인하기 어려운 결과를 초래했음에도 불구하고 많은 기업형 환경범죄에 대해 형사책임을 지울 수 없다는 심각한 문제가 발생할 수 있다.

이와 같이 환경범죄에 있어 인과관계 입증곤란의 문제를 해결하기 위한 하나의 방안으로 제시되고 있는 것이 환경법규에 인관관계의 추정규정을 두는 것이다. 일본의 '사람의 건강에 관계되는 공해범죄의 처벌에 관한 법률' 제5조는 "공장 또는 사업장에 있어서

르크에서 개최된 제12회 국제형법학회 제2분과회 주제로 '형법에 의한 환경의 보호'가 채택되었다. 나아가 1994년 UN 범죄방지위원회 산하의 환경범죄전문가회의에서는 국제환경형법의 필요성까지 제시되었다. 우리나라에서는 제5공화국 헌법이 제35조에서 환경권을 신설한 후 수질환경보전법, 대기환경보전법, 소음·진동규제법, 유해화학물질관리법, 환경오염피해분쟁조정법, 환경정책기본법, 오수·분뇨및축산폐수의처리에관한법률, 해양오염방지법, 자연환경보호법, 환경범죄처벌에관한특별조치법 등의 개별 단행 법률이 제정되었다.

9) 헌법 제27조 제4항에 근거한 무죄추정의 원칙은 공소의 제기가 있는 피고인이라고 하더라도 유죄의 확정판결이 있기까지는 원칙적으로 죄가 없는 자에 준하여 취급하여야 하고 불이익을 입혀서는 안 된다는 헌법적 원리이다(헌법재판소 1990.11.19, 90헌가48 결정 참조).

추정의 의의와 거증책임과의 관계

추정이란 어느 사실에서 다른 사실이나 법률관계를 추론하는 것을 말한다. 추정은 사실의 인정에 반드시 필요한 과정이므로 민사재판과 형사재판에서 사실 인정 과정에 사용된다.

추정은 기준에 따라 몇 가지로 분류할 수 있다. 우선, 추정은 객체에 따라 권리 추정과 사실 추정으로 나눌 수 있다. **권리 추정**이란 A라는 사실이 있으면 B라는 권리 또는 법률관계가 존재하는 것으로 추정하는 것을 말하고, **사실 추정**이란 A라는 사실이 있으면 B라는 사실이 있는 것으로 추정하는 것을 말한다. 민사소송에서는 양자가 모두 존재하지만 형사소송에서는 재판의 전제되는 민사적 권리 유무를 판단함에는 사용될 수 있어도 형사적 문제 자체로서는 권리관계 존부에 관한 판단을 요하지 않기 때문에 원칙적으로 권리 추정이 존재하지 않는다.

또한, 추정은 그 방법에 따라 법률상 추정과 사실상 추정으로 나눌 수 있다. **법률상 추정**이란 '~한 것으로 추정한다'라는 명문의 법규정에 의해 추정하는 것을 말하고, **사실상 추정**이란 A 사실로부터 경험법칙에 의하여 B 사실을 추론하는 것을 말한다. 민사소송과 관련하여는 법률상 추정 규정이 적지 않으나, 형사소송에서는 그와 같은 취지의 규정이 극히 적으며 통설적 견해는 형사소송에서 법률상 추정이 허용될 수 없다고 본다.

한편, **거증책임**이란 입증되어야 할 사실에 대하여 진위 불명이 된 경우 법원이 궁극적으로 누구의 불이익으로 판단하여야 하는가의 문제를 말한다. 형사소송에서는 무죄추정의 원리에 따라 모든 범죄성립 요건 사실에 대한 거증책임을 검사가 부담함이 원칙이다.

그런데 사실상 추정은 검사가 A 사실을 입증한 경우 법관이 위 A 사실에 경험법칙을 보태어 B 사실을 추론하는 것이므로 아무리 A 사실이 입증이 되었더라도 이를 가지고 B 사실의 존재가 명백하다는 확신이 법관에게 들지 않으면 B 사실에 대하여는 진위불명이 된 것이고, 형사소송에서는 무죄추정의 원리에 따라 B 사실은 존재하지 아니하는 것으로 판단되기 때문에 결국 사실상 추정은 거증책임의 분배에 직접 영향을 미치지는 못한다. 다만 형식적 거증책임 또는 입증의 부담에만 영향을 미칠 뿐이다. 결국 사실상 추정으로 불이익을 받는 당사자, 즉 피고인은 법관으로 하여금 '위와 같은 추론의 결과가 진실이 아닐지도 모른다'는 의심만 들게 하면 추정으로 인한 불이익을 면하게 된다.

반면에 법률상 추정의 경우, 즉 'A 사실이 인정되면 B 사실이 존재하는 것으로 추정한다'라는 명문의 규정이 있는 경우에는 A 사실이 입증되었다면 B 사실의 부존재가 적극적으로 입증되지 아니한 이상 법관은 B 사실이 존재하는 것으로 판단하여야 하며, 결국 B 사실에 대하여는 진위불명의 상태는 처음부터 없는 것이 된다. 이러한 법률상 추정이 있는 경우 피고인은 위 추정을 깨트리기 위하여 B 사실이 존재하지 아니한다는 사실, 즉 반대사실을 입증하여야 하고 이때 입증의 정도는 반증이 아니라 본증이며 증명의 정도는 법관으로 하여금 확신에 이를 정도를 요한다. 따라서 형사소송에 있어 법률상 추정은 거증책임을 검사로부터 피고인으로 전환하는 효과를 가져 온다.[10)]

의 사업활동에 수반하여 당해 배출만에 의하여도 공중의 생명 또는 신체에 위험이 발생할 수 있는 정도로 사람의 건강을 해하는 물질을 배출한 자가 있는 경우에 그 배출에 의하여 그러한 위험이 발생할 수 있는 지역 내에 동종의 물질에 의한 공중의 생명 또는 신체의 위험이 발생하고 있는 때에는 그 위험은 그 자가 배출한 물질에 의하여 발생한 것으로 추정한다."고 규정하고 있다. 그리고 우리나라도 '환경범죄의단속에관한특별조치법'(이하 환경범죄특별조치법) 제11조에서 "오염물질을 사람의 생명 · 신체, 상수원 또는 자연생태계 등에 위험이 발생할 수 있을 정도로 불법배출한 사업자가 있는 경우 그 물질의 불법배출에 의하여 위험이 발생할 수 있는 지역 안에서 동종의 물질에 의하여 생명 · 신체 등에 위험이 발생하고 그 불법배출과 발생한 위험 사이에 상당한 개연성이 있는 때에는 그 위험은 그 사업자가 불법배출한 물질에 의하여 발생한 것으로 추정한다."고 하여 인과관계의 추정을 규정하고 있다.

환경범죄특별조치법 제11조의 요건이 충족되면, 즉 불법배출과 발생위험 사이의 '상당한 개연성'이 있으면 행위자의 불법행위로 인한 위험발생 사이의 인과관계가 추정되는데 이는 명문상으로 인정된 법률상 추정에 해당한다. 법률상 추정은 추정법칙이 법규화된 것인데, 검사에 의해 불법배출과 발생위험 사이의 '상당한 개연성' 등과 같은 전제사실이 입증되었을 때 피고인이 이를 번복하기

10) 김정한, "형사소송에서의 추정 이론", 인권과정의(2005.3), 63-65면.

에 충분할 만큼의 반증을 제시하지 않는다면 불이익한 사실인정을 감수해야할 부담을 진다. 이는 입증책임이 사실상 피고인에게로 전환되는 것을 의미한다. 이와 관련하여 입증책임은 피고인에게 있는데 반증의 정도에 대하여 법률상의 추정을 뒤집는 것이므로 상당히 고도의 것이어야 하지만 불이익 사실의 부존재를 "합리적 의심의 여지가 없는 정도"(beyond reasonable doubt) 내지 "증거우위의 정도"(preponderance of evidence) 만큼을 요구하는 하는 것은 아니며 단지 추정요건사실을 의심할 정도이면 족하다고 하는 주장이 있다.[11] 그러나 이는 사실상 추정을 깨뜨리는 경우에 사용되는 것이며 사실상 추정에 비하여 법률이 보다 강력한 추정효과를 인정하는 법률상 추정은 입법자가 불이익 사실이 일단 존재하는 것으로 취급하는 경우이므로 피고인측은 그 불이익 사실의 부존재를 합리적 의심의 여지가 없는 정도 내지 증거우위의 정도로 증명하지 않으면 안 된다고 봄이 타당하다.

생각건대 환경범죄에 대하여 인과관계의 추정을 두는 것은 환경범죄에 있어서 인과관계의 엄격한 확정을 요구한다면 환경범죄의 특성인 침해의 간접성 · 완만성 · 불명확성 등으로 인하여 환경범죄에 대한 형사제재가 사실상 불가능하게 되기 때문에 실질적으로 환경을 보호하고 일반 국민의 생명 · 신체에 대한 위험을 제거하기 위해서는 불가피하게 인과관계의 추정을 두지 않을 수 없다는 정당성도 존재한다. 그러나 인과관계의 추정규정은 피고인의 무죄추정권의 하나로서 '의심스러울 때에는 피고인에게 유리하게'라는 형사소송법상의 원칙에 반한다는 비판이 제기될 수 있다. 하지만 구체적 위험범의 경우에도 인과관계의 입증이 요구된다는 점과 상기

---

11) 오영근/이경재, 현행 환경범죄의 문제점과 대책, 한국형사정책연구원, 1993, 91면.

역학적 인과관계론에 의한 입증곤란의 해결

환경범죄에 있어 인과관계 입증의 난점을 극복하는 방법으로 법률상 추정 규정을 두는 방법이외에도 역학적 인과관계론을 도입하여 해결하고자 하는 견해가 제시되고 있다. 이때 **역학**(epidemiolgy)이란 질병이나 환자가 발생하였는데도 발병인자와 질병사이의 상세한 메커니즘을 규정하기 어려운 경우에 직접적으로 병원균 또는 유해물질의 발견을 목적으로 하지 않고, 대량관찰에 의하여 집단현상으로서의 질병발생과 자연적·사회적 제 요인과의 상관관계 및 당해 인자와 질병사이의 개연성을 통계적 방법으로 규정하려는 의학의 한 분야를 말한다. **역학적 인과관계론**은 원인물질의 유해성, 오염경로나 질병의 메커니즘 등 원인과정에 관하여 완전하고 충분한 증명이 되지 않았다하더라도 역학상의 인과관계가 인정되면 법적 인과관계를 인정하려는 이론이다.

전통적인 일반형사범의 경우에는 인과법칙이 대부분 경험적 지식에 바탕을 둔 자연법칙이나 경험칙 또는 현대의 과학법칙 등에 의해 이미 확립되어 있어 인과관계의 입증이 크게 문제되지 않는다. 반면에 원인과 결과사이의 세부적인 메커니즘을 빈틈없이 해명하기는 거의 불가능에 가깝다고 해도 과언이 아닌 환경범죄에 있어서는 위험의 발생을 증대시키는 인자를 행위자가 소지하고 있고, 그 인자가 위험발생의 상당한 개연성을 지니고 있을 때 결과를 귀속시키는 방법이 고려될 필요가 있다. 따라서 원칙적으로 집단현상과 어떤 특정인자와의 사이에 인과관계가 역학적으로 증명되고 당해 피해자가 그 집단 속에 있음이 증명되면 가해자가 피해자에게 다른 원인이 있음을 증명하지 못하는 한 법적 인과관계를 인정하는 이른바 역학적 인과관계론의 도입이 필요하다고 한다.[12)]

그러나 역학적 인과관계론에 대해 역학은 유행하고 있는 질병의 대량관찰을 통한 집단적 현상의 해명에 불과하며 통계적 방법에 의한 상관관계로는 가능하나 인과관계라고는 할 수 없으며, 법관의 주관적 심증형성이 기능을 발휘하지 못하는 일반적 인과성의 문제와 그것과 구별되어야 할 구체적 인과성의 문제를 혼동한 견해라는 비판이 제기되고 있다.[13)]

생각건대 형법에서의 인과관계는 과학적 인과성과는 별개의 것이고 과학적 인과법칙은 단지 법적인 인과관계를 인정하기 위한 하나의 경험칙 내지 자료에 불과한 것이므로 역학적 인과관계가 인정된다고 하여 바로 형법상의 인과관계를 인정하는 것은 타당하지 않다. 따라서 개인의 형사책임을 문제로 하는 형사재판에서는 민사재판에서와는 달리 보다 신중을 기하여 구체적 사실인정의 과정에서 역학적 자료의 정밀성, 고도의 개연성이 있는 정황증거로서 역학적 증명의 신뢰성과 과학성에 대하여 엄밀한 검토가 있은 후에 그 역학적 증명이 다른 정황증거와 함께 '합리적 의심의 여지가 없는 정도의 증명'이 행하여진 때 인과관계를 인정해야 할 것이다.

한 환경범죄의 특유한 인과관계입증의 곤란성을 생각하면 충분히 특례규정의 필요성을 인정할 수 있다. 나아가 환경범죄특별조치법은 미수범처벌규정을 두고 있지 않아 동 법 제11조는 형법 제19조의 규정을 배제하는 실질적인 기능을 발휘하고 있다.[14)]

2. 조직범죄에 있어 불법수익의 추정

환경범죄와 마찬가지로 조직범죄 역시 현대사회에서 간과할 수 없는 중대한 범죄행위에 해당하기 때문에 현대형법이 시급히 해결해야 하는 중대한 도전으로 여겨지고 있다. 따라서 형사입법자는 이러한 조직범죄에 효율적으로 대처하기 위해 폭력행위등 처벌에 관한 법률에서 단체등의 구성·활동(동법 제4조), 특정범죄가중처벌 등에 관한 법률에서 단체의 조직(동법 제5조의 8), 마약사범(동법 제11조) 등의 특별형사법을 제정하여 가중처벌하고 있다.

이러한 일련의 법률들은 범죄조직에 의해 획득된 불법수익[15)]을

---

12) 김종덕, 앞의 논문, 132-135면.

13) 신양균, "형법상 인과관계와 객관적 귀속에 대한 연구", 연세대학교 박사학위 논문, 1989, 113면.

14) 환경범죄에 있어 인과관계에 관한 자세한 분석으로는 김종덕, "환경범죄의 인과관계", 비교형사법연구 제7권 제1호, 2005, 123면 이하; 서원석, "환경범죄의 성립과 실태에 관한 연구", 검찰 2003년(통권 제114호), 672면 이하; 이만종, "환경범죄에 있어 인과관계에 관한 고찰", 환경법연구 제26권 4호, 2007, 199면 이하; 정진연/조규태, "환경범죄와 인과관계", 숭실대학교 대학원 논문집 제4집(1996), 53면 이하; 조병선, 환경형법, 청주대학교 출판부(1998), 86면 이하, 143면 이하 참조.

15) 예를 들어 미국의 경우 추산에 의하면 매년 약 1,210억에서 1,610억 달러 상당의 경제적 가치가 세금이 부과되지 않은 채 조직범죄에 의하여 국가경제에서 빠져나가고 있다고 한다. 이에 대해서는 최인섭, 조직범죄의 특성과 실태, 형사정책연구 제5권 제2호, 1994, 6면 이하 참조.

철저히 재환수하는데 초점을 맞추는 방법으로 조직범죄 현상을 예방하고자 한다.[16] 그러나 일반범죄와는 달리 조직범죄에 있어서는 범죄자가 최종적으로 개인적·조직적으로 얽혀있는 그물모양의 망으로 재산을 넘겨버린 경우에 재산의 출처가 은폐되기 쉬운 것은 물론이고 발생한 불법수익과 범행과의 관련성에 대한 입증도 매우 어렵다는 문제점이 발생한다. 이러한 입증의 어려움 때문에 불법수익의 몰수가 효과적으로 행해지기 어려울 것이라는 문제의식 아래 거증책임전환을 통해 가능한 한 조직범죄로 획득한 재산의 개입을 용이하게 하고자 하는 입법화 작업이 이루어졌다. 즉 우리나라에서는 1995년에 '마약류불법거래방지에관한특례법'(이하 마약류몰수특례법)과 2001년에 '범죄수익은닉의규제및처벌등에관한법률'(이하 범죄수익규제법)을 제정하여 몰수절차의 특례를 인정하고 있다.[17] 구체적으로 마약류몰수특례법 제17조[18]는 불법수익, 즉 마약류범

16) 1988년 오스트리아 비엔나에서 '마약 및 향정신성물질 불법거래방지에 관한 국제연합협약'(UN Convention against illicit traffics in narcotic drugs and psychotropic substances)이 체결되었다. 비엔나 국제협약은 동 협약 제3조와 제5조에서 각각 돈세탁에 관한 범죄구성요건과 불법수익몰수제도를 규정하고, 이 협약에 가입한 세계 각국에게 이 규정들을 국내법으로 입법화할 것을 강력히 권고하여 각국이 불법수익제도의 입법화 작업에 커다란 영향을 끼치게 되었다. 이에 대한 자세한 내용은 신의기, "마약류규제에 관한 국제협력", 형사정책연구 제5권 제2호, 1994, 212면 이하 참조.

17) 1995년에는 '공무원범죄에관한몰수특례법'도 제정되었는바, 동 법률은 "특정 공무원범죄를 범한 자가 그 범죄행위를 통하여 취득한 불법수익 등을 철저히 추적·환수하기 위하여 몰수 등에 관한 특례를 규정함으로써 공직사회의 부정부패요인을 근원적으로 제거하고 깨끗한 공직풍토를 조성함을 그 목적으로" 하고 있다(동법 제1조).

18) 마약류불법거래방지에관한특례법 제17조 (불법수익의 추정) 제6조의 죄에 관계된 불법수익을 산정함에 있어 같은 조 각호의 규정에 의한 행위를 업으로 한 기간 내에 범인이 취득한 재산으로서 그 가액이 당해 기

죄의 범죄행위로 얻은 재산, 그 범죄행위의 보수로서 얻은 재산 또는 금지된 행위를 하기 위한 장소 시설장비자금 또는 운반수단을 타인에게 제공하는 등에 관계된 자금과 불법수익에서 유래한 재산, 즉 파생재산 등의 범위를 확정하는데 있어서 불법수익의 추정규정을 두고 있다.[19] 이와 같은 입증책임 완화규정을 둔 것은 직업으로 마약류를 불법수입·수출 등을 하는 자들의 불법수익 등을 철저하게 몰수하겠다는 입법의지로 이해된다. 나아가 범죄수익규제법는 종래 약물범죄에 한하여 불법수익의 몰수라는 특례를 인정하였는데 이를 확대하여 조직범죄, 거액경제범죄, 부패범죄 등 36종의 중대범죄와 관련된 범죄수익의 가장·은닉행위를 규제하고 중대범죄와 관련된 범죄수익의 몰수·추징에 관한 특례를 규정하고 있다.

입증책임완화를 통한 조직범죄의 불법수익 몰수방식은 독일의 입법례에서도 찾아 볼 수 있다. 즉 독일의 경우에는 범죄수익박탈을 필요적 몰수로 하고(독일 형법 제73조), 다만 범죄수익박탈이 처분대상자에게 부당하게 가혹한 때에는 이를 명하지 아니한다(독일 형법 제73조의c)고 하여 예외규정을 두고 있다. 또한 독일 형법 제73조의d 제1항은 확장적 박탈(erweiterter Verfall)을 규정하여 지금까지 만족스럽지 못했던 수익의 박탈가능성을 개선하고 있다. 이 조치

간 내의 범인의 재산운용상황 또는 법령에 의한 급부의 수령 상황 등에 비추어 현저하게 고액이라고 인정되고 그 취득한 재산이 불법수익금액·재산취득시기 등 제반사정에 비추어 같은 조의 죄로 얻은 불법수익으로 형성되었다고 볼만한 상당한 개연성이 있는 경우에는 그 죄에 관계된 불법수익 등으로 추정한다.

19) 몰수특례법상 불법재산의 추정에 관한 자세한 분석으로는 박미숙, "몰수의 범위와 몰수에 관한 법령의 단일화", 형사법연구 제22호(2004 겨울) 특집호, 466면 이하 참조.

독일의 불법수익박탈 규정의 이해

독일의 경우에 형법전에서 Verfall(수익박탈 또는 수익몰수)와 Einziehung(전통적 의미에서의 몰수)를 구분하여 함께 규정하고 있다. 독일 형법 제73조 이하에서 규정하고 있는 수익박탈은 '범죄행위의 대가로 또는 범죄행위로 인하여 취득한 수익'을 강제적으로 국고에 귀속시키는 조치로서, 그 성격상 수익박탈을 위한 핵심적인 규정이다. 그리고 독일 형법 제74조 이하에서 규정하고 있는 몰수는 '범죄행위로 인한 생성물 또는 범죄행위의 수단인 물건'을 국고에 귀속시키는 조치로서 수익박탈과 그 성격을 달리한다. 이 양자는 원칙적으로 주형에 부가하여 부과되는 부가적 처분이지만, 수익박탈 및 몰수의 요건이 독립적으로 존재하는 경우에는 예외적으로 범죄인의 기소여부에 상관없이 독립적인 선고도 가능하다(독일 형법 제76조의a).

독일에서 몰수는 1871년에 제정된 구형법(이른바 제국형법) 제40조에서 이미 일반적인 형사제재로서 규정되어 있던 반면에, 수익박탈은 구형법의 몇몇 조항과 특별형법상의 개별규정에서만 인정되었으며, 1975년의 형법(총칙)개정에 의하여 비로소 일반적인 형사제재로 규정되기에 이르렀다. 그러나 약물범죄를 위시한 조직범죄의 위험성과 위협이 크게 증대하면서 불법수익에 대한 몰수의 필요성과 중대성 또한 제고되었음에도 불구하고, 수익박탈에 관한 이들 규정상의 결함과 한계 때문에 이 제도의 실효성이 실무에서는 거의 인정되지 못하였다. 이에 대한 개선방안으로서 1992년 2월의 형법일부개정과 같은 해 7월의 '불법마약거래 등 조직범죄의 척결을 위한 법률'의 제정을 통하여 수익박탈에 있어서 총액주의의 채택, 이른바 확장적 박탈의 도입 등 수익박탈제도의 새로운 내용을 형법전에 규정하였다. 이는 종래의 수익박탈에 있어서는 이른바 실액주의에 입각하여 박탈의 대상은 순수익에 한정되고 그 결과 박탈의 법적 성격도 대체로 '준원상회복처분'으로 이해되어 왔으나, 1992년의 형법일부개정에 따라 박탈대상에 범죄비용까지도 포함시키는 이른바 총액주의가 채택됨으로써 수익박탈의 법적 성격은 '준형사제재'(strafähnliche Sanktion)로서 이해된다는 데에 커다란 의미를 가진다. 그리고 약물범죄를 비롯한 다양한 유형의 조직범죄에 효과적으로 대처하고 이를 억제할 목적으로 1992년에 제정된 '불법마약거래 및 기타 조직범죄의 방지를 위한 법률'에 의하여 형법전에 도입된 '확장적 박탈'은 동 법률에 의하여 신설된 재산형벌(재산박탈형: Vermögensstrafe)과 더불어 불법수익박탈의 실효성을 높이는 수단으로서 인식되고 있다.

이러한 확장적 박탈은 기존의 수익박탈의 특수한 형태로서, 전자에 대해서는 후자에 관한 규정들, 예컨대 보안처분에 관한 규정 등이 기본적으로 동일하게 적용된다. 다만 확장적 박탈은 수익박탈에 대한 특별법으로서의 성질을 가지는 것은 아니기 때문에 종래에 수익박탈에 관한 규정이 확장적 박탈에 관한 규정에 우선하여 적용된다. 요약건대 확장적 박탈과 재산형벌에 관한 규정들은 범행을 통하여 경제적 수익을 얻을 수 있다는 기대를 무너뜨림으로써 범죄에 대한 일반예방적 효과를 거둘 수 있다. 동시에 범죄를 통한 수익이 당해 범죄의 계속적인 수행 혹은 또 다른 범죄에 재투자될 가능성을 제거함으로써 조직범죄에 효과적으로 대처할 수 있다고 한다.[20]

'불법마약거래 및 기타 조직범죄의 방지를 위한 법률'(OrgKG)이 문제의 위법행위에 대하여 독일 형법 제73조의d 적용을 명하고 있고, 박탈의 고려대상이 되고 있는 재산들이 위법행위를 위하여 또는 위법행위로 인하여 취득하였다는 사실을 인정할 만한 사유가 있을 때 취해질 수 있다. 이 규정은 특히 박탈대상물의 범죄적 출처와 관련하여 입증책임완화가 중요한 의미를 갖는다. 즉 정범이나 공범에게 속한 재물들을 객관적인 증거에 근거하여 당해 범죄에 귀속시키는 것은 약물범죄 등과 같은 조직범죄의 영역에서는 매우 어려운 만큼, 이에 대한 해결방안으로 해당 재물이 그 어떤 범죄와 관련되었을 수도 있다는 '고도의 개연성'만 가지고도 동재물의 박탈을 허용하는 것이 이 규정의 핵심적 내용이다.[21]

그러나 이 규정은 필수적인 범죄관련성이 실제로 존재하지 않음에도 불구하고 명하여 질 수 있다는 위험을 내포하고 있다. 바꾸어 말하면 박탈대상물의 출처가 명확하지 않을 경우 그 입증책임의 위험이 피고인에게 전가되는 셈이다. 그 결과 확장적 박탈은 무죄추정의 원칙에 위배된다는 비판이 제기되고 있다. 즉 형벌 또는 준형벌적 제재수단의 부과는 법률적으로 효력을 갖는 구체적인 범죄책임의 증명 없이는 허용되지 않는데, 확장적 박탈은 출처범

20) 임웅 외 5인 공저, 조직범죄와 형사법, 법문사, 2004, 159-161면.

21) Dreher/Tröndle, Strafgesetzbuch und Nebengesetze, 46. Aufl., München 1993, Rn. 4 zu § 73d; Krey/Dierlamm, "Gewinnabschöpfung und Geldwäsche", JR 9 (1992), 357면 참조.

죄의 책임에 대한 객관적인 증명 없이 범죄적 출처의 고도의 개연성만으로 범인의 소유물의 박탈을 정당화하므로 무죄추정의 원칙에 어긋난다고 한다. 또한 출처범죄와 박탈대상물의 관련성을 개연적 상황에만 근거하는 확장적 박탈은 이들의 관련성을 소송절차규정에 적합하게 객관적으로 입증할 경우에만 범인의 소유물에 대한 법적 제재를 정당화하는 독일 기본법 제14조 제1항의 사유재산보장원리(Eigentumsgarantie)에도 반하다는 비판도 제기되고 있다.[22] 이러한 우려 때문에 독일연방법원의 판결들은 파악된 대상물에 대하여 확장적 박탈을 명함에 있어서 그 출처에 대한 증명을 고도로 요구함으로써 독일 형법 제73조의d를 헌법에 상응해서 해석하도록 하고 있다.[23]

다른 한편으로 불법수익의 몰수라는 관점에서 독일 형법 제261조에서 규정하고 있는 '자금세탁, 불법 재산가치의 은닉죄' 역시 중요한 역할을 하고 있다. 이는 동조 제1항에 따라 타인의 위법한 행위로 인하여 생긴 대상물을 은닉하거나 그 출처를 위장하거나 출처의 수사, 그 대상물의 발견, 추징, 몰수 또는 압류를 방해하거나 위태롭게 하는 행위까지도 처벌함으로써, 범죄조직이 불법적으로 획득한 이득을 유지하거나 비정상적인 방법으로 전환(이른바 자금세탁)하는 것을 거의 어렵게 하기 때문이다.[24]

독일 형법의 확장적 박탈규정과 마찬가지로 우리나라 마약류몰

---

22) Dessecker, 앞의 책, S. 355; Weßlau, "Neu Methoden der Gewinnabschöpfung? - Vermögensstrafe, Beweislastumkehr -", StV 5 (1991), 320면 이하 참조.

23) BGH, NJW 1995, 470 참조.

24) 이 조항의 신설의 입법적 배경에 관해서는 BT-Drs. 12/989, 26면; Vogel, "Geldwäsche - ein europaweit harmonisierter Straftatbestand?", ZStW 109 (1997), 335면 이하 참조.

수특례법상의 불법수익의 추정규정에 대해서도 구체적인 범행책임의 증명 없이 범인이나 범인소유물에 대하여 형벌 또는 준형벌적 제재수단의 부과를 허용하기 때문에 전통적·고전적 형법이론과는 배치된다는 비판이 제기된다. 즉 불법수익의 추정으로 몰수제도가 실효성 측면에서는 긍정적 효과를 거둘지 몰라도 'in dubio pro reo'원칙과 정면으로 배치되기 때문에 법치국가적 관점에서는 그 정당성이 의문시되고 있다. 따라서 불법수익의 추정규정의 합헌성 여부에 대해서는 다음과 같은 3가지 견해가 대립하고 있다. 먼저 불법수익몰수규정이 제대로 적용·효과를 거두기 위해서는 입증책임에 대한 어느 정도의 완화는 필요할 수밖에 없다는 기본적 입장에서 출발하면서, 다만 적어도 입증책임의 완화는 명문규정이 있어야 하고 또 이를 뒷받침할만한 합리적인 근거가 있어야 하며, 이 경우에도 입증부담의 완화가 거증책임의 전환에 이를 정도의 광범위한 범위가 아니라 일정한 자에 의한 일정기간내의 재산의 소지나 증가가 사회상당성이 결한 경우에 범죄수익으로 함이 효과적이라는 견해[25]가 있다. 반면에 불법수익의 범죄와의 관련성에 대한 객관적인 증거에 근거하지 않고 단지 '상당한 개연성'만으로 범죄인에 속하는 물건을 몰수하는 추정몰수는 본질적으로 범죄의 입증을 전제로 하지 않는 혐의형벌로서 헌법상의 무죄추정의 원칙이나 사유재산보장원리에 어긋날 뿐만 아니라 형법상의 책임원칙에도 반하는 것으로서 삭제되어야 한다는 견해[26]가 대립하고 있다. 마지막으로 법리적으로 문제되는 법률상 추정규정을 두기보다

25) 장영민 외, 현행 약물규제법규에 관한 연구, 한국형사정책연구원, 1993, 132면 이하.

26) 이재상, "형법상 약물범죄의 불법수익몰수규정과 돈세탁행위의 처벌규정의 문제점", 인권과정의(1999.1), 79면.

는 '정황증거에 의한 사실상의 추정' 규정을 둠이 바람직하며, 추정이 남용될 가능성을 막기 위하여 전제사실의 요건이 구체적이고 상세하게 규정되어야 한다는 주장[27]도 있다. 그러나 학계의 이러한 논의와 달리 판례는 "몰수 대상이 되는 여부는 범죄구성사실에 관한 것이 아니므로 엄격한 증명이 필요 없고, 일응 인정될 수 있는 증거만 있으면 충분하다"[28]고 하여 추정몰수를 긍정하고 있다.

생각건대 현행 마약류몰수특례법상의 불법수익의 추정규정은 조직범죄의 효율적 예방을 위해서 현실적으로 매우 필요한 제도라는 점은 인정되지만 거증책임을 사실상 피고인에게 전환하는 결과를 초래할 수 있으므로 법치국가적 원칙과 배치되지 않는 최소한의 범위 내에서 극히 예외적으로 인정되어야 할 것이다. 즉 환경범죄와 마찬가지로 마약류 범죄와 같이 은밀히 이루어지는 범죄로 인하여 얻은 불법수익이 어느 것이냐를 정확히 구분해 낸다는 것은 사실상 불가능에 가깝다고 볼 때 예외적으로 검사의 거증책임을 완화 또는 전환할 필요성은 충분히 인정될 여지가 있다. 다만, 필요 최소한의 범위 내에서 인정되어야 한다는 관점에서 '상당한 개연성이 인정되는 경우에 한하여' 불법수익의 추정을 인정한 것은 헌법 제37조 제2항의 '질서유지를 위해 필요한 경우'라는 취지에 비추어 보아도 무죄추정의 원칙의 본질적인 내용을 침해하고 있다고 여겨지지 않는다. 그리고 '상당한 개연성'의 입증책임은 여전히 검사에게 남아 있으므로 이 규정은 완전한 의미의 법률상 추정이나 거증책임전환이라기보다는 '입증책임완화'로서의 의미가 더욱

27) 박기석, "환경범죄의 효율적 대처방안에 관한 연구", 한양대학교 박사학위 논문, 1996, 57면.

28) 대판 1982.2.9, 81도3040.

강하다.[29)]

3. 경제범죄에 있어 추상적 위험범의 광범위한 도입

일찍이 16세기 유럽의 위대한 휴머니스트인 에라스무스 폰 로테르담(Erasmus von Rotterdam)이 "동전 한 닢을 훔치는 자는 처형된다. 그러나 공금을 횡령한 자나 독점, 폭리, 갖가지 음모와 사기로 많은 돈을 함께 훔친 자는 상류계급에 속하는 자로 여겨진다. 독극물을 먹인 자는 독극물살인죄로 처벌받지만, 물을 탄 포도주나 상한 기름으로 국민을 해치는 자는 처벌받지 않는다."[30)]고 지적한 바와 같이 오늘날 경제범죄의 사회적 위험성은 날로 증가하고 있다. 특히 경제범죄로부터 발생하는 피해는 재산상의 손실과 같은 물질적(유형적)인 피해 못지않게 경제체계 기능의 상실이나 경제체계의 기능적 효율성에 대한 일반인의 신뢰감소 등의 '무형적 피해'가 더욱 심각하다.[31)] 이에 현대형법은 경제체계의 기능적 효율성을 위태롭게 하는 일탈행위를 새롭게 범죄화하여 경제범죄에 효율적으로 대처하고자 한다.[32)]

효율적인 경제범죄의 대처와 관련하여 가장 큰 문제는 경제범죄의 성립요건에 대한 입증이 매우 어렵다는데 있다. 왜냐하면 경제

---

29) 같은 취지로는 김정한, 앞의 논문, 67면.

30) Wolfgang Heinz/김영환(역), "형법에 의한 경제범죄의 퇴치 - 독일연방공화국 경제형법의 개관", 한양대학교 법학논총 12집(1995), 2면 재인용.

31) 이에 대한 적절한 지적으로는 강동범, "우리나라의 경제형법에 관한 연구", 서울대학교 박사학위 논문, 1994, 40면 참조.

32) 대표적인 경제형법으로는 특정경제범죄가중처벌등에관한법률, 부정경쟁방지및영업비밀보호에관한법률, 독점규제및공정거래에관한법률, 물가안정및공정거래에관한법률, 부정수표단속법, 소비자보호법, 자본시장과 금융투자업에 관한 법률, 은행법 등을 언급할 수 있다.

영역에서 발생하는 일탈행위는 그 행위가 독자적으로 개인적 법익을 침해하거나 위태화하는 것이 아니라 이 일탈행위가 대량·반복적으로 발생하는 경우에 경제체계의 기능이 상실되고, 결국 그 경제체계 속에서 경제활동을 하는 사회구성원의 이익이 침해될 수 있는 가능성이 있다고 생각되는 행위, 즉 '추상적 위험성을 띤 행위'에 기초하고 있기 때문이다. 이러한 추상적 위험성을 띤 행위는 고전적·전통적 형법이론을 통해 행위자에게 책임을 귀속시키는 것이 거의 불가능에 가깝다. 이는 일탈행위와 그에 의해 발생한 일정한 법익침해 또는 법익위태화(예컨대, 증권범죄에서 '시세조종'에 의한 일반투자자의 재산상의 손실) 사이의 인관관계를 입증하기가 곤란하기 때문이다. 따라서 경제범죄의 영역에서 추상적 위험성을 띤 행위를 한 개인에게 형사책임을 귀속시키는 것은 언제나 불확실성을 내포하는데, 이를 극복하기 위해 형사입법자는 추상적 위험범을 광범위하게 도입하고 있다.[33] 즉 침해범이나 결과범의 가벌성 요구에는 구체적인 결과와 피고인이 그 결과를 야기시켰다는 사실의 입증이 필요하나, 추상적 위험범은 형사입법자가 경제체계의 기능을 위태롭게 한다고 생각되는 행위 그 자체를 범죄화함으로써 결과발생이나 인과관계를 입증할 필요가 없기 때문에 형사소송실무에서 발생하는 입증의 어려움을 해결할 수 있는 효과적인 수단으로 기능한다. 예를 들어 증권체계의 기능적 효율성을 떨어뜨리고 이에 대한 일반투자자들의 신뢰를 동요시키는 시세조종행위를 형법적으로 통제하고자 할 때, 그 행위로 인한 증권체계의 기능과 일반인의 신뢰상실을 형사소송절차에서 입증한다는 것은 거의 불

---

33) 환경범죄의 영역에서도 추상적 위험범이 광범위하게 도입되고 있는데, 이에 대한 적절한 지적으로는 Hohmann, Das Rechtsgut der Umweltdelikte, Frankfurt am Main u.a. 1991, 179면 이하 참조.

시세조종행위의 처벌강화론 vs. 비범죄화론

자본시장과 금융투자업에 관한 법률(구 증권거래법)은 일반인들이 증권시장의 건전성이나 투자가치성에 대한 신뢰를 하지 않아 투자를 그만두는 시장이탈의 현상을 막고, 증권시장에의 참여 동기와 가치를 유지하기 위해 시장의 공정성(Fairness)을 어지럽히는 일탈행위를 범죄로 처벌한다. 동 법 제176조 및 제443조 제4호 내지 제7호에 규정된 시세조종행위 등의 금지(이른바 '주가조작죄')는 그런 범죄의 대표적인 유형에 해당한다. 즉 주가조작죄는 증권시장의 공정성과 그것에 대한 거래참여자들의 신뢰라는 '보편적 법익'을 보호하는 대표적인 경제범죄이다.

이러한 시세조종행위의 범죄화가 타당한가에 대해서는 처벌강화론과 비범죄화론이라는 두 가지 근본적 관점이 대립한다. 한편에서는 자본시장의 공정성을 실현하기 위해 그런 행위를 형벌로 위협하고, 또한 집행을 철저히 해야 한다는 관점을 펼친다. 반면에 다른 한편에서는 주가조작죄에 해당하는 시세조종행위가 통상적인 주식거래행위와 명확하게 구별하기 어렵고, 형사불법을 구성할 만큼 시세조종행위의 반도덕적 성격이 강하지 않으며, 장기적으로 오히려 시장참여자들의 경제적 이익과 증권시장의 효율성을 해치는 역기능을 발휘할 수 있다는 점에서 시세종종행위의 범죄성에 대해 근본적인 회의를 제기하는 관점도 있다.[34]

이와 관련하여 이상돈 교수는 시세조정행위의 불법유형이 형사불법이 되기 위해서는 주가조작죄의 요건을 구체화할 필요성이 있다고 하면서, ① 허위정보의 창출, ② 투자판단의 그르침, ③ 인위적인 증권가격의 형성이라는 기존의 주가조작죄의 세 가지 요건을 ① 불공정한 시장 참여, ② 정보권침해를 통한 투자유인, ③ 증권시장의 가격결정메커니즘의 위태화, ④ 불명확한 요건으로서 가변적 요소로 재구성하여야 한다는 견해를 제시하고 있다. 나아가 주가조작죄가 합헌적이기 위해 해석적용의 테두리조건으로 비례성의 절차적 실현, 결과불법의 정형화, 행위준칙의 관리가 요구된다고 한다.[35] 특히 결과불법의 정형화와 관련하여, 현행법에서 시세조종행위로 인한 형사책임의 요건(동법 제176조)이 손해의 발생과 인과관계를 요구하지 않는다는 점에서 손해배상책임의 요건(동법 제177조)보다 더 완화되어 있는 것은 형법의 민법에 대한 보충성원칙에 위배된다는 문제점을 지적하면서 시세조종행위와 손해의 발생 사이에 '통계학적 인과성'이 요구된다는 견해는 주목할 만하다. 즉 그에 따르면 시세조종행위의 결과불법을 정형화하기 위해서는 시세조종행위와 '통계학적 인과성'이 있는 투자자의 손해가 해명되어야 하고, 시세조종행위로 취득한 불법이득액이 시장의 공정성을 상당한 정도로 흐려놓을 정도로 대규모인 경우에만 주가조작죄를 인정하여야 한다고 한다. 이때 통계적 인과성은 개념적으로는 시세변동의 단순한 가능성이나 개연성을 넘어서는 적어도 '고도의 개연성'을 의미하는 것으로, 이러한 인과적 관련성을 요구하는 것은 주가조작죄가 창출하는 시장의 공정성이라는 상징이 형사책임의 귀속에서 일반적으로 요구되는 확실성 수준의 인과적 관련에 못 미치지만 그런 통계학적 인과성마저도 인정되지 않는 행위나 적은 규모의 이익취득행위에 의해서 깨지지는 않을 것이기 때문이라고 한다.[36]

생각건대 환경범죄에 있어서 법률상 추정 규정을 두기 보다는 역학적 인과관계론을 도입하여 인과관계 입증의 곤란을 해결하자는 시도와 마찬가지로 경제범죄에 있어서도 행위와 결과 간의 인과관계를 요구하지 않는 추상적 위험범의 과도한 도입보다는 시세조종행위의 유형에 따라 일정한 유형의 시세조종행위와 그에 따른 손해 발생 사이의 통계적 인과성을 요구하는 것이 주가조작죄의 결과불법의 정형화의 관점에서 타당하다고 판단된다.

가능하다. 따라서 침해범이나 구체적 위험범이 아니라 '경제기능에 대한 신뢰를 손상할 위험이 있다고 일반적으로 인정할 만한 행위'[37]가 존재하는 경우에 언제나 형사책임을 그 행위자에게 귀속시킬 수 있는 추상적 위험범 형식의 형법규범만이 경제체계의 기능과 일반인의 신뢰를 효과적으로 보호할 수 있을 뿐이다.[38]

그러나 이와 같이 추상적 위험범을 근거로 한 책임귀속은 앞서 상술한 환경범죄특별조치법상의 인과관계의 추정규정과 마약류몰수특례법상의 불법수익의 추정규정과 같이 '상당한 개연성'의 입증책임을 여전히 검사에게 부담하는 '입증책임완화'로서가 아닌 형사소송절차에서 거증책임을 검사로부터 피고인에게로 완전히 전환하는 것을 의미한다. 이는 피고인의 시민으로서의 자유로운 신분을 보호하고 법률적용자에 의한 국가형벌권의 투입을 제한하기 위해

---

34) 대표적으로 임철희, 시세조종행위의 형법적 문제에 관한 연구, 형사정책연구원, 2002 참조.

35) 이에 대한 상세한 분석으로는 이상돈, "주가조작의 형사책임", 저스티스 통권 제89호, 2006, 94면 이하, 107면 이하 참조.

36) 이상돈, 앞의 논문, 108면.

37) 한국형사정책연구원, 경제범죄의 유형과 대처방안, 1993, 101면 참조.

38) 임웅, "경제범죄에 대한 형법적 대책", 성균관법학 창간호(1987), 159면 이하 참조.

형법에게 최후수단으로서의 기능을 부여하는 '의심스러운 때는 피고인의 이익으로'라는 헌법상 보장된 원칙과 무죄추정의 원칙에 위배될 수 있다. 더욱이 추상적 위험범의 형태는 개별사정을 무시한 채 당사자 개인의 특수성의 일반화에 의해 책임원칙에 반하다는 의심을 불러일으키고, 장기적으로는 가벌성과 불법의 체감력을 감소시킬 뿐이라는 비판이 제기되고 있다.[39)]

생각건대 경제범죄의 영역에서 추상적 위험범을 단순한 규범불복종 행위까지 처벌범위를 확대하거나, 침해범 내지 구체적 위험범 형식으로의 입법이 가능함에도 불구하고 입증곤란을 회피하기 위해 추상적 위험범을 도입하는 것은 금지되어야 한다. 그러나 형사소송절차상 경제범죄의 성립요건에 대한 입증곤란이 발생하는 것도 부인할 수 없으므로 추상적 위험범을 극히 제한된 범위 내에서 도입할 필요성은 있다. 이러한 절차법상의 이유 외에도 경제범죄의 영역에서 추상적 위험범은 당해행위가 가져오는 장래의 전개 또는 결과발생의 "불가시성"(Unabsehbarkeit)으로 인하여 지배가능하지 않는 대상을 사전에 방지하고자 하는데 커다란 역할을 할 수 있다.[40)] 즉 추상적 위험범은 경죄범죄에 대한 효율적 대책으로서

---

39) 이러한 비판에 관해 자세히는 Hassemer, "Kennzeichnen und Krisen des modernen Strafrechts", ZRP 1992, 378면 이하, 381면; ders., Produktverantwortung im modernen Strafrecht, 2. Aufl., Heidelberg 1996, 10면 이하 참조.

40) Jakobs 교수는 예를 들어 위조화폐의 제조 또는 조달 그리고 무기에 얽히는 일련의 사항에 대해서 개개의 경우에 범죄에 사용되기에 이를지 여부 그리고 어떻게 될 것인가를 전망할 수 없다고 하면서 어쨌든 그와 같은 객체가 자유로이 제조 또는 유통되는 것이 허용되면 그것은 규범타당성에 있어 필요한 인지적 확실성을 훼손하는 것이 된다는 이유를 들며 추상적 위험범의 중요성을 지적하고 있다(Jakobs, "Kriminalisierung im Vorfeld einer Rechtsgutsverletzung", ZStW 97, 1985, 770면 이하,

적합한 수단이지만 그 남용을 막고 법치국가적 형법의 체계원칙과 조화를 위해서는 행위태양이 입법시 명확히 규정되어 금지의 실질이 일정한 법익과 직접 연관을 짓도록 해야 한다.[41]

Ⅳ. 법치국가 형사법체계에서 거증책임전환의 허용한계는?

최근에 실체형법뿐만 형사소송법이 앞서 언급한 새로운 범죄와 새로운 대량위험의 영역에서 발생하는 입증곤란의 문제해결에 있어 주도적 역할을 담당해야 한다는 주장이 새롭게 제기되고 있다. 주지하듯이 형사소송의 일차적 목적은 '실체형법의 실현에의 기여'에 있다.[42] 실체형법은 평화로운 공동생활의 기본전제를 보장하기 위해서 일정한 내용, 즉 가벌적 행위의 표지를 규정하고 있으나 절차적인 뒷받침이 없으면 실현될 수 없기 때문이다.[43] 다른 한편으로 이것은 '국가형벌권의 관철'을 의미한다. 다시 말해 국가에게 특정인에 대한 형벌권이 존재하는지, 존재한다면 어떠한 판결을 내리고 어떠한 법효과를 부과할 것인지에 대해 확정하는 일을 말한다. 그리하여 형사소송은 실체형법을 관철함으로써 범죄행위에 의해 교란된 법적 평화를 회복하는 것이다. 이러한 과제를 수행하기 위한 일차적인 전제는 실체적 진실을 발견하고 이를 철저히 입증하는 것이다. 이 과정에서 형사소송은 실체형법의 법치국가적

772면 참조).

41) 같은 취지로 임웅, 앞의 논문, 160면.

42) 백형구, 알기쉬운 형사소송법, 박영사, 2007, 3면; 신동운, 신형사소송법, 법문사, 2008, 3-4면;이재상, 신형사소송법, 박영사, 2007, 3-4면; 임동규, 형사소송법(제5판), 법문사, 2008, 3면. 이와 다른 견해로는 배종대/이상돈/정승환, 신형사소송법, 홍문사, 2008, 3-4면 참조.

43) Roxin, Strafverfahrensrecht, 25 Aufl., München 1998, 1면 이하.

기본원칙을 초과해서는 안 되는데 앞서 언급한 입증책임완화 내지 거증책임전환을 통한 입증곤란의 해결방식은 특히 많은 비판이 제기될 수 있다. 이러한 실체형법의 법치국가적 기본원칙 중 중요한 것으로 책임원칙을 언급할 수 있다.

주지하듯이 책임원칙이란 "형벌은 책임을 전제로 한다"는 것을 의미한다. 즉 개인의 책임비난이라는 전제조건이 충족될 때 형벌의 정당성은 확보된다. 이러한 전제조건의 충족은 행위자에게 자신의 행위에 대한 책임을 귀속시킬 수 있는가의 가능성에 있다. 이때 행위자의 (과거)행위에 대한 실질적 사실증명이 중요하다. 실질적 사실증명을 통해 스스로 책임 있는 행동을 할 수 있는 개인이 개인적으로 정당화할 수도 없고 윤리적으로도 잘못된 결정에 대한 비난의 충분한 근거를 제시할 수 있다. 이에 의해서만 형벌의 부과가 가능하다. 법치국가에서 형벌은 바로 이와 같은 개별행위책임에 기초해서 부과되기 때문에 행위자는 자기 자신의 행위에 의해 발생한 결과에 대해서만 책임을 부담하면 된다. 따라서 사회적 공동책임과 범죄의 사회적 원인은 개인책임의 확정절차에 있어 배제되어야 한다. 이와 같이 실체형법은 '윤리적 최소한도'만을 나타낼 뿐이다.

다른 한편으로 법치국가에서 책임원칙은 복잡한 객관적 실재를 축소하고 행위자에게 불리한 여러 범죄적 요인을 제한하는 경향이 있는데, 바로 여기서 일반적으로 '의심스러울 때에는 피고인에게 유리하게'의 원칙이 요구된다. 실체형법의 실현을 위한 형사소송은 무분별한 형벌권 남용을 제한하기 위해 법치국가적 원칙을 발전시켰다. 이때 무엇보다 행위책임원칙의 철저한 준수가 요구되었는데, '의심스러울 때에는 피고인에게 유리하게'의 원칙이 이를 정당화하는 근거로 자리 잡았다. 따라서 국가는 피고인의 행위에 대해 형벌권을 행사하기 위해 필요한 모든 전제조건을 합리적 의심의 여지없이 증명해야 했다. 결국 이것은 피고인의 권리로까지 발전했다. 반면에 거증책임을 부담하는 국가는 피고인의 혐의사실에 대한 유죄입증, 즉 실체적 진실발견을 위해 필요한 모든 정보를 수집하고 필요한 경우 증거조사를 통해 접근 가능한 정보원을 수사할 수 있다. 이와 같이 형사소송에 있어 책임원칙의 요청은 법정에 있어 의심의 제거, 즉 명확한 사실증명을 위한 중요한 토대가 되었다.

그러나 위험사회로까지 일컬어지는 현대사회에서 범죄사실의 명확한 증명은 불확실성이 지배하는 영역에서 불가능해 보인다. 앞서 언급한 바와 같이 환경범죄의 영역에서 명확한 사실증명에 따른 책임원칙을 엄격히 고수할 경우에 피고인이 야기한 엄청난 환경오염 내지 환경파괴의 결과에도 불구하고 그의 유죄를 입증하기는 어렵다는 치명적인 결과를 초래할 수 있다. 이러한 이유로 새로운 범죄 내지 새로운 대량위험의 영역서 만큼은 입증책임완화 내지 거증책임전환이 요구되고 있다. 하지만 이러한 해결책은 앞서 언급한 법치국가적 원칙과의 관계에 있어 언제나 문제가 되고 있음은 명백하다. 그럼에도 불구하고 입증책임완화 내지 거증책임전환의 문제는 다른 여러 법치국가적 원칙들과의 상호관계 속에서 이해되어야 하기 때문에 절대적으로 금지되는 것이 아니라 법치국가적 원칙의 경계를 넘지 않는 제한적 범위 내에서 허용될 수 있다. 불확실성이 지배하는 영역에서 이와 같은 입증책임완화 내지 거증책임전환은 상기한 현대형법의 기능변화에서도 그 정당성을 찾을 수 있다.

이와 같은 정당성의 기초위에서 해결해야 할 핵심과제는 법치국가적 형법의 체계원칙과 조화할 수 있는 입증책임완화 내지 거증책임전환의 한계를 명확히 설정하는 것이다. 즉 형사소송에서 법률상 추정은 무죄추정의 원칙, 자유심증주의 및 실체적 진실주의를 근거로 부정되어야 한다. 그러나 환경범죄와 조직범죄에서와 같이 위법행위와 그로인한 결과와의 인과관계 내지 불법수익의 입증이 거의 불가능에 가까운 경우에 있어서는 '상당한 개연성이 인정되는 경우에 한하여' 인과관계의 추정 내지 불법수익의 추정이 인정될 수 있다. 이러한 추정규정은 여전히 '상당한 개연성'의 거증책임을 검사가 부담함으로써 거증책임전환이 아닌 '입증책임완화'를 의미하기 때문이다. 나아가 경제범죄의 영역에서도 경제범죄의 성립요건에 대한 입증곤란이 발생하기 때문에 이를 극복하고 효과적인 경제범죄대처를 위해서는 행위태양이 입법시 명확히 규정되어 금지의 실질이 일정한 법익과 직접 연관성을 갖는 범위 내에서 추상적 위험범을 도입할 필요성이 있다. 그러나 단순히 입증곤란의 문제를 회피할 목적만으로 추상적 위험범이 도입되어서 안 될 것이다.

Ⅴ. 논의를 마치며

이상으로 현대형법의 주요 영역인 환경범죄, 조직범죄 및 경제범죄의 영역에서 입증곤란의 문제를 해결하기 위해 도입하고 있는 입증책임완화 내지 거증책임전환이 'in dubio pro reo'원칙, 무죄추정의 원칙, 책임원칙 등과 같은 법치국가적 형법의 체계원칙 내에서 허용될 수 있는지의 여부에 대하여 살펴보았다. 환경범죄, 조직범죄 및 경제범죄의 영역에서는 불확실성과 불가시성을 내포하고 있기 때문에 범죄사실에 대한 입증이 거의 불가능에 가까워 'in dubio pro reo'원칙을 엄격히 고수할 경우에 행위자가 야기한 엄청난 법익위태와 내지 법익침해에도 불구하고 그에게 책임귀속을 할 수 없는 모순된 결과를 초래할 수 있다. 이와 같은 입증곤란의 문제를 해결하기 위해 환경범죄특별조치법과 마약류몰수특례법에서는 각각 인과관계의 추정규정과 불법수익의 추정규정을 허용하고 있다. 이는 형사소송에서는 허용되지 않는 법률상 추정규정을 인정한 것으로 해석하기 보다는 여전히 '상당한 개연성'에 대한 거증책임을 검사에게 부담시키고 있으므로 입증책임의 완화로 보아야 할 것이다. 또한 경제범죄의 영역에서도 이와 같은 문제를 경제기능에 대한 신뢰를 손상할 위험이 있다고 일반적으로 인정할 만한 행위가 존재하는 경우에 언제나 형사책임을 그 행위자에게 귀속시킬 수 있는 추상적 위험범을 광범위하게 도입함으로써 경제체계의 기능과 일반인의 신뢰를 효과적으로 보호하고자 한다. 그러나 추상적 위험범은 거증책임을 실질적으로 피고인에게 전환하는 것으로서 'in dubio pro reo'원칙에 위반될 우려가 있다. 따라서 추상적 위험범은 행위태양이 입법시 명확히 규정되어 금지의 실질이 일정한 법익과 직접 연관성을 갖는 범위 내에서 극히 예외적이고 제한적인 경우에 한하여 도입될 필요성이 있다.

형법은 과거의 행위를 문제 삼아 책임을 묻고 형벌을 과한다는 점에서 회고적인 법이지 미래의 행위를 보장받으려는 미래지향적 · 전망적인 법이 아님에는 틀림없다. 그러나 형법이 위험사회로까지 일컬어지고 있는 현대사회에서 발생하는 새로운 형태의 범죄와 새로운 대량위험에 대해서 고전적 · 전통적 형법의 수단만으로 대처하겠다는 발상은 문제가 있다. 따라서 현대형법은 법치국가적 형법의 체계원칙과 모순되지 않는 범위 내에서 자신의 조종력을 향상시키기 위한 새로운 매커니즘을 찾도록 노력해야 할 것이다.

제2장

환경범죄의 대처수단으로서 환경형법의 기능과 한계

[§ 4] 환경위험의 법적 조종 가능성과 한계*

Ⅰ. 논의 배경

생태학적 위험사회(ökologische Risikogesellschaft)로까지 지칭되는 현대 후기산업사회에서 과학기술은 끊임없이 발전을 거듭하고 있으나, 일정부분 제한을 가할 필요성도 제기된다. 어떤 과학기술도 완벽할 수 없기 때문에 모든 과학기술은 다음과 같은 어려운 물음에 직면하고 있다: "얼마나 안전해야 충분히 안전한 것인가?"(How safe is safe enough?)[1] 그로 인해 생태학적 위험사회에 있어 새로운 위험(neue Risiken)의 하나인 "환경위험"(Umweltrisiko)은 어떠한 형식으로든 위험을 축소·예방한다는 의미로서 "위험조종"(Risikosteuerung)이 불가피하다.[2] 이러한 환경위험의 조종은 오늘날 법(특히 헌법, 환경법, 환경형법)의 중심과제로 인식되고 있다.[3] 법은 민주적 절

---

* "환경위험의 법적 조종 가능성과 한계에 관한 고찰", 환경법연구 제28권 1호, 2006.5., 269-302면.

1) 이에 관한 자세한 논의로는 Fischhoff u.a., Acceptable risk, Cambridge University Press, London 1981 참조.

2) 위험조종(Risikosteuerung)이라는 개념은 위험의 실현을 야기하는 인과과정에 일정한 영향을 미침으로써 위험을 회피하고 축소·예방하는 것을 의미한다. 일반적으로 위험조종은 위험에 대한 법적 규제라는 형식을 통해 달성될 수 있다. 위험조종의 개념에 관한 자세한 분석으로는 Schmidt, "Steuerung neuer Risiken mit Hilfe des zivilrechtlichen Vertragsrechts", KritV 1991, 346면 이하 참조.

차에 의해 사회의 여러 위험을 조종하는 가장 중요한 형식의 하나이기 때문이다. 입법자는 환경위험의 조종이라는 국민의 요청을 특히 헌법을 통해 이행하고자 한다. 법을 통한 환경위험의 조종이라는 헌법적 의무는 법적 위험조종이 과연 무엇이며, 나아가 이를 달성하기 위한 수단으로 무엇이 있을 수 있는지를 계속해서 검토하고, 만약 개념이 정립되고 그 수단이 있다면 이를 더욱 향상시킬 과제를 포함한다.[4)]

하지만 법을 통한 환경보호의 가능성, 즉 환경위험의 법적 조종 가능성이라는 근본적인 문제에 대한 논의는 접어둔 채, 너무나 쉽게 법을 통한 환경보호의 당위성에 대해 동의를 표하고 있는 것은 아닌지 의문이다. 예를 들어 형법 분야에서도 예외 없이 형법에 의한 환경위험의 조종 필요성을 긍정하고 있으나, 형법에 의한 환경위험의 조종 가능성에 대한 깊이 있는 논의는 미약하다. 심지어 입법자는 형법이 환경보호를 위한 가장 강력한 수단이 될 수 있음을 확신하며, 어떠한 형사법적 수단과 방법을 사용하여 효율적인 환경보호에 기여할 수 있는지에만 관심을 갖는 경향을 보이고 있다. 그 결과 입법자는 환경위험의 형법적 조종을 위해 보편적 법익과 추상적 위험범을 광범위하게 도입함으로써 법익위태화의 전단계에서 가벌성을 전치화하는 것, 즉 전단계범죄화를 시도하고자 한다. 하지만 입법자의 처음 의도와 달리 환경위험을 조종하기 위해 도입된 보편적 법익과 추상적 위험범이라는 수단은 그 목적을

---

3) Scherzberg, “Risiko als Rechtsproblem”, VerwArch. 84 (1993), 490면 이하 참조.

4) Ronellenfitsch, “Die Bewältigung der wissenschaftlichen und technischen Entwicklung durch das Verwaltungsrecht”, DVBl. 1989, 851, 855면 참조.

달성하지 못한 채 죄형법정주의, 행위형법의 원칙 및 책임원칙 등과 같은 전통적인 법치국가적 형법의 체계원칙을 위태롭게 하는 결과를 초래하고 있다.

따라서 아래에서는 환경위험의 법적 조종에 대한 필요성이 아닌 그 가능성과 한계를 고찰함으로써 형법, 특히 환경형법이 환경위험의 법적 조종수단의 하나임에는 틀림없지만, 효율적인 환경보호를 위해서는 다만 보충적이고 제한적인 기능을 수행할 수 있을 뿐임을 논증하고자 한다. 이를 위해 먼저 생태학적 위험사회에 있어 환경위험은 새로운 위험의 대표적 예라 할 수 있는데, 그 출현배경과 특징을 살펴보고(Ⅱ), 다음으로 환경위험의 법적 조종의 필요성과 공법과 사법 분야에서 환경위험의 조종을 위해 도입가능한 입법적 조치수단에 관해 간략히 언급하고자 한다(Ⅲ). 나아가 환경위험의 법적 조종의 필요성이 인정되더라도 과연 환경위험이 법적으로 조종 가능한 것인가라는 근본적인 문제가 제기되는데, 이와 관련하여 위험조종의 찬반논쟁을 소개하고자 한다(Ⅳ). 마지막으로 환경위험의 법적 조종의 수단인 환경형법이 어떠한 문제점을 가지고 있는지를 분석함으로써 효율적 환경보호를 위해 법, 특히 환경형법은 제한적 가능성만을 가지고 있을 뿐임을 결론으로 도출하고자 한다(Ⅴ).

Ⅱ. 새로운 위험으로서의 환경위험이란?

1. 새로운 위험의 출현배경

고대로부터 현재에 이르기까지 인간은 삶의 다양한 분야에서 위험(Risiko)[5]에 노출되어 있으며, 거의 일생동안 위험과 함께 살아간다 해도 과언이 아니다. 과학문명의 시대인 21세기에서조차 천재지변, 전염병, 기근 등과 같은 자연적·외부적 위험을 아직까지 완벽히 극복하지 못하고 있다. 나아가 인간 상호 간의 싸움과 전쟁으로 인한 사회적·내부적 위험 역시 인류의 역사만큼이나 오랫동안 지속되어 오고 있다. 이처럼 인간의 역사는 자연적·외적 위험과 사회적·내부적 위험이라는 이중적 위험으로부터 스스로의 안전을 지키기 위해 투쟁해온 역사라 하겠다.[6)]

그러나 후기산업사회에 살고 있는 현재의 인류는 지금까지의 자연적 위험과 사회적 위험 외에도 대형의 불명확한 새로운 위험에 직면하고 있다. 즉 현대 후기산업사회에서 과학기술은 지금까지 인류역사상 찾아볼 수 없을 정도로 급속하게 발전함으로써 인류 개개인의 복지향상이라는 긍정적 영향을 가져왔지만, 인류의 전체 삶의 기반을 위협하는 새로운 위험을 가져온 것도 사실이다. 1986

---

5) 오늘날까지 위험개념과 관련하여 일반적으로 승인된 학문적 정의는 존재하지 않는다. 다만 일반적으로 위험이라고 할 때에는 위해물질(예컨대 석면과 같은 발암물질)에 노출되었을 때 발생하는 위해(예컨대 사망, 부상 또는 손상된 삶의 질)의 크기, 즉 "위험 = 위해발생의 개연성 × 위해의 크기"를 의미한다. 그리고 위험과 구별해야 할 개념으로 영어의 danger를 뜻하는 '위해'(危害, Gefahr)라는 개념이 있다. 위해라는 단어는 일반인은 물론이고 법률가에게 있어서도 일상적인 용어라 할 수 있다. 즉, 위험과 달리 위해는 "부정적 결과를 수반하는 일련의 사건의 발생 가능성" 내지 "부정적으로 평가된 사건의 발생 가능성"으로 표현된다. 이에 관해 보다 자세한 설명은 Jae-Yoon Kim, Umweltstrafrecht in der Risikogesellschaft, Göttingen 2004, 13면 이하 참조.

6) 이에 인간은 지속적으로 자연적·사회적 위험을 가능한 통제하고자 노력해 왔으며, 이것이 곤란할 경우에는 회피하고자 했다. 이러한 이유로 위험이 수십 년 전부터 여러 학문 분야에서 주요 관심대상으로 떠올랐다. 위험연구에 관한 자세한 설명은 Bonß, Vom Risiko. Unsicherheit und Ungewißheit in der Moderne, Hamburg 1995, 9면 이하 참조.

년 4월 26일 구소련에서 일어난 체르노빌원자력발전소 폭발사건을 포함하여 2003년 2월 18일 대구에서 발생한 지하철 참사 등은 과학기술의 발전과 산업화가 가져다주는 편리함의 이면에 엄청난 위험이 도사리고 있음을 보여주는 대표적 사례이다. 이처럼 과학기술의 발달이 심화되고 산업화가 고도화되면서 원자적 위험, 화학적 위험, 유전공학적 위험 그리고 환경위험과 같은 새로운 위험이 출현하고 있으며, 이 새로운 위험은 인류전체의 생존을 위협할 정도로 엄청난 파괴의 잠재력을 가지고 있다. 특히 지구온난화와 기상이변, 오존층파괴, 식수원오염, 대기오염, 종다양성 감소(bio-diversity) 등으로 표현되는 환경위험은 새로운 위험의 대표적 예라 하겠다.[7)]

인간의 손으로 만들어낸 불확정성으로서의 새로운 위험

현대사회학자 앤서니 기드슨(Anthony *Giddens*)은 새로운 위험을 인간의 지식이나 기술이 만들어낸, 즉 **인간의 손으로 만들어낸 불확정성**(manufactured uncertainty)[8)]으로 표현하고 있다. 이러한 새로운 위험은 그 귀결의 규모나 심각성이 예측불가능하다는 의미에서 이제까지와는 전혀 다른 종류의 위험이라고 할 수 있다. 또한 새로운 위험은 그것이 위험인지 아닌지의 인지를 포함하여 재차 인간의 지식이나 기술에 의존하는 것과 같은 재귀적인 구조로 존재하며, 동시에 개인의 생활, 시장, 지역공동체를 넘어 지구전체에 영향을 미치는 전지구적 성격을 지닌다.

---

7) 특히 벡은 근대화의 과정에서 생성된 이와 같은 새로운 위험을 기술적 진보의 '부수효과'(Nebenfolgen)로 이해하고 있다. 그에 따르면, 이러한 부수효과는 종종 예측할 수 없고, 때때로 예상조차할 수 없는, 원래 긍정적으로 평가된 목적에 지향되었던 인간행위의 의도하지 않은 결과들이라고 한다(Beck, Risikogesellschaft. Auf dem weg in eine andere Moderne, Frankfurt am Main 1986, 113면 이하 참조).

8) A. Giddens, Beyond Left and Right, Polity Press, 1994, 4면.

2. 새로운 위험의 특징

후기산업사회에서 이룩한 기술적 진보의 부수효과로서 등장한 새로운 위험은 기존의 자연적·외부적 위험과는 구별되는 특징을 지니고 있다. 환경위험을 포함한 새로운 위험의 특징과 관련하여 우선 라우(Christoph Lau)는 기본적으로 서로 구별되는 위험의 세 가지 그룹, 즉 "전통적 위험"(traditionelle Risiken), "산업-복지국가적 위험"(industriell-wohlfahrtsstaatliche Risiken) 및 "새로운 위험"(neue Risiken)을 제시하면서, 새로운 위험은 앞의 두 위험과는 달리 개인 또는 기관의 결정과 작위 내지 부작위에 기인하지만, 더 이상 자연발생적으로 받아들여지는 것이 아니라 오히려 불가항력적으로 다가오는 것으로 표현된다고 한다. 나아가 새로운 위험은 일반적으로 발생 가능성, 경제적 이용가치 및 그에 대한 비용 등에 따라 계상되며, 다만 그 위험의 원인, 종류 및 범위 그리고 위험에 따르는 피해의 비교가 불가능하다는 점을 지적하고 있다.[9]

나아가 벡(Ulrich Beck)도 새로운 위험의 특징을 적절히 지적하고 있는데, 그는 새로운 위험의 특징으로 전지구성, 초계급적 보편성, 비가시성과 지식의존성 및 사회적 구성성을 제시하고 있다.[10] 이러한 특징을 보다 구체적으로 살펴보면, 우선 벡은 오늘날의 삼림파괴는 산업화의 필연적 결과로서 초기의 경지개관이라는 측면과는 전혀 상이한 사회·정치적 결과를 낳으면서 지구적으로 전개되고 있으며, 마찬가지로 핵분열이나 방사성 폐기물의 축적과 같은

9) Lau, "Risikodiskurse: Gesellschaftliche Auseinandersetzungen um die Definition von Risiken", Soziale Welt 1989, 418면 이하 참조. 특히 라우는 이러한 새로운 위험의 예로서 지면침식, 오존층 파괴, 산림고사 및 공기오염 등을 언급하고 있다.

10) 이하 Beck, Risikogesellschaft, 29-30면 참조.

위험은 전 인류를 대상으로 지구화 경향을 나타내고 있다고 한다(위험의 전지구성). 다음으로 그는 위험의 초계급적 보편성을 "빈곤은 위계적이지만 스모그는 민주적이다"(Not ist hierarchisch, smog ist demokratisch)라는 표현으로 설명하고 있다. 즉 근대화 이전의 위험은 비록 계급이나 국가의 발전수준에 따라 차별적으로 분배될 가능성이 존재하지만 오늘날 생태학적 재난이나 핵 위험 등은 국경을 무시하며 특정 계급에 국한되지 않는다고 한다. 이로써 위험의 분배는 산업사회의 부의 분배와는 달리 초급계적임을 알 수 있다. 마지막으로 식료품에 포함된 유독물질이나 핵 위험과 같은 근대성 내에서 생산되는 위험은 체계적이고 종종 되돌릴 수 없는 해를 끼치지만 일반적으로 눈에 보이지 않으며, 인과적 해석에 기초를 두기 때문에 처음에는 그에 대한 (과학적 또는 반과학적) 지식의 견지에서만 존재한다고 한다. 따라서 이 위험은 지식 내부에서 변화될 수 있고, 과장될 수 있고, 각색되거나 축소될 수 있으므로 사회적으로 정의되고 구성될 소지를 특히 많이 지니고 있다고 한다(위험의 비가시성, 지식의존성 및 사회적 구성성).[11)]

이처럼 라우와 벡에 의해 지적된 새로운 위험의 특정을 종합하면 다음과 같다. 우선, 새로운 위험은 비용편익의 원칙에 따른 적절한 계상이 불가능하다. 왜냐하면 새로운 위험은 특정인 또는 특정 사회계층의 사람에게만 관련되는 것이 아니므로 비용편익의 계산방법은 위험수반적인 결정에 대한 지침의 역할을 하지 못하기

---

11) 강희원 교수는 새로운 위험을 기술과학적-생태학적 위험으로 표현하며, 그 특징으로 비용/수익의 계산원칙 파괴, 위험결정자와 피위험자와의 구분 및 사회적 위험 등을 제시하고 있다(강희원, "환경위기시대에 있어서 '위험'에 대한 법학적 계몽을 위하여", 경희법학 제30권, 1995, 113, 135면 이하 참조).

때문이다. 예컨대 원자력발전소나 대단위 화학공장시설의 이웃주민과 같이 새로운 과학기술에 따른 직접적인 환경위험에 노출된 사람들은 이들 시설로부터 그들이 받는 이익보다 큰 손해를 부담해야 하는데, 실제로는 대부분의 사회구성원들이 이들 시설의 혜택을 받는다. 다음으로, 새로운 위험의 결정자는 피결정자(위험에 처하는 사람)와 원칙적으로 구분되지만 과학기술에 기초한 행위와 그 영향작용의 상관관계가 다양하게 끝없이 연속되므로 위험결정과 그 결과는 공간적·시간적·사회적 차원에서 상호 일치하지 않는다. 나아가 이러한 상관관계는 과학적인 측정 장치 없이는 거의 인지할 수 없으며, 설사 그것이 인지되었다 하더라도 상관관계가 복잡하기 때문에 그 결과에 대한 책임을 위험결정자에게 거의 귀속시킬 수 없다. 마지막으로, 모든 종류의 새로운 위험은 사회 구성원에 모두에게 전가되므로 결과적으로 개인적 차원의 위험이 아닌 사회적 위험으로 파악할 수 있다. 그러나 아무도 이것을 마음대로 중단시킬 수 없다. 환언하면, 새로운 위험과 관련된 위험스런 결정이 생태계 또는 과학기술의 영역에서 내려지는 순간에 위험결정자와 피결정자는 구별되지만 그러한 결정이 일단 내려진 이후에 그 결과에 있어서는 이러한 구별은 더 이상 유지될 수 없다. 새로운 위험에 있어 인간은 인종·직업 등 어떠한 이유로도 차별화될 수 없으며, 또 적어도 그 결과에 있어서 새로운 위험은 특별한 사회적 공통인자에 의해서 사회적 계층 또는 계급을 만들지 않기 때문이다.[12)]

12) 강희원, 앞의 논문, 135-136면.

Ⅲ. 환경위험의 법적 조종의 필요성과 입법적 조치수단은?

1. 환경위험의 법적 조종의 필요성

앞서 언급한 바와 같이 환경위험은 새로운 위험의 하나로서 불가항력성, 비용편익의 계산 원칙의 무용성, 전지구성 및 초계급적 보편성 등과 같은 특징을 가지고 있다. 이러한 환경위험의 특징은 환경위험을 발생토록 한 개인 또는 기관의 의사결정에 대해 형사책임을 묻기 위한 전제조건인 개인적 귀속을 거의 불가능하게 한다. 다만 이러한 환경위험의 발생이 신(神)에 의한 것이 아닌 인간의 의사결정에 기초한 것이라는 점은 너무나도 자명하지만 이러한 지식만으로는 아무런 해결책도 제시하지 못한다.[13] 결과 귀속의 문제를 신(神)에게로, 운명에게로, 또는 전지전능한 어떠한 힘에게로 돌리는 것은 문명화된 사회에서 더 이상 불가능하다. 바로 이러한 메커니즘으로 인해 환경위험을 법적으로 조종할 필요성이 등장한다.[14]

특히 벡은 환경위험의 법적 조종의 필요성과 관련하여 위험조종을 위한 새로운 규율체계를 구축하는 것이 필요하다는 점을 적절히 지적하였다.[15] 그의 견해에 따르면, 위험사회에서는 현재와는 다른 규율방식과 귀속모델, 그리고 다른 비용분배가 가능토록 해야 하고, 이를 계속해서 발전시켜야 한다고 한다. 구체적인 예로

13) Beck, Die Erfindung des Politischen, Frankfurt a.M. 1993, 40면 이하 참조.

14) Köck, "Risikovorsorge als Staatsaufgabe", AöR 121 (1996), 1, 7면.

15) 우리나라에서 환경위험의 조종 필요성과 그 법적 수단을 고찰한 논문으로는 한귀현 "환경리스크의 통제에 관한 법리", 환경법연구 제27권 4호, 한국환경법학회, 2005, 5면 이하 참조.

입증책임의 변화, 책임문제의 개혁, 원인행위자부담의 원칙(Verursacherprinzip)의 재구성 등을 거론하고 있다.[16] 나아가 인과관계도 이미 여러 이론적 논거를 통해 다양한 의미를 가진 것으로 평가되고 있기 때문에,[17] 귀속문제 역시 사회계약과 법규범을 통해 새롭게 규율될 필요성이 있다고 한다.[18]

2. 환경위험의 법적 조종을 위한 입법적 조치수단

대의민주제를 채택하고 있는 현실에 있어 입법자, 특히 국회의원은 정치적 주권의 직접적 행위기관으로서 정치적 주요결정에 대한 처음이자 마지막 귀속주체이다. 그로 인해 입법자에게는 적어도 위험의 법적 조종에 대한 폭넓은 의사형성의 여지가 허용되고, 이에 따라 광범위한 입법재량이 유보되어 있다. 그 결과 입법자는 위험을 수반하거나 위험을 증대시키는 활동에 대해 산업발전을 위해 일정 부분 불가피한 것으로서 긍정적 동의를 표하거나 단순히 무시함으로써 위험스런 행위의 사회적 수용 여부에 대한 의사결정을 한다.[19]

환경위험의 법적 조종을 위한 입법적 조치수단은 매우 폭넓은

---

16) Beck, Politik in der Risikogesellschaft. Essays und Analysen, Frankfurt a.M. 1991, 15면.

17) 이에 관한 독일의 논의로는 Puppe, "Kausalität - Ein Ver- such, kriminalistisch zu denken", ZStrR 103 (1990), 141면 이하 참조. 우리나라에서 위험책임의 법리를 기초로 환경책임 법제의 도입에 관한 분석으로는 전재경, 환경책임 법제 연구, 한국법제연구원, 2003 참조.

18) Beck, Politik in der Risikogesellschaft, 17면.

19) Fabio, "Grundfragen der rechtlichen Regulierung wissenschaftlich und technisch erzeugter Risikenin", in: Gerhard Banse(Hrsg.), Risikoforschung zwischen Disziplinarität und Interdisziplinarität, Berlin 1996, 133, 141면 이하 참조.

것으로 평가된다. 즉 환경위험은 한편으로 사법적인 측면에서 사법상의 일반규정, 위험예방을 위한 계약상 내지 계약 이외의 의무의 확대,[20] 위험책임(Gefährdungshaftung)을 도입하는 방향으로의 책임법(Haftungsrecht)의 개정[21] 및 손해발생을 야기시킨 인과관계의 증명에 있어 입증책임의 전환 등을 통해 회피되거나 축소될 수 있다.[22] 다른 한편으로 공법적인 측면에서는 행위의무를 새롭게 규율하거나 금지규범을 명확히 할 수 있다.[23] 예컨대 환경법에 있어서는 원인행위자부담의 원칙, 사전배려의 원칙 및 비용편익분석을 도입함으로써,[24] 그리고 형법분야에서는 일반예방적 기능의 강조, 환경침해에 대한 새로운 불법구성요건의 도입 내지 강화라는 방식을 채택함으로써 환경위험의 법적 조종에 기여할 수 있다.[25]

하지만 이와 같은 환경위험의 법적 조종의 필요성의 긍정과

---

20) BGHZ 66, 54 이하 참조.

21) Hohloch, Umweltschäden im Spannungsfeld zwischen Individualhaftung und Kollektivhaftung, Berlin 1993, 1303면 이하 참조.

22) 하지만 조홍식 교수는 환경위험에 대처하기 위해 사법체계가 기존의 권리·의무 이진법으로, 위험책임체계로의 전환으로, 기존 개념의 확대적용을 통해, 새로운 제도의 도입 등을 시도해 보았지만 결국 실패로 돌아갔고, 다만 사법체계 자체 내의 한계를 확인하는 선에서 그치고 말았음을 지적하고 있다. 이에 관해 보다 자세한 설명은 조홍식, "리스크 법 - 리스크관리체계로서의 환경법", 서울대학교 법학, 제43권 제4호, 2002, 27, 44면 이하, 124면 참조.

23) 다양한 행정모델의 개관에 대하여는 Fabio, Risikoentscheidung im Rechtsstaat, Tübingen 1994, 115면 이하 참조.

24) 이에 대해 보다 자세한 설명은 조홍식, 앞의 논문, 69면 이하 참조.

25) 이러한 방식에 대한 비판적 견해로는 Herzog, Gesellschaftliche Unsicherheit und strafrechtliche Daseinsvorsorge. Studien zur Vorverletzung des Strafrechtsschutzes in den Gefährdungsbereich, Heidelberg 1991 참조.

그에 따른 입법적 조치수단의 논의의 전제는 바로 새로운 위험으로서의 환경위험이 법이란 수단을 통해 과연 조종될 수 있는가라는 근본문제의 분석토대 위에서 이루어져야만 실효성을 담보할 수 있다. 이러한 (환경)위험의 법적 조종 가능성의 문제와 관련해서는 다음과 같이 회의적인 견해와 긍정적인 견해로 크게 나뉘고 있다.

Ⅳ. 환경위험의 법적 조종 가능성에 관한 논쟁으로서 조종회의론과 조종낙관론은 무엇을 뜻하는가?

법을 통한 위험조종의 가능성 여부에 관한 논쟁은 법의 조종이행력과 조종결함의 문제와 관련지어 이미 지난 수십 년에 걸쳐 강도 높게 그리고 찬반양론을 띠며 격렬하게 진행되어 왔으며, 여전히 현재 진행형으로 남아 있다. 이 논쟁의 저변에는 법의 규제력과 관련하여 조종회의론와 조종낙관론이라고 하는 두개의 거대 이론이 자리 잡고 있다. 즉, 한편으로 위험조종에 관해 회의적 시각을 가지고 있는 체계이론적인 법 개념이 있고, 다른 한편으로 위험조종에 관해 낙관적 시각을 나타내고 있는 법의 경제학적 분석, 즉 법경제학이 있다. 이처럼 위험조종에 관하여 두 이론은 법이 과연 위험조종을 포함하여 사회적 발전과정 또는 인간 개개인의 행위에 조종력을 행사할 수 있을 정도의 영향력을 가지고 있는가에 관해 이론적, 경험적 그리고 규범적 측면에서 서로 상반된 견해를 보이고 있다.[26)]

---

26) Damm, “Risikosteuerung im Privatrecht – Rechtsgüterschutz und Regelungsinstrumente”, in: Dieter Hart (Hrsg.), Privatrecht im Risikostaat,

1. 조종회의론: 체계이론적 법 개념

자동생산적 체계이론(autopoietische Systemtheoirie)[27]은 주지하다시피 독일의 사회학자 루만(Niklas Luhmann)에 의해 전개된 사회체계이론(Systemtheorie der Gesellschaft)[28]이고, 이 이론을 실정법학 내에 적극 수용하여 실정법의 여러 분야에서 독특한 이론체계를 수립한 학자가 토이브너(Gunther Teubner)이다. 자동생산적 체계이론을 포함하여 체계이론적 법 개념은 기본적으로 위험의 법적 조종과 관련하여 회의적 시각을 나타내고 있는 이론으로 분류할 수 있다.

Baden-Baden 1997, 13, 17면 이하 참조.

27) autopoiesis는 체코의 인지생물학자인 마투라나(H. R. Maturana)가 그리스어인 auto(자기)와 poiein(창조, 시작)을 합성하여 표현한 조어(造語)이다. 아우토포이에시스는 논자(論者)에 따라 자동생산, 자기생산, 자기복제, 자동창조 등으로 다양하게 번역되고 있으나, 루만은 이를 생산개념과 연결시켜 사용하였고, 스스로 조직하고 재상산하는 체계를 의미하기 때문에 필자 역시 본 논문에서 '자동생산'으로 번역하고자 한다.

28) 루만의 체계이론은 사회의 미시적 국면만을 분석하는 미시이론이 아니라 전체로서의 사회를 어떻게 적절하게 파악할 수 있는가라는 문제에서 출발하여 체계(System)/주변세계(Umwelt)라는 구분기준을 토대로 현대사회를 전체차원에서 거시적으로 분석하는 거시이론모델이라고 할 수 있다. 이와 같은 루만의 체계이론은 방대하고 난해하며 또한 복잡하고 추상적인 것으로 유명한데, 필자의 능력으로 요약·설명하기는 거의 불가능에 가깝다. 다만 루만의 체계이론 중에서 본 논문의 주제와 관련된 부분만을 중심으로 체계이론을 소개하는 데 그치고자 한다. 루만의 체계이론을 소개하고 있는 주요 국내문헌으로는 강희원, "루만의 체계이론과 현대법의 이해", 현대 법철학의 흐름, 한국법철학회편, 법문사, 1996, 349면 이하; 발터 리제 쉐퍼/이남복 역, 니클라스 루만의 사회사상, 백의, 2002; 루만/노진철·최재현 역, "체계이론의 최근 동향", 현대 독일 사회학의 흐름, 형성사, 1991, 195면 이하; 이상돈/홍성수, 법사회학, 박영사, 2000, 189면 이하 참조.

(1) 루만의 체계이론

루만의 체계이론은 하버드 대학의 파슨스(Talcott Parsons)[29]가 주장한 이래 1960년대까지 사회과학계를 풍미했던 구조-기능적 체계이론을 비판적으로 계승하면서부터 출발한다. 즉 기존의 구조-기능적 체계이론(struktur-funktionale Systemtheorie)은 질서로서의 의지에 기반을 두고, 체계는 주변세계(Umwelt)[30]와의 관계를 안정시킴으로써 기능적으로 형성될 수 있다는 것을 기본적인 가정으로 설정하였다. 그런데 루만의 기능-구조적 체계이론(funktional-strukturelle Systemtheorie)은 파슨스가 체계와 그 구조에 대한 물음에서 출발하여 체계의 안정과 통합을 위한 가능성을 모색한 것과는 반대로 기능에 대한 물음에서 출발하여 체계 형성을 논의하고 있다. 이러한 패러다임의 전환을 기초로 루만은 사회가 기능적으로 분화된 다양한 부분체계들(Subsysteme), 예컨대 정치, 경제, 법, 학문, 예술, 종교와 도덕 등으로 구성되어 있으며, 이 부분체계들은 체계/주변세계의 차이에 근거하여 시스템의 조작을 통해서 자기준거적(自己準據的, selbstreferentiell)으로 재생산되는 고유의 이원적 코드(binäre Code), 즉 정치(여당/야당), 경제(소유/비소유), 법(합법/불법), 학문(진리/허위), 예술(美/醜), 종교(내재성/초월성), 도덕(선/악) 등에서의 체계고유의 논리

---

29) Parsons의 규범이론에 대해서는 Damm, Systemtheorie und Recht, Berlin 1976 참조.

30) 'Umwelt'라는 용어는 국내에서 일반적으로 '환경'(環境) 내지 '환계'(環界)로 번역되곤 한다. 그러나 '환경'이라는 용어는 자연환경과 혼동의 여지가 있고, '환계'라는 용어는 루만이 뜻하고자 하는 본래의 의미에 가깝기는 하지만 일상 언어가 아니라는 약점이 있다. 따라서 필자는 'Umwelt'를 '주변세계'라고 번역하는 것이 본래의 의미에 부합하고, 일상 언어감각으로도 자연스러운 번역용어라고 여겨진다(같은 취지로 이상돈/홍성수, 앞의 책, 193면 각주 7).

법체계에 있어 법도그마틱에 의한 복잡성의 감축

법체계에서는 법도그마틱이 법체계의 복잡성을 감축하는 기능을 한다. 법도그마틱은 고유의 논리를 통해 복잡성을 감축시킴으로서 하나의 체계로 기능한다. 법률텍스트를 일상 언어의 의미로 파악하는 것은 매우 어렵다. 예컨대 백화점에서 옷가격을 원래 판매예정가보다 높게 정해 놓고, 가위표를 한 후 원래의 판매 예정가를 세일가격으로 적어 놓고 옷을 판매한 경우를 생각해 보자. 일반인의 비전문적 언어감각을 통해 이것이 사기죄(형법 제347조)의 구성요건에 해당하는 여부를 판단하는 것은 매우 어렵고, 논란이 많을 수밖에 없다. 이는 후기산업사회의 현실이 일상 언어와 그 속에 담긴 일상 지식의 규율 한계를 넘어선 복잡성을 지니고 있기 때문이다. 여기서 법도그마틱은 그러한 복잡성을 감축시키는 기능을 수행한다. 사기죄에 대한 법도그마틱은 사기죄 구성요건을 ① 기망(세일판매에 관한 거짓정보제공), ② 착오(실질적으로 세일판매가 아니라는 점에 대한 소비자들의 불인식), ③ 재산처분행위(소비자들의 옷 구입), ④ 재산상 손해발생(구매가격은 정상가격이므로 소비자들에게는 실질손해가 없으나 세일판매에 구매가 촉진되었다는 점에서 소비자들의 경제적 합리성을 훼손시킴), ⑤ 재산상의 이득(옷 가게 주인의 매출액증가) 등의 데이터로 분석될 수 있다. 이렇게 법도그마틱의 도움으로 사안을 분석하면, 사안의 복잡한 데이터들이 법도그마틱에 의해 다른 사안과 비교할 수 있게 되고, 그럼으로써 여러 가지 사안을 동일한 틀 내에서 법적으로 규율할 수 있게 된다. 루만은 이러한 법도그마틱의 기능을 바로 "복잡성의 체계 내재적 축소"라고 부른다.[31]

구조를 참조하면서 체계의 폐쇄성·자립성·복잡성의 감축을 이루어 간다고 한다.[32]

특히 루만은 체계와 주변세계의 차이라는 틀 속에서 생태학적 위협의 문제를 체계이론으로 설명하고자 했는데, 그 결과물이 바로 1986년에 출간된 "생태학적 커뮤니케이션 - 현대사회는 생태학적 위협에 대처할 수 있는가?"[33]라는 저술이다. 이 저술서의 첫

---

31) 이상돈/홍성수, 앞의 책, 193-194면.

32) 루만의 체계이론에 대한 자세한 분석으로 Kneer/Nassehi, Niklas Luhmanns Theorie sozialer Systeme, 2. Aufl., München 1993 참조.

33) Luhmann, Ökologische Kommunikation - Kann die morderne Gesells-

장에서 루만은 우선 재생할 수 없는 자원에 대한 소비의 급격한 증가, 자동생산적 대체물의 의존성의 증대, 지속적인 생물학적 진화의 전제조건인 다양한 종(種)의 감소, 어떤 의약품으로도 면역되지 않는 병원체의 진화, 잘 알려져 있는 환경오염의 만연 등을 지적하면서 인간과 사회를 성찰하는 역사적 차원에서 볼 때 생태학적 커뮤니케이션이라는 주제는 아주 새로운 것임을 밝히고 있다. 이처럼 그는 현대사회에 있어 생태학적 커뮤니케이션이 새로운 주제로 대두된 이유를 사회 발전의 초기 단계부터 사회는 환경을 변화시키고, 환경 고유의 지속적 생존조건을 파괴시켜 왔는데, 오늘날은 그 정도가 심각하여 더 이상 무시할 수 없을 만큼 인간의 의사소통을 왜곡하는 지경에 이르렀기 때문이라고 한다. 그런데 문제는 자연과학과 사회학이 자신의 연구대상을 각각 자연과 사회로 한정하고 사회학이 순수한 사회 내적 전망에 몰두함으로써, 모든 체계의 문제가 체계와 주변세계의 차이로 소급될 수 있다는 사실을 간과하고 있다고 한다.[34)]

하지만 루만은 "현대사회는 생태학적 위협에 대처할 수 있는가?" 라는 화두에 대해 전체 체계로서의 사회가 어떤 경우에도 생태학적 위협을 예방하거나 제한적으로나마 이 문제에 대처할 수 있음을 보장해주는 것은 전혀 존재하지 않는다고 하여 회의적 시각을 표명하고 있다.[35)] 그는 이와 같은 자신의 견해를 경제, 법, 과학, 정치, 종교, 교육 등의 부분체계에서 상세히 논증하고 있는데, 특

---

chaft sich auf ökologische Gefährdungen einstellen?, 3. Aufl., Opladen 1990; 이하의 인용은 니클라스 루만/이남복 역, 현대 사회는 생태학적 위협에 대처할 수 있는가, 백의, 2002 참조.

34) 니클라스 루만/이남복 역, 앞의 책, 11-13면.

35) 니클라스 루만/이남복 역, 앞의 책, 185면.

히 법체계를 중심으로 살펴보면 다음과 같다.

루만의 견해에 따르면,[36] 법체계도 다른 부분체계와 마찬가지로 합법과 불법이라는 차이를 통해 코드화 되고, 이 코드 아래서는 다른 어떤 체계도 작업하지 않게 함으로써 스스로 조작적 폐쇄성을 획득하며, 각종 법령, 규정, 회칙이나 정관, 그리고 판결 등을 포함하는 고유한 법 규범적 프로그램을 운영한다고 한다. 사람들은 생태학적 위협의 문제에 직면하여 법체계가 환경 관련 법규를 제정하고 운영하는 등 나름대로의 대처방안을 강구할 수 있을 것으로 기대한다. 하지만 법체계는 법이 지닌 고유한 난점, 즉 사회적 규제의 원리와 자유의 원리 간의 근본적인 모순을 지니고 있을 뿐만 아니라 환경법을 포함한 다수의 환경 관련 특별법의 의사결정에서도 불가피하게 자의적 요소가 분명히 증가한다는 난점을 지니고 있다. 법 집행의 자의성, 법규 자체의 모순적이고 공허한 불명료성, 그리고 다른 부분체계에서 야기된 반향(反響, Resonanz)을 사후적으로 조종한다는 법 자체의 보수성 등은 생태적 위협에 대해 법체계가 단지 제한적으로만 대처할 수 있음을 드러낸다. 법체계 내에서 생태적 위협의 관점에서 무엇이 적절한 반응인지, 그리고 어떠한 인과적 결과를 예측할 수 있는지를 보장해주는 것은 아무것도 없기 때문이다. 이러한 측면에서 루만은 법체계가 어떻게 생태학적 위협에 대처할 수 있는가를 논하는 대신에, 오히려 생태학적 커뮤니케이션이 어떻게 법체계의 고전적인 구조를 변형시키는가를 관찰하는 것이 훨씬 더 의미 있는 작업이 될 것이라고 말하고 있다.

이와 같은 논증을 바탕으로 루만은 결론 부분에서 스스로 다음

---

36) 이하의 논의는 니클라스 루만/이남복 역, 앞의 책, 105-125면 참조.

과 같이 고백한다: "생태학적 커뮤니케이션이라는 주제에 대한 이 책의 고찰에서 이러한 커뮤니케이션이 우리 사회의 긴급한 환경문제를 해결하는 데 기여할 수 있는 방법을 해명할 수 있으리라고 희망하는 사람은 실망하게 될 것이다."[37] 결국 루만은 환경위험을 포함한 생태학적 위협의 법적 조종 가능성이라는 자신의 문제제기에 대해 근본적인 역설을 보여주고자 하는 데 목적이 있다고 여겨진다.

(2) 토이브너의 자동생산적 법 개념

루만과 마찬가지로 토이브너는 사회를 의미(Sinn)를 기초로 하여 사회의 구성요소인 의사소통(Kommunikation)을 회귀적으로 재생해 나가는 절차로서 자기준거적이며 폐쇄적이고 자동재생산적인 체계로 파악한다.[38] 특히 그는 체계이론을 법학에 수용하여 다양한 사회문제(예컨대 환경문제, 의료보건문제, 교통문제, 토지·주택문제, 부의 재분배문제 등)의 해결을 위해 시도되고 있는 과도한 법제화(Verrechtlichung)[39]의 문제점을 "조종의 트릴레마"(regulatoriesches Trilemma)[40]

---

37) 니클라스 루만/이남복 역, 앞의 책, 185면.

38) Teubner, Evolution of Autopoietic Law, Autopoietic Law: a new approach to law and society(ed. by Teubner), 1987, 217, 221면: 남기윤, "오토포이에시(autopoiesis) 시스템과 法人理論", 저스티스 통권 제72호, 2003, 95면에서 재인용.

39) 이에 관한 자세한 설명은 Habermas, Theorie des kommunikativen Handeln, Bd. 2, Frankfurt a.M. 1985, 522면 이하; Teubner, "Verrechtlichung-Begriffe, Merkmale, Grenzen, Auswege", in: Friedrich Kübler (Hrsg.), Verrechtlichung von Wirtschaft, Arbeit und sozialer Solidarität, Baden-Baden 1984, 290면 이하; 이상돈/홍성태, 앞의 책, 223면 이하 참조.

40) Teubner, Verrechtlichung, 313면 이하; 이상돈/홍성태, 앞의 책, 227면

라는 개념으로 설명하고 있다. 이러한 조종의 트릴레마는 ① "법과 정책의 상호무관심"(wechselseitige Indifferenz), ② "법에 의한 사회적 통합의 와해"(gesellschaftliche Desintegration durch Recht), ③ "사회에 의한 법적 통합의 와해"(rechtliche Desintegration durch Recht)로 특징지어지는데, 이를 환경위험의 법적 조종과 관련하여 살펴보면 다음과 같다.[41]

우선, 법과 정책의 상호무관심은 정치권에서 사회의 질서유지를 위한 정책프로그램을 법규범으로 전환시키려 할 때 1차적으로 나타난다. 환경위험에 대한 강력한 규제수단으로 형법적 조종을 우선시함으로써 환경보호를 추구하고자 하는 환경정책은 형법의 규범적 구조 내지 원칙이라고 할 수 있는 비례성원칙, 명확성원칙, 책임원칙 등을 존중하지 않기 때문에 환경형법은 단지 환경보호정책의 도구로 자리매김하게 된다(정책의 법에 대한 무관심). 반면 환경범죄를 처벌하고자 하는 현행법 역시 환경보호정책에 무관심하다고 볼 수 있다. 예컨대 '환경범죄의단속에관한특별조치법'은 실제로 집행되기 어려운 집행결손(Vollzugsdefizite)을 나타내고 있으며,[42]

이하 참조.

41) 이러한 분석을 의료형법영역, 경제형법영역, 노동형법영역에서 응용한 것으로는 이상돈, 의료형법, 법문사, 1998, 19면 이하; 이상돈, 윤리경영과 형법, 박영사, 2005, 65면 이하, 276면 이하 참조.

42) 2003년도 단속된 환경사범은 총 20,257명이다. 이중 구속인원은 467명으로 2.3%의 구속점유율을 보이고 있는데, 일반사범 구속점유율이 3.7%인 것과 비교하면 상대적으로 낮은 구속점유율을 보이고 있다. 그 이유로는 환경사범은 그 성질상 단순한 행정법규위반 행위가 많고, 경제의 성장발전과 환경의 보전이라는 상충된 이익의 조화를 위해 국민의 생명·신체에 직접 영향을 미치거나 악의적, 고질적, 상습적인 환경사범에 대해서만 구속하고 있다는 점 등이 언급되고 있다(사법연수원, 신종범죄론, 2004, 148면).

그 결과 동법은 환경보호정책과 무관한 상징적 법으로 만족하고 만다(법의 정책에 대한 무관심). 그러므로 환경보호정책과 환경오염행위에 대한 형사책임을 묻기 위한 법제도는 상호 간에 무관심하다고 말할 수 있다.

다음으로, 환경위험의 법적 조종을 위한 규제적 법이 생활영역(Lebensbereich)에 지나치게 개입하면 사회의 자율적 조절규범과 절차를 파괴하는 현상, 즉 사회에 대한 과도한 법제화(Überlegalisierung der Gesellschaft)와 그로 인한 사회적 통합의 와해 현상이 나타나게 된다. 실제로 환경위험의 강력한 법적 규제라는 편향된 방향으로의 법의 해석과 운영은 환경보호라는 정책목표를 일정부분 달성할 수 있지만, 환경위험을 불가피하게 수반하는 다수의 산업체 운영에 있어 합리적인 경영판단의 자율성을 침해 -자율적으로 관리되어야 할 환경위험의 범위를 넘어 타율적이고 과도한 환경위험관리 강제- 하여 생산성과 수익성의 저하를 초래할 수 있다. 그 결과 기업에 대한 투자위축과 경기침체 및 경제 저성장 등으로 이어짐으로써 환경보호라는 법의 정의논리가 경영의 효율성, 합리성 및 경쟁력을 잃어버리게 할 것이다.

마지막으로, 법에 의한 사회적 통합의 와해는 사회의 자율적 조절규범을 해체함으로써 장기적으로 보면 사회에 의한 법적 통합의 와해를 부메랑효과처럼 초래하게 된다. 사회조절력의 해체로 인해 점증하는 위험은 그에 비례하여 더 많은 정치적·사회적 규제수요를 창출하게 되고, 이에 따라 법의 수행능력은 더욱더 큰 기능한계에 이르기 때문이다. 보다 구체적으로 환경위험의 법적 조종에 충실한 환경 관련 규제법은 시민들로 하여금 손쉽게 '환경소송'을 제기할 수 있게 만들며, 이 환경소송의 물결은 환경보호정책을 추진한 법원에게 과부하의 상태에 빠질 정도로 감당하기 어려운 업

의료영역에서 조종의 트릴레마 현상

토이브너가 말하는 조종의 트릴레마 현상을 의료영역에 적용하여 분석하면 다음과 같다.

첫째, 실질화된 의료책임법과 형법은 장기적으로 보면 의사 사회에 '방어적 의료'(defensive Medizin)의 경향을 확산시킨다. 이 방어적 의료는 단지 각 개인들이 고도의 의료서비스를 받을 기회를 현저하게 잃어버리게 된다는 의료 (서비스)체계의 기능장애만을 의미하지 않는다. 방어적 의료는 의사와 환자의 만남이 '상호이해'에 지향된 행동보다는 대결적인 구도 아래 놓이는 '전략적 행동'으로 변모하고, 그런 가운데 의사가 따랐던 행동규범은 파괴되고, 의사들의 직업윤리도 점차 사리지게 됨을 의미한다(**법에 의한 사회적 통합의 와해**).

둘째, 의료행위의 실질법, 즉 환자보호에 충실한 판례법은 시민들의 '의료소송'에 대한 수요를 폭증시킨다. 이런 소송수요의 폭증은 사법의 업무 부담을 현저히 증가시킬 것이며, 이는 사법을 과부하의 상태에 빠지게 만든다. 과부하 상태에 빠진 사법은 소송 전반을 경제성원리에 초점을 맞춰 재구성하게 되는데, 이는 많은 경우 절차법상의 법치국가적 기본원칙들을 희생시킨다. 그러나 경제성원칙으로 재편된 소송 속에서 '과책원칙'이나 '책임원칙'을 의료영역에 충실하게 실현할 것을 기대하기란 거의 불가능하다. 그러므로 실질법화된 판례법은 궁극적으로 의료책임법이나 의료형법의 고유한 규범적 구조를 파괴한다(**사회에 의한 법적 통합의 와해**).

마지막으로, 여기서 우선 정치(정책)의 법에 대한 무관심을 확인하게 된다. 즉 의료책임법 및 의료형법의 실질화가 좇은 목적은 실현될 수 없음에도 불구하고 국가(사법기관)는 환자보호라는 여론의 요구에 부응하여 의료책임법 및 의료형법의 규범적 구조를 일그러뜨리면서까지 (판례법을 통하여) 환자보호의 정책을 수행하는 것이다(**정책의 법에 대한 무관심**). 그러나 무관심은 일방적이 아니라 상호적이다. 즉 비록 국가(사법기관)가 환자보호정책을 '적용가능한 (판례)법'의 형태로 옮겨놓는 데 성공한다고 할지라도 -이 점 또한 매우 의심스러운 일이지만- 그런 법의 규율은 특히 의료영역의 고유한 논리에 바탕을 둔 의사들의 '저항'에 부딪히게 된다. 이러한 저항이 점점 더 강하게 되어 마침내 정책과 법의 결합이 어떤 한계점에 도달하게 되면, 법은 정책적 실행으로부터 영향받지 않는 구조로 자신을 변화시키게 된다(**법의 정책에 대한 무관심**).[43]

무부담의 증가를 야기케 할 것이다. 그로 인해 법원은 소송업무를 줄이기 위해 환경소송 전반을 경제성원칙에 초점을 맞춰 재구성하

43) 이상돈, 의료형법, 법문사, 1998, 19-21면.

게 되는데, 이때 '과책원칙'이나 '책임원칙'과 같은 법치국가적 기본 원칙을 희생시킬 수밖에 없다. 그 결과 환경 관련 규제법은 그 규제내용에 있어 정치화, 경제화, 윤리화되고, 특히 규제력의 강제를 위해 국가형벌권의 최후 수단성을 망각한 채 모든 환경 관련 규제법의 벌칙조항에 형벌을 도입하고자 한다.[44] 하지만 이러한 법정책의 관철은 그 자체로서 환경 관련 규제법과 환경형법의 고유한 규범적 구조를 파괴할 뿐이다(사회에 의한 법적 통합의 와해).

이처럼 토이브너는 조종의 트릴레마라는 개념을 통해 위험의 법적 조종 가능성에 관해 회의적 시각을 나타내고 있다. 하지만 그는 조종의 트릴레마를 극복하기 위한 방안으로 법의 새로운 진화적 단계인 "반성적 법"(reflexives Recht)을 제시하고 있다는 점에 주목할 만하다. 토이브너에 따르면, 반성적 법은 규제된 자율성, 보충적 제도로서의 법, 제한된 상호이해를 바탕으로 한 체계간의 조화 및 간접적 조종 등을 주요 특징으로 하는데, 이는 미래행위의 조직적, 절차적 전제조건을 규정함으로서 간접적이고 추상적으로 사회적 행위를 조종해야 한다고 한다. 그는 반성적 법의 이러한 성격을 자기규제의 메커니즘(Mechanism der Selbstregulation), 또는 자기규제의 조종(Steuerung von Selbstregulierung)이라고 표현한다.[45]

---

44) 예컨대 대기환경보전법은 대기오염물질 배출허용기준을 구체적으로 규정하고 있고(동법 제8조), 그 이하로 오염물이 배출되도록 배출 및 방지시설의 설치와 정상적 가동을 의무화하고 있다(동법 제11조 내지 제15조). 그리고 규정 위반자에 대해서는 최고 7년 이하의 징역 또는 5천만원 이하의 벌금에 처하도록 하여(동법 제55조) 규정의 준수를 강제하고 있다.

45) 이에 관한 자세한 설명은 Teubner, Verrechtlichung, 334면 이하; 이상돈/홍성태, 앞의 책, 233면 이하 참조.

2. 조종낙관론: 법의 경제학적 분석

법의 경제학적 분석(the economic analysis of law), 즉 법경제학(law and economics)[46]은 위험에 대한 법의 조종이행력과 관련하여 앞서 언급한 자동생산적 체계이론과 상반된 견해를 제시한다. 법경제학은 예컨대, 후기산업사회에서 등장하는 새로운 위험을 법적으

법경제학의 개념

법경제학(law and economics)은 법학과 경제학의 학제적 영역으로 '법질서와 경제질서(시장질서)의 상호관계와 상호작용을 연구하기 위해 법과 경제를 하나의 통일된 법경제질서로 파악하여, 법과 경제에 대해 통일적 이해와 연구를 통해 시민사회의 구성·질서·발전의 원리를 모색하는 학문'을 말한다. 구체적으로 법경제학은 경제질서(시장질서)에 대한 정확한 이해를 기초로 법에 대한 올바른 인식을 정립하고 이를 기초로 법과 정책의 올바른 방향을 제시하는 것으로, 이를 위해 경제학적 분석방법을 이용한다.

법경제학은 초기(1950년~1960년대)에는 주로 경제활동에 대한 직접규제를 목적으로 하는 독점금지법, 노동법, 무역법, 산업정책관련법 등의 사회경제법 분야에 한정되어 입법의 필요성, 성립배경, 정책효과 등에 대한 경제적 이해와 분석이 주로 이루어졌으나, 현대의 법경제학은 독점규제 등의 경제영역뿐만 아니라 민사법, 형사법, 행정법, 환경법 등의 영역까지 확대·적용되고 있다. 특히 최근에는 법제도의 개선을 위한 연구에 집중적으로 이용되고 있으며, 법학의 영역에서도 그 비중이 높아지고 있다.

무엇보다 현대사회의 법과 법사상은 현대사회의 복잡성과 예측불가능성으로 인해 기존의 법체계의 형식논리로는 다양한 법적 문제의 해결방법을 제시하지 못한다. 이로 인해 기존의 법해석적 연구방법은 의의가 축소되고 있으며, 현대 법학의 문제를 해결하기 위해 문제 중심적 사고, 평가 법학적 사고, 기능적 접근방법 등이 등장하였고, 법경제학도 이 중의 하나이다.[47]

---

46) 법경제학은 가치판단을 해야 하는 법과 사실에 대하여 기술하는 경제학을 대상으로 한다는 점에서 본질적으로 양면적인 성격을 띠고 있다. 법경제학에 대한 자세한 분석으로는 박세일, 법경제학(개정판), 박영사, 2003; 조성혜, "법경제학의 기초", 법철학연구 제7권 제2호, 한국법철학회, 2004, 101면 이하 참조.

로 규제하는 정부정책을 수립하고자 할 때 비용편익분석(Cost-Benefit Analysis)이라는 틀을 사용함으로써 새로운 위험의 법적 조종이 가능하다는 조종낙관론의 시각을 나타내고 있다. 법경제학에 기초한 위험의 조종낙관론적 시각을 환경위험과 관련지어 간략히 살펴보면 다음과 같다.

우선 법경제학은 위해물질 또는 독성물질의 방출에 따른 대기오염의 발생과 같은 환경위험에 대해 규제를 신설하거나 기존의 규제를 강화하고자 할 때, 이러한 규제의 시행에 따라 피규제자 및 국민이 부담해야 하는 비용과 편익을 비교분석하여 규제의 결과인 편익이 들어간 비용보다 높을 때에 시도할 가치가 있다는 입장을 취하고 있다.[48] 이러한 비용편익분석은 위해물질 또는 독성물질마다 수용할 수 있는 위험의 정도를 결정하는 위험결정단계, 그 물질에 어느 정도 노출될 경우에 위험을 허용하는 최소기준을 넘는지를 결정하는 위험평가(risk assessment)단계, 그리고 그 물질에 대해 규제할 가치가 있는가, 규제를 한다면 어떻게 규제할 것인가를 결정하는 위험관리(risk managemnet)단계로 구분할 때, 마지막 단계인 위험관리단계에서 중요한 역할을 한다.[49] 요컨대, 비용편익분석은 위험평가를 기초로 위험을 관리하는 대표적인 수단으로 사용

47) 강운산, "법경제학적 연구에 기초한 현행 경제적 유인제도의 문제점과 개선 방안", 환경법연구 제25권 2호, 2003, 195-196면.

48) Sen, "The Discipline of Cost-Benefit Analysis", in: The Journal of Legal Studies, vol. XXIX, 2000, also in: Matthew Adler/Eric A. Posner (Edit.), Cost-Benefit Analysis: Legal, Economic and Philosophical Perspectives, The University of Chicago Press 2001, 95면; 조성혜, 앞의 논문, 110면에서 재인용.

49) 위험평가와 위험관리에 관해 보다 자세한 분석으로는 조홍식, 앞의 논문, 95-102면 참조.

되는데, 이는 비용편익분석이 갖는 다양한 이론적 장점 때문이다. 비용편익분석의 이론적 장점과 관련하여, 맥개리티(Thomas O. McGarity)는 비용편익분석은 제안된 규제에 대해서뿐만 아니라 대안에 대해서도 분석함으로써 의사결정권자에게 규제결정의 실제적 효과를 각인시켜 비합리적인 결정에 이르는 것을 막는 효과가 있고, 비용편익분석이 일반화되면 비용과 편익에 관한 일정한 규준이 생기고, 이를 토대로 하여 행정부 전체를 관통하는 일관성 있는 정책형성이 가능해지고, 정책추진의 우선순위를 객관적 기준하에서 세울 수 있다는 점을 지적하고 있다.[50)]

하지만 비용편익분석은 새로운 환경위험을 규제하는 정책도구로 사용되기 보다는 탈규제의 정책도구로 이용되고 있다. 실제로 미국의 Reagan행정부는 비용편익분석을 각종 환경규제를 완화하는 탈규제 정책수립의 이론적 근거로 사용했고,[51)] Clinton행정부도 1993년 9월 3일 규제철학으로 비용편익분석을 채택한 대통령훈령 12,866(Executive Order 12,866)을 공포하였고, 1995년에는 이 보다 더 강력한 탈규제정책의 일환으로 공화당주도의 하원이 '위험평가 및 비용편익분석법'(Risk Assessment and Cost-Benefit Act)을 마련하였으나

---

50) 맥개리티는 이밖에도 비용편익분석의 장점으로 국가체제 전체의 효율성 증대, 행정의 '자기설명성'(accountability)의 제고, '규제의 역설' (paradoxes of regulation)의 회피, 중소기업에 유리한 결과 초래 등을 지적하고 있다. 이에 관한 자세한 설명은 Thomas O. McGarity, "A Cost-Benefit State", 50 Admin. L. Rev. 7, 9(1998), 32-49면; 조홍식, 앞의 논문, 103-104면에서 재인용.

51) 대표적으로 Reagan은 규제를 신설하기 위해 충족해야하는 실체적 요건과 절차적 요건을 규정한 대통령훈령 12,291호(Executive Order 12,291)를 공포(1981.2.17)하였다. 이에 관한 자세한 설명은 Richard L. Revesz, Foundation of Environmental Law and Policy: Statutory and Regulatory Supplement, 1997, 76-79면; 조홍식, 앞의 논문, 90면에서 재인용.

상원을 통과하지 못하고 폐기된 바 있다. 특히 이 법안에서는 경제에 2억 5천만 불 이상의 영향을 미치는 규제가 허용되기 위해서는 점증적인 위험감소 또는 여타의 규제 편익이 정부, 공공단체, 사기업 등이 부담하여야 할 비용을 정당화할 수 있어야 하고, 이를 위해서 비용과 편익은 실행가능하다면 정량적으로 평가되어야 한다고 규정함으로써 행정규제를 내용으로 하는 모든 시행령·시행규칙을 제정할 때 비용편익분석틀을 가장 우선적인 규제기준으로 삼고자 했다.[52] 그리고 우리나라 역시 불필요한 행정규제를 폐지하고 비효율적인 행정규제의 신설을 억제하고자 1997년에 '행정규제기본법'을 제정하였다. 이 법은 규제개혁을 달성하기 위한 수단으로 규제영향분석(Regulatory Impact Analysis)을 제도화하고 있다. 규제영향분석은 규제의 신설·강화시 그 규제의 영향을 분석하여 그 결과를 토대로 이를 철회하거나 개선하도록 함으로써 규제를 합리화하려는 것인데, 규제의 시행에 따라 피규제자 및 국민이 부담하여야 하는 비용과 편익을 비교분석하는 것을 그 핵심적 요소로 하고 있다(동법 제7조 제1항 4호).[53]

한편, 비용편익분석에 기초한 법의 경제학적 분석은 행정법의 영역뿐만 아니라 형법의 영역에서 받아들여지고 있다. 즉 형법에 있어 법의 경제학적 분석의 기초는 이미 포이에르바하의 심리강제설로 대표되는 고전적인 일반예방이론에서 찾을 수 있다. 심리강제설은 합리적·이성적·타산적인 동물인 인간은 범죄를 함으로써

52) 이 법안에 관한 자세한 소개와 평가는 J. Gimpel, "The Risk Assessment and Cost Benefit Act of 1995: Regulatory Reform and the Legislation of Science" 23 J. Legis. 61(1997); 조홍식, 앞의 논문, 91-92면에서 재인용.

53) 규제영향분석이 환경법의 기본원칙인 사전배려의 원칙과 충돌된다는 지적으로는 조홍식, 앞의 논문, 31면 이하 참조.

얻는 쾌락(편익)과 형벌을 받음으로써 돌아오는 불쾌감(비용)을 비용편익분석이라는 경제적 관점에서 비교하여 불쾌가 쾌락보다 더 클 때 범죄를 범하지 아니할 심리적 강제를 받게 된다는 것이다. 다만 일반예방이론은 범죄행위와 연결된 비용이 행위자가 얻을 수 있는 보다 더 클 때만이 기능할 수 있다. 그리고 법의 경제학적 분석은 일반예방이론뿐만 아니라 특별예방이론에서도 유용한 것으로 평가되고 있다. 즉 특별예방이론의 관점에서 비용편익분석은 범죄의 재발을 방지하기 위해 형벌의 종류와 범위를 설정함에 있어서 뿐만 아니라 수형인의 교육과 개선이라는 형집행의 단계에서도 적용가능하다.[54] 특히 법의 경제학적 분석은 어떠한 사회적 비용으로 형집행을 위한 비용을 산출해야 하는지,[55] 그리고 재사회화라는 특별예방의 목적을 달성하면서도 어떻게 사회적 비용을 가능한 한 최소한도로 지출할 수 있는지에 대한 물음의 해답을 찾는 데 기여할 수 있다.[56] 이와 관련하여 경제학적 분석에 대한 고려는 한 사회의 전체 경제적 관점 아래서 뿐만 아니라 피고인과 그의 가족의 사회적 지위와 관련하여 여러 가지 측면에서 비경제적인 해결책으로 평가받고 있는 단기 자유형의 선고와 집행을 재고하는 데 커다란 역할을 한다.[57]

---

54) 이에 대한 보다 자세한 설명은 Neu, Ökonomische Probleme des Strafvollzugs in der Bundesrepublik Deutschland, Tübingen 1971, 89면 이하 참조.

55) Neu, Ökonomische Probleme des Strafvollzugs, 10면 이하 참조.

56) 이에 대해 보다 자세한 설명은 Adams/Shavell, "Zur Strafbarkeit des Versuchs", GA 1990, 337, 347면 이하; Neu, Ökonomische Probleme des Strafvollzugs, 58면 이하 참조.

57) 이에 대해 보다 자세한 설명은 Müller-Dietz, "Anspruch und Wirklichkeit sozialer Arbeit in der Strafrechtspflege heute", Archiv für Wissenschaft und Praxis der sozialen Arbeit 1987, 63, 67면; Neu,

생각건대 비용편익분석을 핵심요소로 하는 법의 경제학적 분석은 위험의 법적 조종과 관련하여 한편으로 위험을 법적으로 규제하고자 할 때 순편익이 없는 규제를 시행해서는 안 되고, 또한 여러 대안이 있으면 비용이 가장 적게 드는 대안을 선택해야 한다는 기준을 제시고 있다는 점, 다른 한편으로 순편익이 클수록 조종이행력을 제고할 수 있다는 점에서 커다란 의미를 지닌다.

3. 비판적 검토: 조종이행력의 상대성

앞서 (환경)위험의 법적 조종 가능성과 관련하여 루만과 토이브너로 대표되는 자동생산적 체계이론과 법의 경제학적 분석이 존재하며, 이들 거대 이론은 각기 나름의 이론적 분석틀을 가지고 조종낙관론과 조종회의론이라는 상반된 견해를 표명하고 있음을 살펴보았다. 하지만 전체적인 시각에서 고찰하면, 이들 거대 이론은 다음과 같은 이론적 비판점으로 인해 위험의 법적 조종 가능성의 문제에 대해 만족할 만한 결론을 도출하고 있지 않다.

우선, 루만의 체계이론은 현대 후기산업사회를 복잡성의 증대에 따라 기능적으로 분화된 폐쇄적 체계들의 우연적 상호작용으로 이해함으로써 생태학적 위협과 위험의 극복가능성에 대해 근원적인 한계를 적절히 지적하고 있다. 루만의 체계이론은 이처럼 현대사회의 현상을 설명하는 데에는 성공하고 있다고 평가할 수 있지만, 생태학적 위험사회에서 우리가 추구해야 할 근본적인 과제제시를 포기한 채 각 체계의 효율적인 기능수행에만 초점을 맞추고 있다. 즉 체계이론은 우리가 생태학적 위험사회에 있어 궁극적으로 어떤 목표점을 향해 가야 하는지, 일정한 목표점으로 가기 위

Ökonomische Probleme des Strafvollzugs, 58면 이하 참조.

해서는 어떠한 방법을 선택해야 하는지 등에 관해 아무런 규범적이고 실천적 척도를 제시하지 않고 있다. 그 결과 루만의 체계이론은 체계비판적인 성격보다는 체계의 존립을 정당화시켜 주는 체계순응성과 아울러 하버마스의 지적처럼 "지배유지를 안정시켜 주는 새로운 형태의 이데올로기"로서 작용할 뿐이라는 비판을 면할 수 없다.[58]

다음으로, 이러한 체계이론의 문제점은 체계이론을 법학에 수용한 토이브너에게서도 마찬가지로 나타난다. 토이브너는 앞서 언급한 같이 '반성적 법'을 통해 조종의 트릴레마를 극복할 수 있다는 대안을 제시하고 있지만, 그 역시 생태학적 위험사회를 극복할 수 있는 하나의 규범적 · 실천적 척도를 제시하고 있지는 않다.[59] 그리고 토이브너는 환경위험의 법적 조종과 관련하여 조종의 트릴레마라는 개념을 통해 회의적 측면만을 강조하고 있다. 하지만 그는 환경위험과 관련한 법제화가 과도하지 않고 적절하게 이루어질 경우에 긍정적 효과도 거둘 수 있다는 사실을 간과하고 있다. 예컨대 환경위험원을 수반하는 기업체 경영자의 입장에서 보면 환경위험관리의 범위를 일탈하는 경영으로 인해 입는 손해가 그로 인해 얻는 이익보다 커지기 때문에 환경위험 규제법을 준수하려 할 것이다. 이는 곧 경영자로 하여금 '법규범의 내면화'를 가져오는 적극적 일방예방의 효과를 거둘 수 있음을 의미한다.

마지막으로, 법의 경제학적 분석은 새로운 법적 문제의 출현과 관련하여 이론의 현대성과 합리성 및 유연성과 논증적 세련됨 등으로 인해 많은 이론적 매력이 있음을 부인하기 어렵다. 그럼에도

58) 루만의 체계이론에 대한 보다 자세한 비판으로는 이상돈/홍상수, 앞의 책, 254면 이하 참조.

59) 이상돈/홍상수, 앞의 책, 260면.

불구하고 법의 경제학적 분석은 첫째, 법의 정당성의 추구를 포기하고, 그 자리에 경제라는 요소를 능가하는 어떠한 가치도 근거지울 수 없는 실용주의를 대체함으로써 기존 권력을 보장하고 강화하는 법이론이라는 문제점을 내포하고 있다.[60] 둘째로, 법의 경제학적 분석의 핵심요소로 자리 잡고 있는 비용편익분석은 앞서 언급한 이론적 장점도 있지만, 그것이 갖고 있는 실제적 한계와 방법론상의 한계를 간과해서는 안 된다. 즉 한편으로 비용편익분석은 실제로 많은 비용과 노력이 소요되기 때문에 이를 일반화 하면 많은 행정자원의 낭비와 규제가 지체될 가능성이 다분하다는 실제적 한계가 있다. 다른 한편으로 비용편익분석은 방법론상의 한계도 가지고 있다. 즉 비용편익분석은 비용과 편익을 금전적으로 환산하는 과정에서 수많은 지표를 고려해야하고, 이 과정에서 정책적 선호 내지 정책적 선택이 개입되게 된다. 그 결과 환경위험에 대한 법적 규제를 신설 · 강화하고자 할 경우에 시장론자들은 비용을 과다계상하고 편익을 과소계상 하여 규제를 반대하려 할 것이고, 환경론자들은 그 반대로 나아가 규제를 옹호하려 할 것이다. 더욱이 멸종위기에 처한 종의 보호와 같이 비용과 편익을 수치화 할 수 없는 가치가 비용편익분석에서 제외되거나 경시되는 문제점을 가지고 있다.[61] 셋째로, 법의 경제적 분석에 편향된 형법은 개인에게 지향된 형법이 아니라 공동체에 지향된 형법을 추구할 위험성을 내포한다.[62] 즉 법의 경제적 분석에 편향된 형법의 해석원

60) Werner, "Die ökonomische Analyse des Rechts im Strafrecht: Eine modernistische Variante generalpräventiver Tendenzen?", KritV 1992, 433, 450면.

61) 비용편익분석의 한계에 관한 보다 자세한 분석으로는 조홍식, 앞의 논문, 104면 이하 참조.

62) 이에 대해 보다 자세한 설명은 Ott/Schäfer, "Die ökonomische Analyse

칙은 개별적 사례에 대한 구체적 판결에 있어 특히 경제적 발전과 중장기적인 국민경제의 이익을 고려해야 한다는 특징을 보인다. 그 결과 형법에 있어 법률의 해석과 적용은 개인적 법익의 최대한의 보호가 아니라, 개인적 법익을 어떻게 하면 전체경제적 관점의 고려 하에서 가장 효과적으로 보호할 수 있는지에 초점이 맞추어 진다.[63] 이로써 법의 경제적 분석에 편향된 형법은 개인의 이익보다 공동체의 이익 우선시 되는 위험성을 표출한다.[64]

이상의 논의를 종합하여 보면, 위험의 법적 조종 가능성에 관하

비용편익분석에 대한 전통적 비판

비용편익 분석은 어떠한 행위는 그 행위의 결과인 효과가 들어간 비용보다 높을 때에 시도할 가치가 있다는 것을 기본 원칙으로 한다. 이처럼 비용편익분석은 너무도 자명한 이치이므로 이의를 제기할 여지가 없어 보임에도 불구하고 이에 대해서는 오래전부터 비판이 제기되고 있다. 즉 한편으로, 비용편익분석은 윤리 문제에까지 비용과 편익으로 접근한다는 점에서 신랄한 비판을 받아 왔다. 예컨대 생명의 안전을 위해 도로에 가드레일을 설치할 것이냐 아니냐를 두고 가드레일 설치비용과 그로 인한 생명 보호의 효과를 비교해 볼 때 후자의 효과가 거의 없다고 이를 설치하지 않는다는 것은 언어도단이라는 것이다. 또는 에너지를 값싸게 얻기 위해 더 이상 회복할 수 없는 자연을 훼손해도 된다고 말할 수는 없다는 것이다.

다른 한편으로, 비용편익분석은 공리주의 또는 결과주의(consequentialism) 윤리에 기초한다는 점에서도 공격을 받아왔다. 결과주의이론에 따르면, 일정한 행위는 공리주의의 의미로 최고의 효과를 가져 올 때 최선이라고 본다. 즉 최선의 결과란 모든 자원을 가장 효율적으로 활용하는 데 있다는 것이다. 비용편익분석의 비판론은 이러한 "효용괴물"(utility monster)로 전환되는 결론을 받아들일 수 없기 때문에 그 이론에 기초한 비용편익분석도 거부한다고 한다.[65]

---

des Rechts - Irrweg oder Chance wissenschaftlicher Rechtserkenntnis?", JZ 1988, 213, 217면 참조.

63) Becker, Der ökonomische Ansatz zur Erklärung menschlichen Verhaltens, 2. Aufl., Tübingen 1993, 43면 이하 참조.

64) Werner, KritV 1992, 433, 449면.

여 조종낙관론이나 조종회의론 양자 모두 일정 부분 이론상 난점을 가지고 있으며, 그로 인해 형법뿐만 아니라 다른 법 영역에서도 위험의 법적 조종은 상대적 조종이행력만을 가지고 있음을 알 수 있다.[66] 즉 체계이론은 위험의 법적 조종 가능성을 완전히 부정하는 것이 아니라 자기조절의 메커니즘이 작동하는 범위 내에서 제한적으로나마 간접적이고 사후적으로 조종 가능함을 인정하고 있다. 마찬가지로 법의 경제학적 분석도 위험의 법적 조종이 언제나 가능하다는 것을 의미하지는 않는다. 일차적으로 위험을 법으로 규제하고자 할 때 비용과 편익을 분석하여 순편익이 있는 경우에 한하여 조종이행력을 담보할 수 있다는 입장이기 때문이다. 다만 법의 경제학적 분석도 실제적 한계와 방법론상의 한계를 가지고 있으므로 위험에 대한 규제를 함에 있어 비용과 편익이라는 경제적 요소가 다른 요소보다 우선적이 아닌 동등한 가치로 함께 고려되어야 한다. 그렇지 않으면 사전배려의 원칙을 기본적 원칙으로 삼고 있는 환경법은 비용편익분석이라는 틀에 밀려 유명무실해질 위험성이 있기 때문이다.

지금까지 위험의 법적 조종 가능성은 다만 상대적 조종이행력을 가지고 있을 뿐임을 언급했는데, 이러한 입장을 환경위험의 법적

---

65) 조성혜, 앞의 논문, 110-111면.

66) 이러한 입장과 반대로 알브레히트(Albrecht)는 형법이 사회적 체계갈등의 규율을 위해 이용된다면 이는 부적절한 조종도구일 수밖에 없음을 주장하고 있다. 그는 이러한 자신의 주장이 결코 위험의 법적 조종의 포기를 의미하는 것이 아니라 적절한 조종형태와 민법, 공법, 사회법과 같은 적합한 법적 조종수단의 모색이라는 방향전환이 필요함을 강조하고 있다(Albrecht, "Prävention als problematische Zielbestimmung im Kriminaljustizsystem", KritV 1986, 55면 이하). Prittwitz, Strafrecht und Risiko, Frankfurt a.M. 1993, 244면 이하 참조.

조종도구서 환경형법의 영역에 국한하여 보다 구체적으로 논증하면 다음과 같다.

V. 환경위험의 법적 조종의 도구로서 환경형법은 어떠한 기능을 수행하고 있는가?

생태학적 위험사회에서 환경보호는 의심할 여지없이 현대 형법의 가장 중요한 임무에 속하는데, 이는 현세대뿐만 아니라 미래세대의 안전한 삶의 기반유지에 관한 문제이자 인류의 생존에 관한 문제이기 때문이다. 이러한 관점에서 오늘날 환경형법의 분야가 새롭게 주목을 끌고 있다. 특히 환경형법은 더 이상 개개인의 법익에 대한 침해를 통제함으로써 일반적인 사회질서를 유지하는데 머무르지 않고, 새로운 위험으로서의 환경위험을 국가적 차원에서 규제함으로써 환경위험을 축소하고 예방하는 데에 기여하고자 한적으로 확대시키고, 법익위태화의 전 단계에서 가벌성을 전치화하는 것, 즉 전단계범죄화를 요구한다(그림 참조).

이때 이를 위한 수단으로서 입법자는 전통적으로 인정되어 오던 개인적 법익보다 훨씬 앞당겨진 법익, 즉 보편적 보익(예컨대 환경 및 그 구성인자의 보호)[67]과 구체적인 행위결과와는 무관하게 일정한 위험창출의 개연성이 있는 행위들까지도 형벌의 대상으로 삼음으로써 행위와 침해결과 사이의 인과관계에 대한 요건을 완화하고 있는 추상적 위험범[68]을 광범위하게 도입하고자 한다.

---

67) Hassemer에 의하면, 이러한 보편적 법익의 수용은 형사입법의 비판원칙으로서 형법의 법익보호원칙을 무력화시키며, 또한 형법의 보충성 및 명확성의 원칙을 침해할 수 있다고 한다(AK-Hassemer, vor § 1 Rn. 265 ff.).

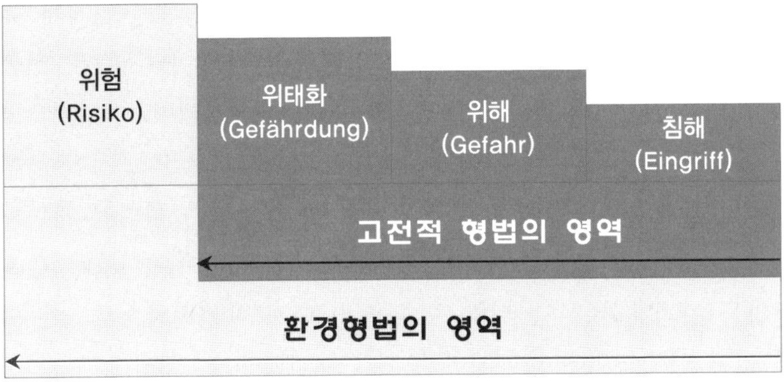

[그림] 전단계범죄화의 개념

다.[69] 이를 위해 환경형법은 환경위험에 대해 형법적 보호를 지속

하지만 새로운 위험으로서의 환경위험은 특정 개인에게 그 행위 결과를 귀속시키는 것이 불가능하거나 현저히 곤란하기 때문에 국가적 사회통제의 최후수단으로 이해되는 환경형법을 통해 이러한 환경위험을 조종하고자 하는 시도에 있어 그 효율성이 의문시되고 있다. 그리고 전단계범죄화의 수단으로 이용되고 있는 보편적 법익은 불법구성요건요소를 지극히 모호하고 피상적으로 구성하게 하며, 추상적 위험범은 가벌성의 전제조건을 급격히 축소시킴으로써 형법의 적용을 매우 용이하게 한다.[70] 그 결과 죄형법정주의,

68) 위험범에 대한 비판적 견해에 관해서는 특히 Kindhäuser, Gefährdung als Straftat. Rechtstheoretische Untersuchungen zur Dogmatik der abstrakten und konkreten Gefährdungsdelikte, Frankfurt a.M. 1989 참조.

69) 이러한 측면에서 형법이 위험사회에서 '위험에 중점을 둔 예방형법'으로 그 기능이 변화되고 있다는 지적으로는 김재윤, "위험사회에 있어 형법의 팽창현상에 대한 비판적 고찰", 비교형사법연구 제7권 제1호, 한국비교형사법학회, 2005, 29, 34면 이하 참조.

행위형법의 원칙, 책임원칙, 의심스러울 경우에는 피고인에게 유리하게(in dubio pro reo)의 원칙 및 비례성의 원칙 등과 같은 전통적인 법치국가적 형법의 체계원칙은 서서히 붕괴되며, 장기적으로는 가벌성과 불법의 체감력을 감소시킬 뿐이다.[71]

따라서 환경형법을 통한 환경위험의 법적 조종은 형법이라는 체계원칙 내에서 다만 보충적이고 제한적인 기능을 수행할 수 있을 뿐임을 간과해서는 안 된다.[72] 형법은 단지 행정법적으로 허용되지 않은 불법행위에 대해서만 투입되기 때문이다. 예컨대 독일 형법 제324조에 따라 금지되는 것은 단지 행정법상 권한 없이 수질을 오염시키거나 그 수질을 유해하게 변경시킨 행위이다. 따라서 동조를 통해 명목상 성취되어야 하는 절대적인 수질보호는 현실적으로 환경형법이 아닌 경찰형법에 의해 가능할 뿐이다. 나아가 환경의 가장 중대한 침해와 위태화는 단지 불법행위에 의해서만이 아니라, 오히려 간과할 수 없는 다수인의 합법적인의 행위(예컨대 수백만 명이 내품는 자동차 매연에 의한 대기오염, 현대 소비사회의 결과물로서 매일같이 버려지는 쓰레기더미에 의한 수질 및 토양오염)의 누적

---

70) 추상적 위험범의 정당성에 관한 논의에서 주의해야 할 점은 형법의 영역에 있어서 추상적 위험범 자체가 금지되는 것은 아니며, 예컨대 방화죄와 같은 전통적 영역에 있어서는 추상적 위험범이 정당화될 수 있지만 새로운 위험 영역에 있어서 '추상적 위험성범'(abstrakte Gefährlichkeitsdelikte)의 도입을 반대한다는 것이다. 이에 관한 보다 자세한 설명은 김재윤, 앞의 논문, 38-39면 참조.

71) Hassemer, "Kennzeichnen und Krisen des modernen Strafrechts", ZRP 1992, 378, 381면; Hassemer, Produktverantwortung im modernen Strafrecht, 2. Aufl., Heidelberg 1996, 10면 이하.

72) 이에 관하여 Albrecht, "Das Strafrecht auf dem Weg vom liberalen Rechtsstaat zum sozialen Interventionsstaat", KritV 1988, 182, 188면 이하 참조.

(Kumulation)에 의해서 더욱 빈번히 발생한다.73) 결국 환경보호가 법적인 조종수단을 통해 다루어지는 한 환경형법이 아닌 행정법으로서의 환경법이 전면에 등장해야 한다.

Ⅵ. 논의를 마치며

이상으로 생태적 위험사회에서 대표적인 새로운 위험으로 인식되고 있는 환경위험의 법적 조종의 문제와 관련하여 조종낙관론과 조종회의론을 중심으로 그 가능성과 한계를 간략히 고찰하였다. 이때 법, 특히 환경형법이 입법자와 일반 시민의 시각에서 보면 환경위험의 법적 조종을 위한 강력한 수단으로 여겨질 수 있지만, 그러한 기대와는 달리 효율적인 환경보호를 위해 다만 보충적이고 제한적인 기능을 수행할 수 있을 뿐임을 결론으로 도출하였다.

현대 후기산업사회에서 삶을 위협하는 생태학적 위기의 목록은 새로운 위험이란 이름으로 기하급수적으로 늘어나고 있다. 지구온난화, 오존층파괴, 방사능오염, 수질오염, 대기오염 등으로 표현되는 환경위험은 새로운 위험의 대표적 예라 하겠다. 이러한 상황에서 일반 시민은 새로운 위험으로서의 환경위험을 사회체계의 각 영역에서 효과적으로 조종할 필요가 있다고 생각하게 되었고, 입법자에게 환경위험을 법적으로 조종할 수 있는 다양한 입법적 조치수단을 마련할 것을 요구한다. 이에 입법자는 환경위험의 법적 조종의 당위성 내지 필요성에 매몰되어 실효성이 의심스러운 다수의 환경 관련 특별법을 양산하고 있으나, 대다수의 환경 관련 특

---

73) 이른바 누적범(Kumulationsdelikte)에 관한 자세한 설명으로는 Kuhlen, "Umweltstrafrecht auf der Suche nach einer neuen Dogmatik", ZStW 105 (1993), 697면 이하 참조.

별법은 환경보호라는 정책목표를 달성하지 못한 채 조종의 트릴레마 현상을 야기하고 있다. 이는 환경위험의 법적 조종이 다른 사회체계와 마찬가지로 법체계 자체가 가지고 있는 체계 폐쇄성과 보수성으로 인해 보충적이고 제한된 가능성을 가질 뿐임을 간과한 데에서 기인한다. 특히 자유주의 법치국가에서 환경형법은 어디까지나 환경위험의 법적 조종을 위한 '최우선 수단'(prima ratio)이 아닌 '최후수단'(ultima ratio)으로 머물러야 한다. 전단계범죄화의 수단으로 이용되고 있는 보편적 법익과 추상적 위험범의 무분별한 확대를 통해서 환경위험을 조종하고자 하는 환경형법은 행위원칙, 책임원칙 등으로 대표되는 법치주의원칙의 붕괴를 초래하여 형법의 위기를 야기할 수 있기 때문이다. 즉 환경위험의 법적 조종에 중점을 둔 환경형법은 형법에 대한 새로운 위험을 창출할 수 있다. 따라서 입법자는 환경위험의 법적 조종과 관련하여 형사법적 수단을 우선적으로 고려하기 보다는 실효성을 담보할 수 있는 환경법에, 환경법보다는 공해업소에 대한 감시·감독 및 행정규제, 환경영향평가, 환경분쟁조정, 환경종합책임보험제 등 환경위험을 보다 효과적이고 실효성 있게 관리할 수 있는 다양한 환경보호정책의 마련과 시행에 관심을 두는 것이 바람직하다고 여겨진다. 일반 시민도 환경형법이 더 이상 환경보호와 미래의 생존보장을 위한 만병통치약이 아님을 재인식해야 할 필요성이 있다.

[§ 5] 환경형법에 있어 보편적 법익보호의 정당성*

Ⅰ. 논의 배경

근대형법은 법익개념을 통해 형법의 임무를 법익보호에 국한하고자 했다. 그러나 현대형법은 급속한 과학기술문명의 발전의 역기능으로 발생한 새로운 대량위험(대표적인 예로 핵, 화학, 생태적 및 유전공학적 위험)을 효과적으로 예방하거나 차단하기 위한 수단으로 법익기능을 보다 적극적으로 이해하고 새로운 종류의 보편적 법익을 창설하고자 하는 경향을 보이고 있다. 즉 근대형법에서 법익개념은 소극적 측면에서 형법을 제한하는 기준 내지 비범죄화의 기준으로서 출발하였으나, 현대형법에서는 적극적 측면에서 형법의 정당성을 근거짓는 기준으로서, 나아가 가벌성의 확대를 위해서도 법익보호의 원칙이 이용되고 있다.[1)]

특히 현대형법의 대표적인 영역이라고 할 수 있는 환경형법에서 이러한 경향이 두드러지게 나타나고 있다. 즉 환경형법의 체계 하에서 지금까지 시민의 자유에 지향된 개인적 법익(예컨대 생명, 신체의 완전성 및 재산) 이외에 개인적 법익의 유지를 위한 전제조건으로서 인정된 보편적 법익(예컨대 환경과 그 구성인자)이 새롭게 등장하

---

* "현대 환경형법에 있어 보편적 법익과 법익보호의 정당성에 관한 고찰", 환경법연구 제26권 2호, 2004.6., 97-120면.

1) Prittwitz, "Funktionalisierung des Strafrechts", StV 1991, 435, 438면.

고 있다. 그러나 이러한 보편적 법익의 확대수용은 특히 모호하고 광범위한 개념구성으로 인해 형사입법의 비판원칙으로서의 법익보호원칙을 무력화시키며, 나아가 형법의 보충성 및 명확성의 원칙을 침해하는 결과를 초래한다는 비판이 제기되고 있는 것도 사실이다.2) 특히 환경형법의 영역에서 형사입법자에 의해 모호하고 광범위하게 규정된 보호법익과 관련해서 법익개념을 새롭게 정의할 필요성이 제기되고 있으며, 또한 보편적 법익보호로서 생태적 법익보호의 정당성이 문제시되고 있다.

따라서 이하에서는 우선 법익개념을 간략히 재조명하고(Ⅱ), 환경형법상의 보호법익을 인간의 생명, 건강, 재산과 같은 전통적인 개인적 법익들에서 구하고자 하는 인격적 법익론을 비판함으로써 보편적 법익으로서 환경 그 자체 및 그 구성인자와 같은 생태적 법익보호의 정당성에 대한 이론적 근거를 제시해 보고자 한다(Ⅲ, Ⅳ).

Ⅱ. 법익개념은 어떻게 변화하고 있는가?

오늘날 형법의 핵심과제와 정당성의 기초는 위태화 내지 침해에 대한 법익의 보호이다.3) 이 때문에 법익은 모든 행위규범과 범죄

---

2) 이러한 비판에 대해서는 Hassemer, "Kennzeichen und Krisen des modernen Strafrechts", ZRP 1992, 378, 381면; ders. Produktverantwortung im modernen Strafrecht, 2. Aufl., Heidelberg 1996, 11면; Hefendehl, Kollektive Rechtsgüter im Strafrecht, Köln u.a. 2002, 1면 이하; Müssig, Schutz abstrakter Rechtsgüter und abstrakter Rechtsgüterschutz, Frankfurt a.M. u.a. 1994, 1면; Seelmann, "Atypische Zurechnungsstrukturen im Umweltstrafrecht", NJW 1990, 1257, 1258면 이하 참조.

3) NK-Hassemer, Vor § 1 Rn. 247 이하; LK-Jescheck, Vor § 13 Rn. 5 이

구성요건의 실질적인 핵심요소로서 설명된다. 범죄구성요건에는 언제나 자신의 존재를 실질적으로 정당화하게 하는 법익과 보호객체가 존재한다. 법익과 보호객체가 없는 형벌규정은 존재하지 않으며, 또한 실질적으로 정당화될 수 없다.[4] 그러나 이와 관련해서 법익개념, 즉 형법의 실질적 정당성의 기초가 무엇인지에 대해서는 견해의 다툼이 있다.

법익[Rechtsgut]의 개념 정의

오늘날 **법익**(Rechtgut)이란 "형법이 보호할 가치가 있는 이익"으로 정의되고 있으며, 범죄의 본질이 바로 법익의 침해 내지 위태화에 있다고 본다. 이러한 법익 개념을 언뜻 보면 분명해 보이지만 보다 구체적으로 살펴보면 그리 명확한 개념이 아님을 쉽게 알 수 있다. 왜냐하면 어떤 이익이 형법으로 보호할 가치가 있는 것인지, '생명'과 같은 개인적 법익이 아닌 '공공의 안정'과 같은 보편적 법익과 관련하여 과연 어떤 이익을, 어느 범위에서 형법상 법익으로 인정할 수 있는지 등 많은 문제에 대해 분명한 대답을 주지 못하기 때문이다. 배종대 교수는 법익 개념을 정의하는 것이 왜 어려운 가를 다음과 같이 적절히 지적하고 있다: "'법익'이라는 현상은 사회적·법정책적으로 상대성을 가지고 있기 때문에 법익 개념을 정의하고자 할 때에는 어쩔 수 없이 모호성과 선별성 가운데서 어느 하나를 선택해야 하는 어려움에 직면한다. 다시 말하면 포괄적으로 정의할 경우는 내용이 없고(모호성의 문제), 구체적으로 정의하자니 법익의 일부분밖에 나타내지 못하는(선별성의 문제) 어려움이 그것이다."[5]

하; Schönke/Schröder/Lenckner, Vorbem. §§ 13 Rn. 8 이하; Roxin, Strafrecht AT I, § 2 Rn. 2 이하; SK-Rudolphi, Vor § 1 Rn. 2; BVerfGE 27, 18, 29; 45, 187, 253 이하; 김일수/서보학, 새로쓴 형법총론(제11판), 박영사, 2006, 27면 이하; 배종대, 형법총론(제8전정판), 홍문사, 2005, 56면; 손동권, 형법총론(제2개정판), 율곡출판사, 2005, 10면; 이재상, 형법총론(제5판), 박영사, 2004, 6면 참조.

4) LK-Jescheck, Vor § 13 Rn. 8; Schönke/Schröder/Lenckner, Vorbem. §§ 13 Rn. 10 참조.

5) 배종대, 앞의 책, 12면.

특히 법익 개념에서 무엇을 이해해야만 하는가에 대해서는 크게 이상적 법익개념(ideelles Rechtsgutskonzept)과 현실적(실질적) 법익개념(reales Rechtsgutskonzept)으로 견해가 나뉜다.[6] 이상적 법익개념에서 법익은 의미상 지각될 수 없으며 인과적으로 변화 불가능한 추상화된 사고의 형성물이라는 데 기초하고 있다. 이에 따르면 법익은 예컨대 "관념적 형상"(gedankliche Gebilde),[7] "정신적 실재"(geistige Realitäten),[8] "이상적 이익"(ideelle Güter)[9] 또는 단순히 "가치"(Werte)[10]로서 정의된다. 이와 반대로 현실적(실질적) 법익개념은 법익을 의미상 지각될 수 있으며, 인과적으로 변화 가능한 실질적인 대상물·상태 또는 가치 있는 기능통일체로서 파악한다.[11]

---

6) 법익개념 그 자체가 아닌 법익개념이 내포하는 기능과 관련해서는 다시 "체계내재적 법익개념"과 "체계비판적 법익개념"으로 구분할 수 있다. 이에 대한 상세한 분석으로는 Hassmer, Theorie und Soziologie des Verbrechens. Ansätze zu einer praxisorientierten Rechtsgutslehre, Frankfurt a.M. 1973, 17면 이하 참조.

7) Blei, Strafrecht AT, 18. Aufl., München 1983, 89면.

8) Otto, Grundkurs Strafrecht, Allgemeine Strafrechtslehre, 6 Aufl., Berlin/New York 2000, 9면. 특히 오토는 법익을 정의함에 있어 그 기준을 경험적인 측면에서 파악하고자 했다. 그에 따르면 법익은 "법공동체에 의해 구체적으로 승인된 가치 - 사회적 기능통일체 - 에 대한 현실적인 사람과의 관계이며, 그 속에서 권리주체는 법질서를 통해 인격적으로 발전한다"고 한다.

9) Schmidhäuser/Alwart, Strafrecht AT, 2. Aufl., Tübingen 1984, 84면 이하.

10) 예쉑은 법익을 "법적으로 보호되는 사회질서의 추상적 가치"로 정의했고(Jescheck, Lehrbuch des Strafrechts, AT, 4. Aufl., Berlin 1988, 232면), 벨셀스와 보일케는 "이상적인 사회가치"로 정의하고 있다(Wessels/Beulke, Strafrecht AT, 31. Aufl., Heidelberg 2001, § 1 Rn. 7).

11) 이와 같은 현실적(실질적) 법익개념에 대해서는 Amelung, Rechtsgüterschutz und Schutz der Gesellschaft, Frankfurt a.M. 1972, 350면 이하; Marx, Zur Definition des Begriffs "Rechtsgut". Prolegomena einer

현실적(실질적) 법익개념은 무엇이 법익이어야만 하는가에 대해 구체적인 표상을 허용하는 반면에, 이상적 법익개념은 이에 대해 아직까지도 명확한 입장을 취하고 있지 않다. 이 때문에 먼저 이상적 법익개념 하에서 법익이 정확히 어떻게 이해되고 있는지, 또한 이러한 법익이 어떻게 침해될 수 있는지를 상세히 검토할 필요성이 있다. 그러나 법익개념은 독일에서는 물론 한국 형법학계에서도 이미 다양하고 깊이 있는 연구들12)이 진행되어왔기 때문에

---

materialen Verbrechenslehre, Köln u.a. 1972, 60면 이하; Rudolphi, "Die verschiedenen Aspekte des Rechtsgutsbegriffs", in: Festschrift für Richard M. Honig, Göttingen 1970, 151, 158면 이하; Welzel, "Studien zum System des Strafrechts", ZStW 58 (1939), 491, 509면 이하 참조.

12) 법익개념에 관한 대표적인 독일 연구논문으로는 Amelung, Rechtsgüterschutz; Graul, Abstrakte Gefährdungsdelikte und Präsumtionen im Strafrecht, Berlin 1991; Hassemer, Theorie und Soziologie des Verbrechens, Frankfurt a.M. 1973; Hohmann, Das Rechtsgut der Umweltdelikte, Frankfurt a.M. u.a. 1991; Kareklas, Die Lehre vom Rechtsgut und das Umweltstrafrecht, Tübingen 1990; Koriath, "Zum Streit um den Begriff des Rechtsguts", GA 1999, 561면 이하; Marx, Rechtsgut; Müssig, Rechtsgüterschutz; Rudolphi, 앞의 논문, in: Festschrift für Richard M. Honig, 151면 이하; Schmidt, Untersuchung zur Dogmatik und zum Abstraktionsgrad abstrakter Gefährdungsdelikte, Marburg 1999; Sina, Die Dogmengeschichte des strafrechtlichen Begriffs "Rechtsgut", Basel 1962; Stratenwerth, "Zum Begriff des Rechtsgutes", in: Festschrift für Theodor Lenckner, München 1998, 377면 이하 등이 있으며, 이에 대한 우리나라의 대표적인 연구논문으로는 김창군, "비판적 법익론", 형사법연구, 제7호, 1994, 1면 이하; 김창군, "인격적 법익론", 법치국가와 형법, 1998, 83면 이하; 박강우, 추상적 위험범에 관한 연구, 고려대 박사학위논문, 1997, 27면 이하; 박강우, "형법의 기능주의적 변화와 인격적 법익론", 충북대학교 법학연구소, 법학연구 제10권, 1999, 15면 이하; 심재무, "환경형법에 있어서 보호법익", 형사법연구, 1995, 165면 이하; 이동훈, "추상적 위험범의 확대경향과 문제점", 외법논집 제10집, 2001, 131면 이하; 임웅, "형법에 있어서의 "법익"개념", 경희법학, 제15권 제1호, 1979,

법익론Rechtsgutslehre의 생성과 전개

법익 개념을 다루는 "법익론"은 이미 19세기 독일에서부터 전개되었으나, 법익 개념이 무엇인지에 관해서는 여전히 현재진형의 논쟁으로 남아있다. 19세기 독일의 형법학에서 법익 개념이 어떻게 생성되고 전개되었는지를 간략히 살펴보면 다음과 같다.[13)]

법익론은 근대 계몽주의 시대에 **포이에르바하**(P.J.A.v Feuerbach: 1775~1833)에 의해 주장된 권리침해이론(Rechtsverletzungstheorie)에서부터 태동되었다고 말할 수 있다. 포이에르바하는 근대적인 의미의 형법학을 체계화한 사람으로 평가되는데, 그는 권리침해이론에 기초하여 국가계약에 의해 보증되고, 형법에 의해 보장되는 평등한 타인의 자유권을 침해하는 행위를 범죄로 정의하였다. 즉 각 개별 국민이 지닌 "권리"가 형법의 보호대상이 된다는 것으로, 실정화된 법규에 규정된 권리를 축으로 하여 범죄개념을 체계적으로 정비함으로써 형벌권의 자의적 운용으로부터 개인을 보호한다는 목표를 정립하였다. 그러나 포이에르바하가 모든 범죄는 타인의 권리를 침해하는 행위라고 일반화하였지만 권리침해는 없지만 법률에 위반하는 행위인 종교범이나 경찰범을 권리침해이론으로 설명할 수 없다는 비판이 당시에도 제기되었고, 포이에르바하 스스로 이를 인정하여 권리침해이론의 한계를 보였다.

비른바움(J.M.F. Birnbaum: 1792~1877)은 포이에르바하의 권리침해이론을 대신하여 범죄가 침해하는 것은 '권리'가 아니라, 법이 보호하고자 하는 '財'(또는 財貨, Gut)라고 하는 財이론 내지 이익이론을 전개하였다. 즉 그에 따르면, 범죄란 권리의 침해가 아니라 법률에 의해 보호되는 財에 대한 침해로 파악함으로써 경찰범이나 종교범의 경우에도 비록 권리를 침해하지는 않지만, 공동체 전체의 이익을 침해하므로 이를 형법상 범죄로 취급할 수 있다고 보았다. 비른바움이 제시한 財이론에 대해서는 권리라는 사변적, 관념적 개념 대신 財로 대체함으로써 보호객체를 경험적, 실증적으로 파악하게 되었다는 점에서는 긍정적 평가가 내려질 수 있지만, 그가 財 개념을 어떤 때는 물적 대상을 가리키기도 하고, 다른 곳에서는 윤리적 관념의 총체로 파악하는 등 財가 구체적으로 무엇을 뜻하는지 명확하게 제시하지 않고 있다는 점에서는 문제점으로 남는다.

비른바움과 같이 범죄의 객체를 대상으로 파악하려는 시도는 **칼 빈딩**(K. Binding: 1841~1920)에서도 발견된다. 빈딩은 방대한 규범이론(Normtheorie)을 정립한 학자로서, 그리고 '법익' 개념을 처음으로 형법학에 도입한 학자로서 널리 알려져 있다. 빈딩은 실정형법은 당위규범을 실정화한 것에 지나지 않는다는 규범이론을 타당으로, 범죄란 형벌을 수반하는 유책한 규범위반, 즉 형법규범을 위반하는 행위로

87면 이하; 임웅, 형법상 법익개념에 관한 연구, 서울대 박사학위논문, 1982 등이 있다.

보았다. 그리고 빈딩은 법익을 "그 자체로 법은 아니지만 입법자의 눈으로 보았을 때 법공동체가 건전하게 살아가는 데 필요한 조건의 총체"로 정의하면서, "입법자는 규범을 통하여 이러한 조건의 총체가 원하지 않게 침해되거나 위태롭게 되는 것을 막아야 한다"고 하였다. 이처럼 빈딩이 제시한 규범 관련적 법익론은 법익개념을 대상적으로 현실에서 침해될 수 있는 것과 일정한 상태나 행위가치까지를 아우르는 포괄적인 것으로 파악하여 법익개념의 모호성의 문제를 어느 정도 극복할 수 있다는 점에서 긍정적으로 평가할 수 있지만, 입법자의 시각을 존중함으로써 법익개념이 갖추어야 할 '체계비판적인 역량'을 간과하고 있다는 점은 문제라 하겠다.

규범이론에 바탕을 두고 법익론을 정립한 빈딩과는 달리 **리스트**(F.v. Liszt: 1851~1919)는 자연과학적·실증주의에 토대를 두고 법익론을 전개하였다. 그에 따르면, 법익을 "실재하는 것으로 국가 공동체의 생활조건으로서 법적으로 보호되는 이익(Interesse)"으로 정의하면서, "모든 법은 인간을 위하여 존재하며, 따라서 형법의 목적도 인간의 생활이익을 보호하는 데 있다"고 한다. 이처럼 리스트는 규범침해를 중시한 빈딩과는 달리 사회현실 속에 담겨 있는 생활이익을 법익의 핵심징표로 여기고 있다는 점에서 커다란 차이고 보이고 있다. 리스트의 법익개념은 한편으로 법적으로 보호된 이익이기 때문에 법익은 실정법을 넘어서는 '체계초월적'으로 존재하는 것으로 기존법률로부터 독립된, 따라서 형사입법의 한계로 기능하는 법익개념을 열어주고 있다는 측면에서, 다른 한편으로 범죄행위(Tat)가 실제로 공격대상으로 하는 객체를 의미하는 '행위객체'(Tatobjekt)와 침해행위를 금지함으로써 보호하고자 하는 이익, 즉 법익을 뜻하는 '보호객체'(Schutzobjekt)를 구분하고 있다는 점에서 커다란 의미를 진다고 평가할 수 있다. 다만 리스트가 법익 개념의 핵심적인 징표로 제시한 '이익'과 관련하여 이익이 구체적으로 무엇을 뜻하지는 명확하지 않다는 점에서 비판이 가해진다. 그는 어떤 이익을 형법이 보호해야 하는가에 대해 그저 인간의 실질적 생활조건에 따라 판단한다는 정도에 그치고 있기 때문이다.

이상과 같이 포이에르바하와 비른바움에 의해 그 기초가 마련된 19세기의 법익론은 빈딩과 리스트를 통해 정점에 이르렀으나, 빈딩과 리스트 이후에는 법익론이 이론적으로 큰 진전을 이루지 못한 채 이들이 세운 법익론의 틀 안에서 논의가 진행되고 있다고 평가된다. 다만 최근 독일에서는 법익론과 관련하여 법익의 실질화를 꾀하자는 입장(Hefendehl)에서부터 법익론을 전면적으로 폐기하자는 다소 급진적인 주장(Statenwerth)까지 전개되고 있다.[14]

---

13) 이에 대한 상세한 분석으로는 안동준, "법익론의 생성, 발전과 변환", 전남대학교 법학논총 제28집 제1호, 2008, 393면 이하; 양천수, "19세기 독일 형법학에서 전개된 법익 개념", 법사학연구 제38호, 2008, 77면 이하 참조. 이하의 논의는 두 논문의 내용을 정리한 것이다.

이하에서는 환경형법에서 보편적 법익보호의 정당성에 대한 이론적 근거를 제시하기 위한 기초로서 이러한 문제를 간략히 고찰하고자 한다.

1. 이상적 법익개념

(1) 존중요구로서의 법익(슈미트호이져)

이상적 법익개념은 특히 독일의 형법학자 슈미트호이져(Schmidhäuser)에 의해 주장되었다. 슈미트호이져는 모든 범죄에 동등하게 적용되는 법익개념을 찾아내어 이를 정의하고자 했다. 이 때문에 그는 財(Gut)는 언제나 다소간 복잡한 사태에 기초하고 있는 것으로서 현실적으로 또는 이상적으로 파악될 수 있으며, 개인 또는 인류공동체의 평화로운 존속과 관련해서 가치 있는 것으로 이해된다고 한다. 이러한 토대 위에서 슈미트호이져는 "법익객체"(Rechtsgutsobjekt)의 개념을 발전시켰다. 그는 법익객체라는 개념을 범죄구성요건과 관련을 맺는 현실적인 대상물로서 파악하고, 이러한 현실적인 법익객체로부터 모든 사람에 대해 유효하고 이상적으로 이해될 수 있는 "존중요구"(Achtungsanspruch)라는 개념을 도출해냈다. 슈미트호이져는 이렇게 추상화된 "존중요구"를 진정한 "법익"으로 간주했다.[15] 그래서 그는 생명이라는 법익을 "인간 개개인의 구체적인 생명이 아니라 법에 의해 인간의 생명을 향유하게 하는 존중"으로 이해하고, 소유권이란 법익을 "타인에게 속해 있는 개별적인 사물이 아니라 타인의 소유권범위를 존중하는, 이로써 소유물

14) 이에 대해서는 안동준, 앞의 논문, 403면 이하.

15) Schmidhäuser/Alwart, Strafrecht AT, 84면 이하; Schmidhäuser, "Der Unrechtstatbestand", in: Festschrift für Karl Engisch, Frankfurt a.M. 1969, 433, 443면 이하.

을 가진 소유권자가 자신의 존재를 형성할 수 있는 것"으로서 이해했다.[16] 즉 그에 따르면 법익은 법질서에 의하여 개인 및 공동체를 위하여 가치 있다고 평가된 사태(생명, 건강, 소유권)에서 나오는 존중요구라고 이해될 수 있으며,[17] 법익침해에 대해 국가기관은 법률효과, 즉 형사제재로서 대응해야 한다고 한다.[18]

이러한 법익개념에 기초해서 슈미트호이저는 법익침해를 현실적인 법익객체에 근거한 존중요구의 침해(Verletzung), 더 정확히는 위반(Mißachtung)이라고 이해했다. 이로써 법익침해는 순수한 정신적인 현상으로 파악된다. 왜냐하면 존중요구란 인간의 의사에 기초한 것으로서 이 의사가 존중요구에 합치하지 않는 한 언제나 침해될 수 있기 때문이다.[19] 이러한 법익침해는 불법을 근거 짓는데 필수적이며, 이를 위해 실질적인 법익객체에 대한 결과발생과 관계없이 단지 형벌규범의 위반, 즉 규범위반적인 행위만으로도 충분하다고 한다. 이러한 측면에서 법익침해는 작위범에 있어 부작위의무의 침해로서 또는 부작위범에 있어 행위의무의 침해로서 형성되는 의무침해(Pflichtverletzung)와 동일한 것으로 간주될 수 있다.[20] 이 때문에 범죄의 결과불법이 아닌 행위불법에서 법익침해가 파악된다.[21]

---

16) Schmidhäuser, Strafrecht AT, 142면.

17) Schmidhäuser, 앞의 논문, in: Festschrift für Karl Engisch, S. 433, 445; ders., Strafrecht AT, 205면 참조.

18) Schmidhäuser, Strafrecht AT, 142면.

19) Schmidhäuser, 앞의 논문, in: Festschrift für Karl Engisch, 433, 445면.

20) Schmidhäuser/Alwart, Strafrecht AT, 85면 이하; Schmidhäuser, 앞의 논문, in: Festschrift für Karl Engisch, 433, 444면 이하.

21) Schmidhäuser, 앞의 논문, in: Festschrift für Karl Engisch, 433, 445면.

(2) 사회질서의 추상적 가치로서의 법익(예쉑)

이상적 법익개념을 전개한 또 다른 독일의 형법학자로는 예쉑(Jescheck)을 언급할 수 있다. 예쉑은 법익을 "법적으로 보호된 사회질서의 추상적 가치"(ein rechtlich geschützter abstrakter Wert der Sozialordnung)로서 이해하였다. 이때 공동체는 사회질서의 유지에 관심을 가지고 있으며, 이러한 가치는 귀속주체로서 개인이나 공동체 전체에 귀속될 수 있다고 한다.[22] 그에 따르면, 법익은 의미를 지각할 수 있는 것이 아니라 사회질서에 내재하고 있는 안전, 복지 그리고 공동체 존재의 존중 등에 기초한 사회질서의 정신적 가치로서 이해될 수 있다고 한다.[23] 반면에 구성요건적 행위와 관련된 현실적인 대상은 행위객체 또는 공격객체로서 파악하였다. 따라서 예쉑은 현실적인 대상물 또는 상태인 행위객체와 법익을 서로 구별하였다. 예컨대 예쉑은 절도죄(독일 형법 제242조)의 경우에 소유권과 점유권을 추상적인 것으로 이해하여야 하는 법익으로, 행위자의 행위와 관련되는 타인의 재물은 행위객체로 파악하였다. 그리고 공무집행공무원에 대한 저항죄(독일 형법 제113조)의 경우에 보호법익은 국가의 방해받지 않는 공무집행과 공무집행기관의 안전이고, 행위객체는 개별적인 공무집행공무원으로 이해하였다. 이처럼 법익과 행위객체는 마치 이상과 현실적인 모습과 같이 서로 관련을 맺고 있지만 개념상 서로 분리된 것으로 보았다. 그리고 행위의 결과불법은 행위객체의 현실적인 침해로 발생하는 반면, 법익은 이상적인 가치로서 행위자의 직접적인 공격으로부터 사실상 단절된다고 한다. 즉 법익은 행위객체의 형상으로 공격될 수 있지만 현실적으

22) Jescheck/Weigend, Strafrecht AT, 257면 이하.

23) Jescheck/Weigend, Strafrecht AT, 259면.

로 침해되지 않는다고 한다. 법익침해는 행위객체에 단지 체화되어 있는 공동체의 생활이익의 침해로 파악되기 때문이다.[24)]

(3) 이상적 법익개념의 문제점

슈미트호이저에 의해 주장된 이상적 법익개념의 결정적 취약점은 무엇보다도 개념의 언어적·내용적 불명료성에 있다.[25)] 예컨대 슈미트호이저는 존중요구로서의 법익이 전혀 현실적으로 침해될 수 없는 법익객체이지만 법익객체가 있다는 이유만으로, 또한 현존하는 법익객체가 침해되지 않거나 예컨대 행위도구의 무용성으로 인해 결코 침해될 수 없는 경우에도 침해되는 것으로 설명하고 있다.[26)] 이러한 슈미트호이저의 견해에 대해 그라울(Graul)은 존중요구로서 이해되는 이상적 법익의 침해 내지 위태화는 사물 논리적으로 전혀 불가능하다는 점을 지적하고 있다. 단지 이러한 존중요구의 위반만이 가능할 뿐이라고 한다. 왜냐하면 법익의 침해 내지 위태화는 현실적이고 인과적인 변화 가능성이 있는 대상물 또는 사태에서만 고려될 수 있기 때문이다.[27)] 그러나 슈미트호이저에 대한 그라울의 이러한 비판은 슈미트호이저가 불명확한 용어를 사용했다고 하는 점에 한하여 적절하다고 판단된다. 왜냐하면 슈미트호이저는 존중요구의 "침해"라는 개념을 자신의 여러 저술에서 인과적인 의미에서의 침해가 아닌 위반으로서 이해하고 있기 때문이다.[28)]

---

24) Jescheck/Weigend, Strafrecht AT, 260면.

25) 이와 같은 비판에 대해 자세히는 Graul, Abstrakte Gefährdungsdelikte, 60면 이하 참조.

26) Schmidhäuser/Alwart, Strafrecht AT, 84면 이하.

27) Graul, Abstrakte Gefährdungsdelikte, 68, 79면 이하 참조.

그리고 예쉐이 제시한 법익개념 역시 타당하지 않다고 본다. 예쉐이 절도죄의 행위객체가 의미상 지각할 수 있는 재물이라고 가정한 점은 전적으로 타당하다. 그는 이로부터 재물에 대한 소유권과 점유권이 의미상 지각할 수 있는 재물과 달리 추상적이고, 이상적인 본질을 지닌 것으로 파악하였다. 하지만 이러한 추론은 소유권과 점유권이 재물에 대한 소유권자의 현실적인 재배관계일 뿐만 아니라 사실상 침해되고 인과적으로 변화될 수 있는 현실적인 상태이기도 하기 때문에 적절하지 않다. 따라서 소유권과 점유권은 이상적인 가치로서 행위자의 직접적인 공격으로부터 사실상 단절되어 있다는 예쉐의 견해와는 달리 행위자의 공격에 직접적으로 노출되어 있다. 이는 침해할 수없는 이상적 가치가 아니라 현실적 성격을 가진 국가의 공무집행(독일 형법 제113조)의 경우에도 동일하게 유효하다.[29] 이는 예쉐의 이상적 법익개념이 사실상 현실적 상태의 잘못된 해석에 기초하고 있음을 의미한다. 즉 그는 이러한 상태는 실체상 구체화할 수 없는 것이기도 하고, 나아가 인과적 변화가 손쉽게 허용될 수도 없는 것이기 때문에 이상적이고, 추상적인 법익으로 간주하고자 하였다. 그러나 이러한 상태는 결여된 실체상의 구체화 가능성에도 불구하고 현실적이고 인과적으로 변화가 가능한 것이다. 따라서 예쉐의 견해는 사실상 이상적 법익개념으로 볼 수 없다. 사회적 상호과정과 규범적 현실성을 착오로 인해 이상적이고, 추상적인 상태로, 그리고 이러한 상태는 인과적으로 변화할 수 없는 것으로 파악했기 때문이다. 그러므로 예쉐의 이상적 법익개념은 지나친 모호성으로 인해 지지될 수 없다고 본다.[30]

---

28) 이와 같은 견해로는 Schmidt, Abstrakte Gefährdungsdelikte, 138면 참조.

29) Schmidt, Abstrakte Gefährdungsdelikte, 136면.

30) Schmidt, Abstrakte Gefährdungsdelikte, 180면 이하.

한편, 뮈씨히(Müssig)도 이상적 법익개념에 대해 날카로운 비판을 가하고 있다. 그에 따르면, 이상적 법익개념은 법익을 정신화(Vergeistigung)함으로써 법익개념의 내용적 윤곽을 형해화시키고 형법으로부터 법익보호이념을 사라지게 할 위험이 있다고 한다. 만약 실질적인 보호객체로서의 법익을 사회적인 현실에서 파악할 수 없다고 한다면 형법의 사회적 기능에 대한 합리적인 진술은 더 이상 불가능할 것이라고 한다.[31)]

2. 현실적(실질적) 법익개념(벨첼)

벨첼(Hans Welzel)은 1935년에 발간된 자신의 교수자격논문[32)]에서 인적 불법론(personale Unrechtslehre)과 이에 기초한 법익론을 발전시켰다. 특히 그는 사회적 현실성의 기본적 통일체로서 행위의 사회적 의미를 집중적으로 분석했으며, 이로부터 규범침해와 재(이익)의 침해를 구별하고 이러한 구별에 적합한 법익개념의 정립을 시도함으로써 행위불법과 결과불법을 엄격히 분리하고자 했다.[33)]

벨첼의 견해에 따르면, 형벌제재에 의해 보호되는 대상(규범효력)과 규범에 의해 보호되는 대상(법익)을 구별하는 것은 매우 의미

31) Müssig, Rechtsgüterschutz, 53면.

32) Welzel, Naturalismus und Wertphilosophie im Strafrecht - Untersuchungen über die ideologischen Grundlagen der Strafrechtswissenschaft, Mannheim/Berlin/Leipzig 1935.

33) Welzel, 앞의 논문, ZStW 58 (1939), 491면 이하; ders., Das Deutsche Strafrecht, 11. Aufl., Berlin 1969, 1면 이하; 벨첼의 법익론에 관해 자세히 분석한 문헌으로는 Graul, Abstrakte Gefährdungsdelikte, 44면 이하; Müssig, Rechtsgüterschutz, 27면 이하; Schmidt, Abstrakte Gefährdungsdelikte, 131면 이하; 박강우, 앞의 논문, 1997, 27면 이하; 임웅, 앞의 논문, 1982, 143면 이하 등이 있다.

있는 것이며, 단지 후자만이 법익으로 정의될 수 있다고 한다. 이에 따라 형벌에 의해 보호되어야 하는 것이 아니라 규범, 즉 요구 또는 금지에 의해 보호되어야 하는 것이 법익으로서 정의 내려질 경우만이 적절한 법익개념이라고 한다. 독일 형법 제242조의 형벌제재는 "도둑질해서는 안 된다"(Du sollst nicht stehlen)는 규범을 보호하고 있다. 그러나 이 규범은 소유권만을 보호하는 것이지 이와 관련된 행위를 보호하는 것은 아니다. 이 때문에 법익은 실질적인 또는 이상적인 행위객체로서 요구된 또는 금지된 행위와 관련된 것이지 행위 그 자체가 아니다는 것이다.[34] 벨첼은 규범효력과 법익을 이러한 방식으로 구별함으로써 형법의 구조를 각각 독자적인 의미가 있는 두 부분으로, 즉 첫 번째 부분에서는 금지규범과 요구규범에 대해서 규정하고, 두 번째 부분에서는 형벌을 규정하는 것이 형법의 과제라고 하는 결론에 도달했다. 즉 형법의 임무는 기본적인 사회윤리적 심정가치 또는 행위가치의 보호에 있고, 개별적인 법익은 이에 포함되어 보호된다고 한다.[35]

그에 따르면, 법익개념은 "현실적인 사회적 삶"의 차원에서 구성되며, 법익은 그것이 기능을 가질 때 그리고 그 한도에서, 즉 사회적 삶 속에서 영향을 미치고 영향을 받는 한도에서만 현실적으로 존재한다고 한다. 그는 슈미트호이저와는 달리 법익을 인과적으로 변화 가능하고 현실적인(실질적인) 객체 또는 대상물로서 이해했다.[36] 이로써 법익은 규범위반적인 범죄자의 태도와는 분리된

---

34) Welzel, 앞의 논문, ZStW 58 (1939), 491, 509면 이하.

35) Welzel, Strafrecht, 4면 이하; 이에 대해서는 또한 Gallas, Beiträge zur Verbrechenslehre, Berlin 1968, 9, 12면 이하; Graul, Abstrakte Gefährdungsdelikte, 49면 이하; Schmidt, Abstrakte Gefährdungsdelikte, 133면 참조.

36) Welzel, 앞의 논문, ZStW 58 (1939), 491, 515면; 이에 대해서는 또한

사태가치, 즉 각각의 구성요건에 따라 하나의 객체로서 또는 규범에 의해 직접적으로 언급되지 않은 제3자의 태도로서 설명될 수 있다. 보다 구체적으로 정신물리학석인 객체(예컨대 생명), 이상적·정신적인 객체(예컨대 명예), 현실적인 상태(예컨대 주거의 평온), 법률관계(예컨대 소유권) 또는 규범에 의해 직접적으로 언급되지 않은 제3자의 태도 등이 법익으로 될 수 있다. 결국 모든 경우에 있어 현실적인(실질적인) 객체 또는 대상물이 법익으로 됨을 알 수 있다.[37)]

이러한 벨첼의 현실적(실질적) 법익개념 하에서 행위의 결과반가치는 법익침해에서 실현되지만 독자적인 도그마틱적 지위를 차지하고 있는 행위반가치(Handlungsunrecht) 또는 행동반가치(Aktunwert)와 엄격히 구별되어야 함에 유의해야 한다.[38)] 그는 동시에 결과반가치에 대한 고찰의 중점을 행위의 행동반가치로 옮길 것을 요구했다. 그에 따르면 행위의 중심적인 지향점이 사태반가치가 아닌 행동반가치에 놓여져야 하며, 법익침해, 즉 사태반가치는 단지 행위의 포괄적인 행동반가치의 내부에서 비독자적인 한 부분요소로서만 의미가 있을 뿐이라고 한다. 벨첼은 불법을 법익침해로서 뿐만 아니라 행위자와 관련된 인격적인 행위반가치 또는 행동반가치로서 파악했기 때문에, 형법규범의 실질적인 내용은 단순한 법익보호가 아니라 법적 심정인 행위가치의 유지라는 점을 강조했다.[39)] 따라서 그는 앞서 언급한 바와 같이 "형법의 임무는 기본적

Graul, Abstrakte Gefährdungsdelikte, 44면; Müssig, Rechtsgüterschutz, 29면; Sch- midt, Abstrakte Gefährdungsdelikte, 132면 참조.

37) Welzel, Strafrecht, 4면 이하 참조.

38) Welzel, 앞의 논문, ZStW 58 (1939), 491, 522면 이하; ders., "Über den substantiellen Begriff des Strafgesetzes", in: Festschrift für Eduard Kohlrausch, Berlin 1944, 101, 106면.

인 사회윤리적 행위가치의 보호를 통한 법익보호"로 파악했다. 이는 그가 결과반가치에서 행위반가치로 관점을 변화시켰으며 법익에게 중심적인, 그러나 상대화된 지위를 부여했음을 의미한다.[40]

그러나 이상과 같은 벨첼의 현실적(실질적) 법익개념에 대해서도 법익개념의 내용적 구성이 매우 빈약하다는 비판이 가해진다. 그에 따르면 법익은 "일반인이나 개인의 생활이익" 내지 "모두가 원하는 사회적 상태, 즉 법이 침해로부터 안전하게 보호하려는 상태"로서 정의된다.[41] 그러나 법익에 대한 이러한 일반적 개념정의는 보편적 법익에 대한 실질적 기준을 제시하는데 부적합하다.[42] 또한 벨첼은 법익개념을 초실정법적인 기준으로부터 도출할 수 있는지의 여부에 대해서도 충분히 설명하고 있지 않았다. 오히려 그는 자신의 법익개념을 실정법의 테두리 내에서 발전시키고 정의하고자 했다. 마지막으로 벨첼은 법익을 "모두가 원하는 사회적 상태"로서 정의했지만 어떠한 상태가 모두가 원하는 상태인지, 반대로 어떠한 상태가 모두가 원하지 않는 상태인지, 그리고 누가 이를 결정하는지 등에 대해 명확히 언급하지 않고 불분명하게 남겨두었다.[43]

3. 새로운 법익개념: 행위불법과 결과불법의 연결점으로서의 법익

이상의 논의를 종합해보면, 행위불법에 고정된 관점인 이상적 법익개념으로는 왜 대부분의 범죄구성요건이 결과범으로 되어 있

39) Welzel, 앞의 논문, in: Festschrift für Eduard Kohlrausch, 101, 106면.
40) Müssig, Rechtsgüterschutz, 28면 참조.
41) Welzel, Strafrecht, 4면.
42) 이러한 비판에 대해서는 Müssig, Rechtsgüterschutz, 30면 참조.
43) Schmidt, Abstrakte Gefährdungsdelikte, 134면 참조.

는지, 또한 위태화의 결과 내지 침해결과를 전제조건으로 하고 있는지를 설명할 수 없다. 이와 반대로 단지 위태화의 결과 내지 침해결과에만 정향된 현실적(실질적) 법익개념은 가벌성이 위태화의 결과 내지 침해결과와 완전히 독립되어 있거나, 보호법익과의 구성요건적 관련성이 없이 근거지워진 범죄가 어떻게 실질적으로 정당화될 수 있는지를 설명할 수 없다. 그렇기 때문에 이러한 두 법익개념의 취약점을 극복할 수 있는 법익개념을 새롭게 구성할 필요성이 있다. 이때 법익개념은 결과불법뿐만 아니라 행위불법에 대해서도 연결점을 가질 수 있는 개념으로 구성되어야 할 것이다. 왜냐하면 이러한 방식으로 재구성된 법익개념만이 모순 없고 포괄적인 형법 정당성의 기초로서 작용할 수 있기 때문이다.[44)]

결과불법과 행위불법의 결합이라는 측면에서 법익개념의 재구성을 처음으로 시도한 독일 형법학자는 킨트호이저(Kindhäuser)이다. 그에 따르면, 법익은 구체적이고 체화된 대상물 내지 상태일 뿐만 아니라 법익소유자가 자신의 인격을 자유롭게 실현하기 위한 수단으로서 포괄적으로 투입 내지 이용될 수 있는 것이라고 한다. 그렇기 때문에 법익은 단지 단순한 객체로서만 고찰될 수 없으며, 이질적인 영향에 의존적이고 법질서를 통해 규정된 전체영역에서 존재하고 있음을 고려해야 한다고 한다.[45)]

이와 같은 킨트호이저의 견해로부터 다음과 같은 점이 도출될

---

44) 이에 관하여 자세히는 Schmidt, Abstrakte Gefährdungsdelikte, 188면 이하 참조; 그러나 그라울은 이러한 결합적 고찰방법에 반대하고 이상적 법익과 현실적(실질적) 법익의 엄격한 분리에 찬성하고 있다(Graul, Abstrakte Gefährdungsdelikte, 100면 이하).

45) Kindhäuser, Gefährdung als Straftat. Rechtstheoretische Untersuchungen zur Dogmatik der abstrakten und konkreten Gefährdungsdelikte, Frankfurt a.M. 1989, 277면.

수 있다. 즉 구체적 대상물 내지 상태로서 법익객체는 법익소유자에게 있어 자신의 순수한 실체상의 존재에 국한되지 않고, 자유로운 인격실현을 위한 수단으로서 포괄적으로 투입될 수 있다는 데서 그 가치를 획득할 수 있다. 이러한 투입가능성은 충분히 안전한 전체영역을 통해 설정되며, 전체영역은 다시 법질서, 특히 형법적 규범질서를 통해 보장된다. 형법적 규범질서를 통해 보장된 이러한 안전한 전체영역만이 법익객체가 위험 없이 투입되고 이를 처분할 가능성을 창출한다. 이러한 법익객체의 충분히 안전한 투입 내지 이용가능성은 본질적으로 가치로 투영되는데, 이 가치는 법익소유자에 의해 부여된다. 따라서 이는 현저히 가치를 형성하는 요소로서 설명될 수 있다.[46)]

법익객체의 투입 내지 이용가능성을 위한 충분히 안전한 전제조건의 창설과 유지의 문제는 법익의 실체상의 존재 및 결과불법의 문제라기보다는 규범효력, 규범승인으로서 행위불법의 문제라고 여겨진다. 법익객체의 충분히 안전한 투입 내지 이용가능성은 가치를 형성하는 요소로서 사회적 승인 및 개개의 법익에 놓여 있는 존중을 통해 규정되고 보장된다. 이러한 승인과 존중은 법익에 대해 직·간접적으로 정해진 행위를 금지하는 형법적 규범체계의 일반예방적 효과를 통해 생성된다. 지속적인 규범위반적인 행위를 통해 규범승인이 약화된다면 법익의 방해받지 않은 투입은 법익을 작동케 하는 충분히 안전한 영역을 동시에 불안전하게 한다. 이러한 법익영역의 불안전화는 동시에 투입 내지 이용가능성을 침해하고, 이로써 개인의 법익가치를 침해한다. 그렇기 때문에 규범위반행위는 비록 그 실체적인 본질에 있어서는 구체적 법익을 침해하

46) Schmidt, Abstrakte Gefährdungsdelikte, 189면 참조.

지 않지만 충분히 안전한 전체영역에 의해 함께 규정된 가치와 법익의 투입 내지 이용가능성을 침해한다.[47)]

이러한 사고의 토대 위에서 법익개념은 다음과 같이 새롭게 재구성될 수 있을 것이다: “법익 그 자체는 가치를 포함하고 있는 것으로 개인 또는 일반인의 현실적인 생활사태(대상물 내지 상태), 즉 법익객체로서 파악될 수 있다. 이때 가치는 법질서, 특히 형법적 규범질서에 의해 보장된 안전한 전체영역을 바탕으로 하여 법익소유자에 의해 충분히 안전한 법익객체의 투입 내지 이용가능성으로 다시금 투영된다.” 이러한 법익개념의 새로운 정의는 한편으로는 재(이익)를 사회적으로 가치 있는 법익으로 만들게 하는 일반적인 가치개념을 포함한다. 이와 같은 가치개념은 물론 헌법의 가치결정에 기초한다. 왜냐하면 현대입헌주의국가에서 국가는 헌법에 의해 보호되는 국민의 기본권의 보장을 우선적인 임무로 삼아야 하기 때문이다. 다른 한편으로는 법질서, 특히 형법적 규범체계는 법익객체의 투입을 위한 안전한 영역을 창설하고, 이로써 충분히 안전한 법익객체의 투입을 가능케 하기 때문에 법익객체의 가치까지도 포함한다.[48)] 또한 이러한 새로운 법익개념은 법익을 법익객체의 충분히 안전한 투입 내지 이용가능성에 기초하여 정의함으로써 이상적 법익개념이 아닌 현실적(실질적) 법익개념이라 할 수 있다. 그러나 이 법익개념은 우선 현실적 생활사태(법익객체)로서 이해되는 법익과 요구규범 내지 금지규범으로서 법익보호에 기여하는, 나아가 법익승인과 법익에 대하여 충분히 안전한 영역을 보장하는 형법의 규범체계 사이의 연결 관계를 만들어

---

47) Schmidt, Abstrakte Gefährdungsdelikte, 190면 참조.

48) Schmidt, Abstrakte Gefährdungsdelikte, 191, 198면 참조.

낸다.[49)]

이러한 법익개념 하에서 법익침해는 우선 법익객체의 현실적인 구체적 위험 내지 침해에 있으며, 나아가 구체적 침해가 결여된 경우는 순수한 규범위반(추상적 위험)으로도 나타난다. 규범위반은 규범승인과 규범효력을 약화시킨다. 이를 통해 법질서에 의해 보장되어야만 하는 법익객체의 안전한 영역은 침해된다. 이는 그 기능에 있어 법익소유자의 자유로운 인격실현을 위한 수단으로서 법익가치의 침해를 야기케 한다. 구체적 범죄행위의 객체에 뿐만 아니라 규범의 보호영역에 놓여있는 객체에도 규범승인과 규범효력의 약화가 발생한다.[50)]

Ⅲ. 보편적 법익보호로서 생태적 법익보호의 정당성을 확보할 수 있는가?

1. 개인적 법익과 보편적 법익의 구별

법익개념과 관련하여 법익은 일반적으로 개인적 법익과 보편적 법익이라는 하위범주로 구분된다.[51)] 법익이 한 사람(개인) 내지 특정한 개인집단의 이익에 기여할 경우 이는 개인적 법익(예컨대 생명, 신체의 완전성, 자유, 명예, 소유권, 재산 등)으로 정의된다. 이와 반대로 임의의 다수, 즉 일반인의 이익에 기여할 경우 이는 보편적 내지 추상적 법익(예컨대 국가의 안전, 국가기밀의 유지, 사법기능, 화폐거래의 안전, 도로교통의 안전, 법률교류에 있어 문서의 신뢰성, 환경 및 그 개

49) Schmidt, Abstrakte Gefährdungsdelikte, 198면 참조.

50) Schmidt, Abstrakte Gefährdungsdelikte, 198면 이하 참조.

51) 우리 형법은 개인적 법익, 사회적 법익 및 국가적 법익으로 보다 세분하여 구분하고 있다.

별 구성인자 등)으로 정의된다.[52)]

일반적으로 이러한 구별은 법익의 향유주체와 법익에 대한 처분 권한에 따라 체계내재적 법익개념과의 관련에서 포기될 수 없는 차별화로서 인정되고 있다.[53)] 이러한 구별은 한 사람(개인)이 법익의 침해에 대해 법효과적으로 승낙을 할 수 있는가의 여부와 누가 자신의 법익에 대한 침해를 방어할 수 있는가라는 질문에 대한 답변을 위해 중요한 의미를 갖는다. 왜냐하면 피해자의 승낙과 개인의 방어는 원칙적으로 개인이 처분할 수 있는 개인적 법익에 한하여만 인정될 수 있기 때문이다.[54)]

그러나 개인적 법익과 보편적 법익의 구별이 체계비판적인 법익개념에 있어서도 의미를 갖는가의 여부에 관해서는 견해가 일치하고 있지 않다. 이와 관련해서 법익모델로서 개인적 법익과 보편적 법익은 각자 독자성을 가지며 서로 아무런 관련성도 없다고 보는 이원적 법익론[55)]과 개인적 법익과 보편적 법익의 어느 하나에 법익의 본질이 있다고 파악한 일원적 법익론이 있다.[56)] 일원적 법익론은 다시 국가적 법익에서 출발하여 법익을 전체 또는 국가의 이익이라고 정의하는 일원적·국가적 또는 일원적·사회적 법익론[57)]

---

52) Kindhäuser, Gefährdung als Straftat, 144면; NK-Hassemer, Vor § 1 Rn. 269 이하; Wessels/Beulke, Strafrecht AT, § 1 Rn. 7 참조.

53) NK-Hassemer, Vor § 1 Rn. 269 이하; LK-Jescheck, Vor § 13 Rn. 6 참조. 이에 대해 비판적인 견해로 Müssig, Rechtsgüterschutz, 178면 이하 참조.

54) NK-Hassemer, Vor § 1 Rn. 269 m.w.N.; 배종대, 앞의 책, 43면 참조.

55) Tiedemann, Tatbestandsfunktionen im Nebenstrafrecht. Untersuchungen zu einem rechtsstaatlichen Tatbestandsbegriff, Tübingen 1969, 113면 이하, 120면. 이러한 견해에 대한 비판으로는 Hohmann, Das Rechtsgut der Umweltdelikte, 60면; NK-Hassemer, Vor § 1 Rn. 273 참조.

56) NK-Hassemer, Vor § 1 Rn. 271 참조.

과 법익의 본질이 사람(개인)에게 있다고 파악하는 일원적·인격적 법익론[58]으로 구분할 수 있다. 특히 인격적 법익론은 보편적 법익 개념의 독자적 범주를 부인하거나 "보편적 법익이 개인의 인격실현에 기여하는 경우에 한하여 인정되고 정당성을 가질 수 있다"[59]고 한다.

그러나 이와 같은 개인적 법익과 보편적 법익의 엄격한 구별이 현대와 같은 복잡한 사회체계 내에서도 유지될 수 있을지는 의문스럽다. 왜냐하면 이러한 두 하위체계의 엄격한 구분이 전혀 설득력 있게 설명될 수 없기 때문이다.[60] 이와 관련하여 특히 볼러스(Wohlers)는 개인의 인격적 자유영역은 특정한 이익상태의 보장 이외에도 자유스런 인격실현을 위한 주요한 기본적 전제조건의 보장을 포함하고 있음을 적절히 지적하고 있다. 이로부터 한 개인으로서, 동시에 한 사회의 개별 구성원으로서의 개인이 개인적 자유의 실현을 위해 필수적인 기본적 전제조건의 보장에 집단적 관심을 가지는 것이 불가피함을 알 수 있다. 오늘날과 같은 복잡한 사회체계 내에서 개인의 인격적 자유영역은 개인적 차원에서 뿐만 아니라 국가적·사회적 차원에서 혼재되어 보장되고 있기 때문에, 개인적 법익과 보편적 법익의 엄격한 분리는 더 이상 지지될 수 없다고 여겨진다.[61]

---

57) Schmidhäuser, Strafrecht AT, 38면.

58) NK-Hassemer, Vor § 1 Rn. 271 참조.

59) NK-Hassemer, Vor § 1 Rn. 271. 우리나라에서 인격적 법익론에 관한 자세한 연구는 김창군, 앞의 논문, 1998, 83면 이하; 박강우, 앞의 논문, 1999, 15면 이하 참조.

60) 이러한 입장에 대해서는 Wohlers, Deliktstypen des Präventionsstrafrechts. Zur Dogmatik "moderner" Gefährdungsdelikte, Berlin 2000, 94면 이하, 222면 참조.

2. 환경형법의 영역에서 보편적 법익보호의 정당성

(1) 인격적 법익론과 생태적 법익보호

1972년 막스(Marx)[62]가 "법익의 개념정의에 관하여"라는 논문에서 처음으로 주장한 인격적 법익론(personale Rechtsgutslehre)은 하쎄머에 의해 더욱 발전되었고,[63] 특히 그의 제자인 호만(Hohmann)[64]은 이 법익론을 환경범죄에 적용하여 설명하고 있다.

인격적 법익론은 국가는 자기목적적인 존재가 아니며, 오히려 인간의 자기실현의 전개와 보호를 촉진하는데 그 목적을 가지고 있다는 자유주의적 국가이해에 기초하여 법익을 "침해가능하고, 역사적인 상황에서 인격실현의 전제조건 내지 필수조건으로 나타나는 현실적인 실체"[65]로 파악한다. 이 때문에 법익을 "형법적으로 보호할 필요가 있는 인간의 이익"으로 정의한다.[66] 그 결과 "개인적 법익이 당연히 우선하고, 일반인과 국가의 이익, 즉 보편적 법익은 개인의 보호에 의해 기능화되고 제한되어야 한다"는 인격적

---

61) 같은 입장으로 Wohlers, Deliktstypen des Präventionsstrafrechts, 222면.

62) Marx, Zur Definition des Begriffs "Rechtsgut". Prolegomena einer materialen Verbrechenslehre, Köln u.a. 1972.

63) Hassemer, "Grundlinien einer personalen Rechtsgutslehre", in: Festschrift für Arthur Kaufmann, Heidelberg 1989, 85면 이하; NK-Hassemer, Vor § 1 Rn. 274 이하.

64) Hohmann, Das Rechtsgut der Umweltdelikte, 61면 이하; ders., "Von den Konsequenzen einer personalen Rechtsgutsbestimmung im Umweltstrafrecht", GA 1992, 76면 이하.

65) Hassemer, 앞의 논문, in: Festschrift für Arthur Kaufmann, 85, 91면; Hohmann, 앞의 논문, GA 1992, 76, 77면.

66) Hassemer, 앞의 논문, in: Festschrift für Arthur Kaufmann, 85, 91면; NK-Hassemer, Vor § 1 Rn. 287. 또한 Hohmann, Das Rechtsgut der Umweltdelikte, 72면 이하; ders., 앞의 논문, GA 1992, 76, 77면 이하 참조.

법익론의 핵심적인 입장이 도출된다.[67] 하쎄머는 "인간은 사회화된 존재이며, 인간의 이익과 재화는 공동체 내에서, 즉 사회적이고 국가적인 제도(경제, 공무원, 사법, 보험, 학교, 군대, 가정 등) 내에서만 보장되고 실현될 수 있다"[68]는 점도 긍정하고 있다. 그러나 이러한 제도의 보호는 단지 "개인의 이익보호에 직접적으로 매개될 경우에 한해서 정당성이 인정될 수 있다"[69]고 한다. 개인의 자유에 대해 간접적인 중요성만을 인정하고 개별적 개인의 귀속으로부터 이탈된 보편적 법익보호는 특별한 방식으로 정당화될 필요가 있으며, 그렇기 때문에 이러한 보편적 법익을 형법적으로 보호함에 있어 특별한 제한이 요구된다고 한다.[70] 이러한 인격적 법익론의 견해를 간략히 정리하면, 인격적 법익론은 개인적 법익을 그 중심위치에 놓고 있으며, 보편적 법익도 개인적 법익으로부터 도출되는 것으로서 개인의 인격실현을 위해 기여하는 경우에 한하여 정당화될 수 있는 것으로 이해한다.[71]

이러한 인격적 법익론은 환경형법에 있어 보편적 법익을 제한적으로 해석하거나, 심지어 부정하는 결론에 이르고 있다. 이를 보다 구체적으로 살펴보면, 먼저 하쎄머에 따르면 환경형법의 범죄구성요건은 환경 그 자체를 보호하는 것이 아니라 인간의 건강

---

67) Hassemer, Theorie, 231면 이하; ders., 앞의 논문, in: Festschrift für Arthur Kaufmann, 85, 92면.

68) NK-Hassemer, Vor § 1 Rn. 281.

69) Hassemer, 앞의 논문, in: Festschrift für Arthur Kaufmann, 85, 91면 이하; NK-Hassemer, Vor § 1 Rn. 275 이하; 또한 Hohmann, Das Rechtsgut der Umweltdelikte, 142면; ders., 앞의 논문, GA 1992, 76, 79면 참조.

70) Hassemer, 앞의 논문, in: Festschrift für Arthur Kaufmann, 85, 92면; NK-Hassemer, Vor § 1 Rn. 281.

71) Hohmann, 앞의 논문, GA 1992, 76, 79면; 또한 NK-Hassemer, Vor § 1 Rn. 271 참조.

과 생활을 위해 필요한 매체로서 보호하는 것이라고 한다.[72] 호만 또한 "환경형법의 규정은 인간의 생명과 건강에 대한 직접적 공격을 보호하는 것이 아니라 인간의 자연적 생존토대의 객체에 지향된, 그러나 이는 최종적으로 인간의 생명과 건강에 대한 간접적인 공격을 내재하고 있는 그러한 공격을 보호하기 위한 것"이라고 한다.[73] 이러한 인식의 토대 위에서 호만은 새로운 법익의 범주, 예컨대 환경과 같이 모호하고 광범위하게 구성된 보편적 법익은 불필요하다는 점을 강조하고 있다. 그에 따르면 핵심형법은 매우 가치 있는 개인적 법익에 제한되어야 한다고 한다. 이러한 측면에서 독일 형법 제324조 이하에 규정된 환경범죄구성요건은 가벌성을 침해의 앞 단계까지 지나치게 폭넓게 규정하고 있으나, 인격적 법익론에 입각하여 인간의 생명과 건강에 대한 실질적인 위험을 초래할 개연성이 매우 적은 행위는 핵심형법이 아닌 부수형법 내지 질서위반법에서 규율해야 한다는 견해를 피력하고 있다.[74]

(2) 인격적 법익론에 대한 비판

그러나 이러한 인격적 법익론에 대해서는 이미 몇 가지 비판점이 제기되고 있다. 이때 왜 보편적 법익이 핵심형법의 범죄구성요건으로서 정당화될 수 없는지가 핵심문제로 다루어진다. 이와 관

72) Hassemer, 앞의 논문, in: Festschrift für Arthur Kaufmann, 85, 92면; NK-Hassemer, Vor § 1 Rn. 279.

73) Hohmann, 앞의 논문, GA 1992, 76, 84면.

74) Hohmann, Das Rechtsgut der Umweltdelikte, 199면 이하; ders., 앞의 논문, GA 1992, 76, 85면 이하; 또한 Hassemer, 앞의 논문, in: Festschrift für Arthur Kaufmann, 85, 93면 참조.

련하여 뮈씨히(Müssig), 쿨렌(Kuhlen) 그리고 퀼(Kühl)은 다음과 같이 비판적 견해를 견지하고 있다.

우선, 뮈씨히는 현대사회에서 자유스런 인격실현을 위한 개인 영역은 직접적인 상호작용 속에서 뿐만 아니라 복잡한 사회체계를 통해서도 규정되어 지는데, 이러한 점에서 인격적 법익론은 형법의 인간상을 단순히 개인적 존재에 치중함으로써 인간의 사회적 존재의 문제를 지나치게 협소하게 파악하고 있음을 비판하고 있다. 또한 인격적 법익론은 사회와 개인 사이의 진부한 관계를 고집하고 있기 때문에 복잡한 사회체계에 있어 생명, 건강 및 신체의 완전성과 같은 고전적이고 개인적인 법익에 대한 개인 영역의 윤곽을 명확히 설정하는 데 어려움이 있다고 한다[75]. 그렇기 때문에 뮈씨히는 사회적 실체의 도움을 통해 보편적 법익의 구성기준을 재구성하는 데 관심을 가졌다. 이를 위해 그는 형법체계의 기능조건으로서 그리고 보편적 법익의 구성기준을 위한 사회적 실체의 토대로서 규범(Norm)[76]의 중요성을 설명할 필요성이 있다고 보았다.[77]

쿨렌 또한 환경형법은 인간의 생명과 건강의 보호에만 기여해야 한다는 호만의 테제[78]는 현재의 실정법과 일치하지 않을 뿐만 아

75) Müssig, Rechtsgüterschutz, 191면 이하.

76) 이러한 규범과 관련하여 뮈씨히는 규범에는 법익을 보호하는 규범, 법익을 생성케 하는 규범, 그리고 평온을 보호하기 위한 규범이 있으며 반드시 모든 규범이 법익을 보호하는 것이 아니라 오히려 의사소통체계(Kommunikationssystem)의 형성 · 유지를 위한 제조건을 규범적으로 보장한다는 야콥스(Jakobs)의 견해를 따르고 있다(Müssig, Rechtsgüterschutz, 142, 149면; Jakobs, Strafrecht Allgemeiner Teil, 2. Aufl., Berlin/New York 1993 2/25 참조).

77) Müssig, Rechtsgüterschutz, 67면 이하, 69면.

78) Hohmann, Das Rechtsgut der Umweltdelikte, 195면.

니라 환경형법을 입안한 입법자의 의도[79]에도 모순된다는 점을 지적하고 있다.[80] 이러한 테제는 사물 논리적으로도 적절하지 않고, 장차 미래의 입법에도 선호되지 않을 것이라고 한다.[81] 호만의 견해에 따르면 보편적 법익은 "단지 개인적 법익에 의해 도출될 뿐"[82]이라고 주장하고 있지만 이 역시 적절치 못하다고 한다. 보편적 법익은 법익의 이용이 폐쇄되어 있지 않는 한 모든 사람이 이를 이용할 수 있음을 특징으로 하고 있는데, 이러한 이용가능성에서 공동재(Gemeingüter)에 대한 개인적 관심이 존재한다고 한다. 비록 보편적 법익의 승인이 최종적으로는 개인의 보호할 만한 이익에서 발생되지만, 이러한 법익이 개인적 법익으로부터 도출되는 것은 아니며, 더욱이 개인적 법익으로 환원될 수 있는 것도 아니라고 주장한다.[83]

마지막으로, 퀼은 법익의 구체성(Handgreiflichkeit)과 관련하여 보편적 법익이 파악될 수 없는 것도 아니고 모호하고 광범위하게 구성되어 있지도 않음을 강조하고 있다. 이와 정반대로 수질, 대기, 토양 및 동식물계와 같은 환경의 개별 구성인자는 명시적이고 구체적이며 정의가 가능한 것으로서 구체성을 내포하고 있다고 한다. 또한 그는 이러한 구성인자를 일정한 강도에 있어 지속적으로 해롭게 변화시키는 행위는 명확한 불법으로서 간주될 수 있으며, 이러한 불법에는 가시성(오염된 수질), 지각성(악취가 풍기는 대기) 및

79) BT-Drucks. 8/2382, 9면 이하 참조.

80) Kuhlen, "Umweltstrafrecht auf der Suche nach einer neuen Dogmatik", ZStW 105 (1993), 697, 703면.

81) Kuhlen, 앞의 논문, ZStW 105 (1993), 697, 703면 이하.

82) Hohmann, Das Rechtsgut der Umweltdelikte, 189면.

83) Kuhlen, 앞의 논문, ZStW 105 (1993), 697, 704면.

지속성이 결여되어 있지 않다고 한다.[84)]

생각건대 인격적 법익론에 대한 뮈씨히, 쿨렌 그리고 퀼의 이러한 비판적 견해를 제외하고도 다음과 같은 두 가지 비판점이 제기될 수 있다. 즉 한편으로 보편적 법익의 형법적 보호는 특별한 방식으로 정당화될 필요가 있다고 하는 인격적 법익론의 가정은 개인적 법익으로부터가 아닌 보편적 법익의 특수한 기능으로부터도 설명될 수 있다. 이러한 보편적 법익의 특수한 기능은 특정한 국가적·사회적 제도 내지 기능관련성을 보장하는 것에 존재한다. 개인적 법익의 침해와는 달리 보편적 법익의 침해는 구체적이고 대상이 분명하여 파악 가능한 공격객체에 고정될 수 있는 성질의 것이 아닌, 오히려 처음부터 파악하기 어려운 구조적이고 사회적인 하부체계의 장애(Störung) 내지 해체(Desorganisation)로 나타나는 것이 대부분이다.[85)] 그러나 복잡한 사회체계 내부에서 등장하는 장애 내지 해체와 관련하여 침해에 대한 책임은 여전히 개별적인 형사책임에 고착되어야 하기 때문에, 보편적 법익에 있어서도 최종 인간 관련성의 인정과 보호객체의 충분한 윤곽의 확정은 정당

84) Kühl, "Anthropozentrische oder nichtanthropozentrische Rechtsgüter im Umweltstrafrecht?", in: Julian Nida-Rümelin u.a. (Hrsg.), Ökologische Ethik und Recht, Baden-Baden 1995, 245, 257면; 또한 Krüger, Die Entmaterialisierungstendenz beim Rechtsgutsbegriff, Berlin 2000, 65면 이하 참조. 특히 크뤼거는 보험, 신용, 증권 내지 자유로운 경쟁과 같은 법익은 하쎄머에 의해 주장된 보조금의 존재 및 자본시장의 기능성과 같은 법익보다는 덜 모호하고 광범위하지 않게 구성되어 있다는 견해를 피력하고 있다(Krüger, Die Entmaterialisierungstendenz beim Rechtsgutsbegriff, 68면).

85) 이와 같은 견해로는 Amelung, Rechtsgüterschutz, 356면; Geerds, Wirtschaftsstrafrecht und Vermögensschutz, Lübeck 1990, 40면; Stratenwerth, 앞의 논문, in: Festschrift für Theodor Lenckner, 377, 385면 이하; Tiedemann, Tatbestandsfunktionen, 123면 이하 참조.

한 형사입법의 포기될 수 없는 전제조건이라고 할 수 있다.[86)]

이러한 입장을 환경형법에 적용하면, 우선 환경형법에 있어 현세대뿐만 아니라 미래세대를 위해서도 보호되어야 할 이익 내지 가치라고 할 수 있는 환경이라는 보편적 법익은 그 자체로서 독자적 법익으로 인정되어야 하나, 인간의 자연적이고 기본적인 가치로서 인간의 이익을 위하여, 즉 최종적으로 인간관련성을 갖는 한도 내에서 인정되어야 할 것이다.[87)] 환경과 그 구성인자를 형법적으로 보호함에 있어 이러한 최종적 인간관련성의 요구는 생태계나 동식물계의 보호와 같은 환경재 보호 그 자체만을 목적으로 할 경우 인간에게 아무런 유해성이 없는, 즉 사회적 유해성[88)]이 없는 환경침해 역시도 당벌적인 불법으로 분류하도록 할 수 있기 때문에 불가피한 형법의 자기 제한 사유에 해당한다.[89)] 더 나아가 모

---

86) Hirsch, "Strafrecht als Mittel zur Bekämpfung neuer Kriminalitätsformen?", in: Hans-Heiner Kühne/Koichi Miyazawa (Hrsg.), Neue Strafrechtsentwicklungen im deutsch-japanischen Vergleich, Köln u.a. 1995, 11, 17면 이하; Stratenwerth, 앞의 논문, in: Festschrift für Theodor Lenckner, 377, 388면 참조.

87) 우리 헌법 제35조에서도 환경권을 기본권의 하나로 보장하고 있다. 동조에 따르면, "모든 국민은 건강하고 쾌적한 환경에서 생활할 권리를 가지며, 국가와 국민은 환경보전을 위하여 노력하여야 한다"고 규정하고 있다. 이와 같은 헌법규정은 환경을 인간생활의 기본조건으로 인정하는 것이며, 따라서 헌법상 적극적으로 보호되어야 하는 환경은 당연히 하위의 개별 법률인 환경형법의 영역에서도 보호되어야 할 독자적 법익으로 인정될 수 있으며, 인간을 위하여 인간으로부터 보호되어야 할 것이다(심재무, 앞의 논문, 185면 각주 87 참조).

88) 특히 아멜룽(Amelung)은 사회적 유해성을 "역기능현상, 즉 사회체계의 존속을 방해하거나 어렵게 만드는 사회현상"이라고 하면서, 개인이 아니라 사회체계를 사회적 유해성의 판단기준으로 제시하고 있다(Amelung, Rechtsgüterschutz, 361면).

89) 심재무, 앞의 논문, 176, 186면 이하 참조.

호하고 추상적인 환경이라는 단일적 포괄개념보다는 수질, 대기, 토양 등과 같은 구체적이고 명확한 환경의 구성인자를 보호객체로서 설정하는 것이 필요하다. 이러한 요청은 환경형법의 영역에서는 이미 어느 정도 달성되고 있다고 판단되지만, 경제형법과 마약형법에서 보호법익으로 하고 있는 화폐거래의 안전, 국민의 건강보호 내지 마약에의 두려움 등과 같은 개념은 보다 명료하고 구체적인 개념으로 대체되어야 할 것이다. 이렇게 할 때 환경을 포함한 그 밖의 보편적 법익은 보다 구체화될 수 있다.

다른 한편으로 환경유해적 행위가 현저한 사회유해적 결과를 초래한다는 측면과 관련하여 하쎄머나 호만에 의해 주장된 인격적 법익론은 인간의 중요한 생활토대로서 현세대뿐만 아니라 미래세대를 위해서도 중요한 환경과 그 구성인자를 형법적 구성요건으로서 정당화될 수 있는 보호객체로부터 처음부터 배제시키는 치명적 결함을 가지고 있다고 판단된다. 오늘날과 같은 생태적 위험사회에서 환경유해적 행위에 근거한 인간생존의 위협강도는 그 어느 사회보다 높으며, 또한 지속적으로 증가하고 있기 때문에, 이러한 환경유해적 행위는 현저한 사회유해적 행위로 간주되어야 할 것이다.[90] 따라서 환경유해적 행위의 귀속이 핵심형법의 규범으로 적용될 수 없고, 다만 부수형법 내지 질서위반법에서 규율되어야 할 뿐이라는 인격적 법익론의 주장은 더 이상 설득력이 없다.[91]

---

90) Zaczyk, "Der Begriff "Gesellschaftsgefährlichkeit" im deutschen Strafrecht", in: Klaus Lüderssen u.a. (Hrsg.), Modernes Strafrecht und ultima-ratio-Prinzip, Frankfurt a.M. 1990, 113면 이하 참조.

91) Kühl, 앞의 논문, in: Ökologische Ethik und Recht, 245, 258면 참조.

Ⅳ. 논의를 마치며

지금까지 현대형법에서의 보편적 법익의 확대경향 및 그 문제점과 관련하여 법익개념을 재조명하고, 오늘날과 같은 복잡한 사회체계 내에서 보편적 법익보호의 필요성은 인정되나 그 정당성을 확보하기 위한 방법이 무엇인가에 대해 살펴보았다. 이상의 논의를 간략히 정리하면 다음과 같다.

현대형법의 대표적인 영역이라고 할 수 있는 환경형법에서 활발히 논의되고 있는 여러 문제들 중의 하나가 바로 환경법익을 어떻게 이해할 것인가이다. 왜냐하면 특히 환경형법의 영역에서 법익이 형사입법자에 의해 단지 모호하고 광범위하게 규정된 보편적 법익으로 이루어지고 있다는 측면과 관련하여 환경형법적인 법익보호의 개념과 정당성이 문제시 되고 있기 때문이다.

우선 법익개념은 헌법의 가치결정에 기초하고 있다. 이로써 형사입법자는 형법적 규범의 대상으로 재(이익)를 설정하고자 할 때 헌법체계 내에서, 즉 개인의 자유와 인격의 자유로운 발전에 기초한 법치국가 헌법 내에서 이를 도출하고 이에 구속되어야 한다. 이때 법익개념은 결과불법뿐만 아니라 행위불법에 대해서도 연결점을 가질 수 있는 개념으로 구성되어야 할 것이다. 이러한 방식으로 새롭게 재구성된 법익개념은 다음과 같이 정의될 수 있다: "법익 그 자체는 가치를 포함하고 있는 것으로 개인 또는 일반인의 현실적인 생활사태(대상물 내지 상태), 즉 법익객체로서 파악될 수 있다. 이때 가치는 법질서, 특히 형법적 규범질서에 의해 보장된 안전한 전체영역을 바탕으로 하여 법익소유자에 의해 충분히 안전한 법익객체의 투입 내지 이용가능성으로 다시금 투영된다." 이러한 새로운 법익개념 하에서 법익침해는 우선 법익객체의 현실적인 구체적 위험 내지 침해에 있으며, 나아가 구체적 침해가 결여된 경우는 순수한 규범위반(추상적 위험)으로도 나타난다.

법익은 일반적으로 개인적 법익과 보편적 법익으로 구분되고 있다. 그러나 오늘날과 같은 복잡한 사회체계 내에서 개인의 인격적 자유영역은 개인적 차원에서 뿐만 아니라 국가적·사회적 차원에서 혼재되어 보장되고 있기 때문에, 개인적 법익과 보편적 법익의 엄격한 분리는 더 이상 지지될 수 없다고 판단된다. 특히 보편적 법익과 관련하여 개인적 법익을 그 중심위치에 놓고, 보편적 법익은 개인적 법익으로부터 도출되는 것으로서 개인의 인격실현을 위해 기여하는 경우에 한하여 정당화될 수 있다고 주장하는 인격적 법익론은 지지될 수 없다. 왜냐하면 인격적 법익론은 생태적 위험사회에서 사회적 관계의 지속적 발전을 간과하고 있기 때문이다. 환경 및 그 구성인자와 같은 보편적 법익은 현세대뿐만 아니라 미래세대의 안전한 자연적 생활토대의 유지라는 특별한 중요성을 내포하고 있기 때문에, 이러한 보편적 법익은 독자적 법익으로서 인정되어야 하며, 핵심형법에서도 수용할 가치가 있다. 다만 보편적 법익으로서 생태적 법익의 정당성을 확보하기 위해서는 환경 그 자체의 보호가 아닌 최종적 인간 관련성을 인정할 필요가 있으며, 모호하고 추상적인 환경이라는 단일적 포괄개념보다는 수질, 대기, 토양 등과 같은 구체적이고 명확한 환경의 구성인자를 보호객체로서 설정함이 요구된다.

제3장

기업(법인)범죄 대처수단으로서 기업형법의 기능과 한계

[§ 6] 기업(법인)의 범죄능력과 기업(법인)형벌의 정당성*

Ⅰ. 논의 배경

오늘날 기업사회라 일컬을 수 있을 만큼 현대사회에서 기업의[1] 수와 그 규모는 날로 확대되고 있으며, 전체 사회체계 내에서 기업은 엄청난 영향력을 행사하고 있다. 이러한 기업의 증가와 함께 수반되는 부정적인 영향중의 하나가 바로 기업범죄(예컨대 기업에 의한 경제범죄, 환경범죄 및 조직범죄)라고 할 수 있다. 이 때문에 자본주의 경제체제에 있어 기업범죄는 이미 19세기 프랑스 사회학자 뒤르껭(Durkheim)이 언급한 바와 같이 우리 사회의 하나의 본질적인 구성요소라고 해도 과언이 아니다.

---

* "기업의 가벌성에 관한 독일의 논의 분석", 형사정책연구 제15권 2호, 2004. 6., 37-68면.

1) 기업(Unternehmen)이라 함은 일반적으로 경제적 기능에 지향된 의미로 이해될 수 있다. 이에 따르면 기업은 경제적 목적에 기여하기 위하여 설립된 조직적 통일체로 정의된다. 이러한 기업은 자연인(natürliche Personen), 법인(juristische Personen) 혹은 인적 단체(Personenvereinigungen) 등의 형태로 운영되고 있다. 이러한 기본적인 개념정의를 바탕으로 기업이라는 개념은 개별적인 법률의 전체관계에 따라 해석되어야 한다. 따라서 본고에서 기업이라 함은 경제적 이익추구를 목적으로 하는 여러 형태의 법인과 인적 단체를 포괄하는 상위개념으로 사용한다. 이에 관해 자세히는 Rittner, Wirtschaftsrecht, Ein Lehrbuch, 2. Aufl., Heidelberg 1987, 121면 이하. 참조.

한편 기업범죄에 의한 손실은 매년 천문학적인 액수에 달하고 있지만, 기업, 특히 대기업에 대해서는 경제활동의 위축을 우려한 나머지 대부분 조업정지 내지 과태료이라는 형태의 행정법상의 책임만을 묻고 있을 뿐이다.[2] 더욱이 분업화, 업무의 위임 및 기능의 분화 등으로 대표되는 대기업의 소위 탈중심화라는 조직구성의 원칙은 책임, 의사결정 및 집행을 각각 분리시키고 있다. 그 결과 "책임의 조직화"(Organisierung der Verantwortlichkeit)는 "조직화된 무책임"(organisierte Unverantwortlichkeit)으로 변화되고 있으며, 이를 통해 개인책임의 확정, 즉 책임의 개인적 귀속 및 과책의 증명은 더욱 더 어렵게 되고 있다.[3] 이러한 현상에 근거하여 "경미한 범죄자는 체포하고 중대한 범죄자는 놓아 준다"(Die Kleinen fängt man, die Großen lässt man laufen)는 말이 현대형법의 위기에 대한 동의어로서 사용되고 있다.[4]

그러나 우리나라뿐만 아니라 독일을 포함한 유럽 대륙법계의 형법은 "단체는 죄를 범하지 못한다"(societas dilinquere non potest)[5]는

---

2) 환경부는 2003년 1~3월중에 전국 각 시·도(시·군·구) 및 환경감시대에서 총 23,241개의 대기 및 수질오염물질 배출업소를 단속하여 1,749건(위반율 7.5%)의 위반사실을 적발하였는데, 이중 개선명령 483건, 사용중지 207건, 조업정지 137건, 폐쇄명령 132건, 경고 등 기타 501건을 행정처분 조치하고 512개 업소에 대해서는 고발하였다(http://kowra.or.kr/pds/첨부43.hwp 참조).

3) Schünemann, Unternehmenskriminalität und Strafrecht, Köln u.a. 1979, 34면.

4) Heine, "Verwaltungsakzessorietät des Umweltstrafrechts. Rechtsvergleichende Funktionsanalysen - unbestimmte Rechtsbegriffe - Reichweite von Genehmigungen", NJW 1990, 2425면 이하 참조.

5) 그러나 "단체는 죄를 범하지 못한다"(societas dilinquere non potest)는 법언은 민법과 공법에서는 적용되지 않는다. 오히려 정관에 의해 설립된 회사는 책임법상 자연인과 동등한 위치에 있다. 특히 독일 민법 제

기업범죄의 개념

오늘날 기업범죄에 대한 개념정의는 다양하게 시도되고 있다. 예컨대 기업범죄를 "기업과 기업의 종업원, 즉 기업 또는 기업의 대표자, 사용인 또는 사람의 대리인, 사용인 기타의 종업원이 그 기업의 업무와 관련해서 범하게 되는 모든 범죄"[6], 또는 "가해지는 제재수단이 행정적이냐, 민법적이냐, 형법적이냐를 불문하고 국가에 의하여 벌하여지는 모든 기업행위"와 같이 보는 입장이 행위자를 기준으로 기업범죄를 정의내린 것이라면, 이와 달리 기업범죄를 유형별로 구별하여 기업 활동에 의한 가해행위를 모두 기업범죄라고 보면서 기업범죄를 기업 활동이나 그 계획 자체에 법익침해의 원인이 내재하고 있는 '구조형 기업범죄'와 기업 활동이 파생적 또는 우발적으로 법익을 침해하게 되는 '사고형 기업범죄'로 구별하여 정의내리는 견해[7]도 있다.

이와 같이 다양하게 정의되는 기업범죄의 개념 중에서 가장 많은 지지를 얻고 있는 개념은 기업범죄를 "합법적으로 조직된 기업 또는 그 구성원이 기업체의 목적을 추구하는 과정에서 작위 또는 부작위에 의해 고용인, 소비자, 일반대중, 그리고 타기업에 대해 인적·물적 손해를 가하는 행위로서 국가에 의하여 처벌되는 행위"[8]라고 보는 것이다. 이러한 기업범죄의 개념을 따를 경우 기업범죄의 주체는 기업에만 국한되지 않고 기업의 대표자, 사용인 또는 그 대리인 및 기타의 종업원이 모두 주체가 될 수 있다. 그리고 기업범죄의 범위와 관련해서는 형법전에 규정된 범죄뿐만 아니라 기타 다른 법규정에서 형사제재의 대상이 되는 명령, 금지위반행위를 기업범죄로 볼 수 있다.[9]

31조에 따르면 이사회 등과 같은 기관이 그의 직무의 집행의 범위 내에서 행한 손해배상의무를 발생시키는 행위로 인해 제3자에게 손해를 가했다면, 법인은 그 손해에 대해 배상할 책임을 진다. 독일 민법 제31조에 규정된 이러한 책임규정은 일반적인 책임원칙으로서 적용되고 있다. 이에 관해 자세히는 Schroth, Unternehmen als Normadressaten und Sanktionsobjekt, Gießen 1993, 169면 이하, 185면 이하 참조.

6) 김광준/원범연, 한국의 신종 기업범죄의 유형과 대책, 한국형사정책연원, 2002, 28면.

7) 정성근, "기업범죄와 형사책임", 경희법학 제18권 2호, 1983, 102면.

8) 김광준/원범연, 앞의 보고서, 29면; 원혜욱, "기업대표이사(CEO) 형사책임에 관한 판례분석", 기업소송연구, 자유기업원, 2005, 389면 이하.

9) 김광준/원범연, 앞의 보고서, 30면.

법언에 따라 단지 자연인의 형사책임만을 요구하고, 기업의 가벌성은 책임원칙 하에 부인되고 있다. 이에 따르면 다만 기업 구성원의 개별적인 행위만이 기업에 의해 행하여진 범죄행위에 해당될 뿐이다. 이러한 점에서 독일 형법은 1840년 이래로 법인의 형사책임(corporate criminal liability)을 인정하고 있는 영미법계와 근본적으로 구별 된다.[10)]

이와 같은 전통적인 입장과는 달리 독일에서도 점차 증가하고 있는 기업범죄의 효율적 대처방안의 일환으로서 특히 경제형법 및 환경형법의 영역을 중심으로 기업의 가벌성을 긍정하고자 하는 논의와 시도가 활발히 진행되고 있다.[11)]

따라서 아래에서는 기업의 가벌성에 관해 독일에서 활발히 진행

10) 최근에 대륙법계 내에서도 기업의 가벌성을 인정하는 국가가 더욱 증가하고 있다. 예컨대 덴마크는 1976년 이래로 법인의 가벌성을 긍정하고 있으며, 프랑스 또한 1992년에 제정되어 1994년 3월 1일부터 시행되고 있는 신형법에 의해 법인의 형사책임을 인정하고 있다. 네덜란드는 1976년부터 법인의 형사책임뿐만 아니라, 권리능력 없는 사단까지도 형사책임을 긍정하고 있다.

11) 이에 관한 최근의 대표적인 문헌으로는 Dannecker, "Zur Notwendigkeit der Einführung kriminalrechtlicher Sanktionen gegen Verbände", GA 2001, 101면 이하; Drope, Strafprozessuale Probleme bei der Einführung einer Verbandsstrafe, Berlin 2002; Jakobs, "Strafbarkeit juristischer Personen?", in: Festschrift für Klaus Lüderssen zum 70. Geburtstag, Baden-Baden 2002, 559면 이하; Kremnitzer/Ghanayim, "Die Strafbarkeit von Unternehmen", ZStW 113 (2001), 539면 이하; Peglau, "Strafbarkeit von Personenverbänden", JA 2001, 606면 이하; ders., "Unbeantwortete Fragen der Strafbarkeit von Personenverbänden", ZRP 2001, 406면 이하; Schünemann, "Die Strafbarkeit der juristischen Personen aus deutscher und europäischer Sicht", in: Schünemann (Hrsg.), Deutsche Wiedervereinigung. Die Rechtseinheit, Bd. III: Unternehmenskriminalität, Köln u.a. 1996, 145면 이하.

되고 있는 논의를 분석함으로써 기업사회라고까지 일컬어지는 현대사회에서 기업의 가벌성을 긍정하기 위한 이론적 근거를 제시하고자 한다. 이를 위해 먼저 독일에서 제기되고 있는 기업(법인)의 가벌성에 관한 논의의 역사적 발정과정과 기업(법인)형벌의 다양한 형사정책적 필요성을 살펴보고자 한다(Ⅱ, Ⅲ). 다음으로 법인의 범죄능력을 부인하면서 양벌규정을 통해 법인을 처벌하는 우리나라의 학설을 간략히 검토하고(Ⅳ), 마지막으로, 기업의 범죄능력을 긍정하기 위해 독일에서 전개되고 있는 기업의 행위능력, 책임능력, 수형능력 및 기업형벌의 정당성의 논의가 분석될 것이다(Ⅴ). 이와 같은 논의를 바탕으로 기업범죄를 예방하기 위하여 어떠한 형벌이 적절한 것인가[12]에 대하여 보다 구체적으로 검토할 필요가 있으나, 이는 다음 연구과제로 남겨두고자 한다.

Ⅱ. 독일에서 기업(법인)의 가벌성에 관한 논의는 어떠한 역사적 발전과정을 거쳐 왔는가?

독일 형법에서는 현재까지 "단체는 죄를 범하지 못한다"라는 원칙에 따라 기업에 대한 가벌성을 부인하고 있다. 이 원칙은 비록 오랜 전통을 가지고 있는 것으로 인식되고 있지만, 로마법에서 유래한 것이 아니라 후기주석학파 시대에 Bartolus(1314~1357)에 의해 처음으로 형성되었다고 하는 것이 오늘날 일반적인 견해이다. 이 원칙은 13세기부터 서서히 조직적인 통일체로 발전된 공동체 내지 도시들과 관련된 것이지 사법에 의해 형성된 단체와 관련된

12) 이에 대해서는 박기석, 환경범죄의 효율적 대처방안에 관한 연구, 한양대 박사학위 논문, 1996; 이기헌/박기석, 법인범죄에 대한 효율적 제재방안, 한국형사정책연구원, 1996 참조.

것은 아니다. 사적 단체구성원에 대해 제재를 가하고자 했던 후기 주석학파의 견해는 인적 단체(예컨대 친족단체)의 가벌성을 인정하고 있던 게르만법, 중세 이탈리아법 및 시민법에 영향을 미쳤다.[13)]

절대왕정시대에서 단체(Verbände)[14)]는 국가권력의 강화로 인해 그 힘을 점차 상실했으며, 그 결과 단체 활동에 대한 국가의 개입 필요성 또한 약화되었다. 이러한 발전은 자유주의시대까지 지속되었으나, 18세기 말부터 단체에도 책임을 부과해야 한다는 목소리가 서서히 높아지기 시작했다. 한편, 이 시기에 형법의 영역에서는 Malblanc와 Feuerbach의 영향 하에서 여전히 개인주의적 형법의 견해가 지배적 이었다.[15)]

그러나 산업화의 과정 속에서 단체의 영향이 증대됨으로써 단체에 대한 형법적인 대응의 필요성이 다시 대두되었다. 독일에서는 특히 Liszt에 의해 단체형벌이 주장되었다.[16)] 이러한 시대흐름의 변화 속에서 단체형벌에 대한 형법 도그마틱적인 반론도 합목적적 사고에 의해 점차 축소되었다.[17)]

---

13) Jescheck, "Zur Frage der Strafbarkeit von Personenverbänden", DÖV 1953, 539면 이하; Schmitt, Strafrechtliche Maßnahmen gegen Verbände, Stuttgart 1958, 16면 이하; Seiler, Strafrechtliche Maßnahme als Unrechtsfolgen gegen Personenverbände, Freiburg/Schweiz 1967, 5면 이하.

14) 독일법에서 단체(Verbände)라는 용어는 일반적으로 법인(juristische Personen), 상법에서의 인적 단체(Personenvereinigungen) 및 권리능력 없는 사단(nicht rechtsfähiger Verein) 등의 상위개념으로 사용되고 있다.

15) Lang-Hinrichsen, ""Verbandsunrecht". Zugleich ein Beitrag zur Lehre von den Ordnungswidrigkeiten", in: FS-Mayer, Berlin 1966, 49면 이하.

16) F. von Liszt, Lehrbuch des Deutschen Strafrechts, 18. Aufl., Berlin 1911, 128면.

17) Lang-Hinrichsen, 앞의 논문, 50면.

독일 형법에서 이러한 새로운 사고들은 대부분 질서위반금 규정의 형태로 부수형법(공업법, 세법)에서만 고려되었다. 입법자가 형벌로 규율한 유일한 규정은 제국조세기본법(Reichsabgabenordnung, RAO) 제393조이다. 이 규정에 따르면, 조세법의 영역에서 법인의 업무수행상 조세규칙위납행위(Steuergehen)가 행해진 경우에 자연인의 책임을 확정할 필요 없이 법인 또는 인적 단체에 대하여 직접 벌금형을 부과할 수 있는 것으로 규정하였다. 제국조세기본법 제393조는 이미 1939년에 법률의 개정을 통해 그 규율대상을 상실했으며, 1967년에 최종적으로 삭제되었다.[18] 이와 관련하여 조세형법에서는 단지 제국조세규정 제416조 제2항에 따른 보충적 형벌의 형태로 단체형벌만이 남겨졌다.[19]

제2차 세계대전 이후에 독일 형법학계에서는 법인의 형사책임에 대한 논문들이 발표되기 시작했다. 이는 영미법적 사고를 기반으로 한 군정법(Militärregierungsgesetz, MRG), 특히 카르텔법과 외환법의 영역에서 법인에 대한 직접적인 형벌을 허용했던 당시의 상황과도 무관하지 않다.[20] 또한 독일연방법원(BGH)도 이른바 베링철강소송(Berliner Stahlhändlerurteil)에서 법인의 형사책임을 긍정했으나, 이는 어디까지나 군정법과의 연계성이 인정될 경우에 한해서 임을 분명히 명시했다.[21] 즉 당시 독일연방법원은 법인에 대한 형벌의 부과는 독일법적 사고와 모순되는 것이며, 독일 형법에서 중요한 사회·윤

---

18) Schmitt, Strafrechtliche Maßnahmen gegen Verbände, 51면 이하; Tiedemann, "Die "Bebußng" von Unternehmen nach dem 2. Gesetz zur Bekämpfung der Wirtschaftskriminalität", NJW 1988, 1170면.

19) Schmitt, 앞의 책, 53면 이하.

20) Schmitt, 앞의 책, 57면 이하; 이 외에도 Pohl-Sichtermann, Geldbuße gegen Verbände, Bochum 1974, 22면 이하 참조.

21) BGHSt 5, 28 ff.; BGH DDevR 1954, 10 ff.

리적 책임개념과 형벌개념과도 부합될 수 없다는 입장을 피력했다.[22)]

1953년 제40회 독일법률가대회(DJT)의 주제로 법인의 형사책임이 논의되었으나 법인과 인적 단체에 대한 형벌은 형법의 본질적 의미와 모순된다는 이유를 들어 법인처벌에 반대하는 견해를 결론으로 채택했다.[23)] 또한 대형법위원회[24)] 및 당시 형법개정을 위한 연방특별위원회[25)]도 법인의 가벌성을 부정했다. 이때 부인사유로 형법의 책임개념이 법인에게는 적용될 수 없다는 논거를 제시했다. 1968년에는 1952년에 제정된 질서위반법을 대대적으로 개정하여 그동안 각종 특별법상의 행정질서벌에 해당하는 규제들을 모두 이 법에 통합하면서 법인에 대해서는 형벌과 구별되는 질서위반금(Geldbuße, 질서위반법 제30조)을 도입하고, 형법에서는 법인에 대해 추징(독일 형법 제73조 제3항)과 몰수(독일 형법 제75조)만을 부대적 강제수단으로 채택함으로써 기업의 형사책임에 대한 전환점을 이루었다. 이러한 경향은 1986년 8월 1일부터 시행된 제2차 경제범죄대처법에서 새롭게 반영되고 있다.[26)] 제2차 경제범죄대처법의 시행으로 법인에 대한 질서위반금 규정의 개정이 초래되었는데, 질서위반금 한도액을 인상하고, 법인에 대한 질서위반금의 내용으로 부착되어 있던 부수효과(Nebenfolge)라는 명칭을 삭제하고 법인에 대한 독자적 제재로 독립하였다.

---

22) BGHSt 5, 28, 32.

23) Verhandlung des 40. Deutschen Juristentages Hamburg 1953, Bd. II (Sitzungsberichte), 1954, S.E 88.

24) Niederschriften für die Sitzungen der Großen Strafrechtskommission, Bd. IV, 1958, 321면 이하, 333면, 574면.

25) Protokolle über die Sitzungen des Sonderausschusses für die Strafrechtsreform, 4. Wahlperiode, 397면 이하, 419면 이하.

26) Schroth, 앞의 책, 159면 이하.

독일 질서위반법상의 질서위반금(과태료)

독일은 제2차대전 이후 1952년 3월 25일에 형법과 구별되는 법체계인 질서위반법(Ordnugswidrigkeitengesetz, OWiG)을 제정하였다. 이 법률은 경제형법상의 범죄를 질서위반행위로 전환하는 것을 주된 내용으로 하였고, 도로교통법상의 범죄를 대폭적으로 질서위반행위로 비범죄화한 1968년 3월 24일 제정된 질서위반법으로 대체되었다. 그 후 1969년 7월 4일의 형법개정에 관한 제2차 법률을 통해 형법전의 위경죄가 폐지됨에 따라 1974년 3월 2일의 형법전시행법을 통해 위경죄의 범죄구성요건들이 일부 질서위반행위로 편입되었다. 현재 독일의 질서위반법은 질서위반행위의 일반적 성립요건 등에 관한 실체법적인 통칙규정 및 질서위반행위에 대한 소추나 질서위반금(과태료라고도 함)의 부과에 관한 절차법적 내용을 망라하여 규정하고 있으며, 1975년 이래 주로 제재부분과 절차부분에서 부분적인 개정을 거듭해 오고 있다.[27)]

무엇보다 법인의 처벌을 규정하고 있는 질서위반법 제30조(법인 및 인적 단체에 대한 질서위반금)는 법인의 기관이 저지른 범죄를 통하여 법인에게 유입된 불법수익을 박탈해야 한다는 형사정책적 필요성을 고려한 규정으로, 현재 부과가능한 질서위반금의 상한은 고의범인 경우 100만 유로, 과실범의 경우 50만 유로이다(동법 제30조 제2항 1호, 2호). 질서위반법 제30조에 따라 법인 및 인적 단체에게 질서위반금이 부과되기 위한 요건은 법인 등의 대표권을 가지는 기관, 기관의 구성원, 단체의 포괄적 대리권자, 지도적 지위에 있는 업무대리인, 상사 대리인이 범죄행위 또는 질서위반행위를 행함으로써 법인 등에 부과되어 있는 의무에 위반하거나 또는 법인 등이 이득을 얻게 하는 것이다(동법 제30조 제1항). 기관 등의 행위는 법인의 행위로서, 대표자 등 지위에 있지 않는 자의 행위는 이들 기관의 감독의무위반으로서 단체에 귀책이 인정된다. 또한, 독립과료절차(동법 제30조 제4항)에 의해 기관 내부의 누군가가 범죄나 감독의무위반을 포함한 질서위반행위를 유책하게 행위 한 것이 확정된다면 구체적인 행위자가 처벌되지 않는다할지라도 법인에 대하여는 질서위반금을 부과할 수 있다.

질서위반법 제30조는 독일법 가운데 법인에 대한 제재에 가장 근접한 규정으로 평가되고 있다. 그러나 질서위반법에서 법인에 대한 제재규정을 두면서 형법에서 법인의 범죄능력을 부정하는 것은 모순이라 할 수 있다. 다만 이 규정의 도입으로 독일에서 기업(법인)의 형사책임에 관한 전면적 부정론은 그 설 자리를 잃게 되었다.

그러나 질서위반법 제30조에 대해서는 우선, 이 규정만으로는 기업(법인)에 대한 처벌규정이 충분치 못하다는 비판이 있다. 질서위반법은 지도적인(leitende) 기관의 범죄나 질서위반행위만을 규율대상으로 삼기 때문이다. 다음으로, 질서위반법은 법인의 기관의 행위만을 처벌하기 때문에 기관이 자신을 위해 행위 한 경우에는 처벌이 불가능할 뿐만 아니라 법인에 대한 질서위반금의 부과가 직접적 행위자의 책임증명과 무관하게 확정될 수 있다는 문제가 있다. 마지막으로, 법인이 자신에게 부관된 의무를 침해할 주체가 되는 행위의 영역을 제한하는 것은 법인의 형사책임의 부적절한 제한을 가져올 수 있다는 비판도 있다.[28]

Ⅲ. 기업(법인)형벌에 대한 형사정책적 필요성은 무엇인가?

사회 공동체의 보호라고 하는 형사정책적 과제를 이행하기 위하여 어떻게 형법을 가장 합목적적으로 규정지울 수 있는가라는 질문은 형사정책의 본질적 논제중의 하나라 할 수 있다.[29] 특히 점증하고 있는 기업에 의한 경제범죄[30] 내지 환경범죄[31]의 효율적인 대처와 관련하여 장차 개별 행위자뿐만 아니라 기업에 대해서도 책임을 묻는 것이 필요한 것인가, 또는 더 나아가 기업에 대해 단순한 행정법상의 과태료 내지 행정제재의 부과 이외에 형법에서 규정하고 있는 형벌을 부과하는 것이 필요한 것인가라는 근본적인 문제가 제기된다.

그러나 대륙법계의 영향을 받고 있는 우리나라의 형법은 기업의 범죄능력을 부인하고 있기 때문에 기업형벌 도입과 관련된 여러 형사정책적 필요성의 논의가 미약하다.[32] 따라서 이하에서는 독일

27) Mitsch, Das Recht der Ordnungswidrigkeiten, 1999, 15-18면.

28) Schünemann, 앞의 책, 164면 이하.

29) Jescheck, Lehrbuch des Strafrechts, Allgemeiner Teil, 4. Aufl., Berlin 1988, 18면.

30) 경제관련 특별법위반으로 관세법, 조세범처벌법, 외국환관리법, 부정수표단속법, 건축법, 수산업법, 산림법등 위반사범을 그 내용으로 하고 있는 경제범죄는 1998년에 289건이 발생했으나 2002년에는 1,193건이 발생하여 300.3%가 증가하였다(범죄백서, 법무연수원, 2003, 96면).

31) 환경범죄는 1998년에 12,424건이 발생하였으나 2002년에는 13,446건이 발생하여 8.2%가 증가하였다(범죄백서, 법무연수원, 2003, 87면).

에서 제기되고 있는 기업형벌 도입의 여러 형사정책적 필요성을 살펴보고자 한다.

1. 개인형벌의 불충분한 범죄억지력

부쉬(Busch)는 이미 1933년에 "단체의 형사책임에 관한 근본문제"라는 논문을 통해 기업의 가벌성을 긍정하기 위해 필요한 근본적인 논점들을 명확히 제시하고 있다.[33] 그에 따르면, 단체형벌을 인정하지 않은 채 단지 개인적인 형벌위협만으로는 불법적인 행위에 의해 형성되는 단체이익을 억제할 수 없기 때문에, 개인형벌은 불충분한 범죄억지력을 가질 뿐이라고 한다. 즉 개개인에게 개인형벌을 부과함으로써 단체이익의 유지 및 확장에 적합한 불법적인 행위를 단념하게 하는 것이 거의 불가능하다고 한다.[34]

그런데, 브렌더(Brender)는 단체이익의 억제라는 측면에서 개인형벌은 다만 불충분한 동기부여력을 가지고 있을 뿐이라는 부쉬의 주장은 지나치게 극단적인 것이라고 한다. 왜냐하면 우리가 꿈꾸는 아주 순수한 이타적인 행위자는 좀처럼 찾아볼 수 없기 때문이다. 브렌더는 개인형벌의 불충분한 동기부여력의 측면보다는 무엇 때문에 자신의 이익을 위해 행동한 개인보다 단체의 이익을 위해

---

32) 예컨대 법인의 범죄능력을 인정하는 정성근 교수는 법인처벌의 형사정책적 필요성을 '기업체의 사회침해적 일탈활동을 억제하는 방법으로 민사상 손해배상이 있으나 기업은 기업활동 과정에서 소요되는 모든 비용을 원가계산에 포함시키고 있으므로 이러한 규제방법으로 회사 범죄의 억제 효과를 기대할 수 없다'는 이유를 제시하고 있다(정성근, "법인의 범죄능력 재고", 유일당 오선주교수 정년기념논문집, 2001, 2면 참조).

33) Busch, Grundfragen der strafrechtlichen Verantwortlichkeit der Verbände, Leipzig 1933, 96면 이하 참조.

34) Busch, 위의 책, 122면.

행동한 개인이 보다 더 경미한 형벌로 처벌되어야만 하는가에 그 비판의 각을 세우고 있다. 그는 독자적인 단체형벌을 인정하기 보다는 단체의 이익을 위해 행동한 개인에게도 자신의 이익을 위해 행동한 개인과 적어도 동일한 개인형벌이 부과되어야 하고, 이로써 불법적인 단체이익을 억제하기에는 충분하다고 한다. 왜냐하면 단체운영이라는 차원에서 보면 개인형벌과 결합된 명예의 실추로 인해 단체의 이익을 위해 행동한 개인에게 부과되는 개인형벌 역시 높은 형벌 체감성을 지니고 있기 때문이라고 한다.[35]

한편, 이러한 개인형벌의 불충분한 범죄억지력과 관련하여 특히 쉬네만(Schünemann)은 다음과 같이 매우 설득력 있는 논거를 제시하고 있다. 쉬네만의 견해에 따르면, 기업 구성원이 자신의 직장에 강력히 구속되어 있는 현상은 범죄행위를 하지 않고자 하는 동기형성을 방해하는 부작용을 야기시킨다고 한다. 오늘날 대부분의 사람에게 있어 일자리의 상실은 직업상의, 더 나아가 자신의 생존유지에 심각한 타격을 의미한다. 이러한 종류의 구속성은 자연스럽게 기업 구성원으로 하여금 기업의 목적추구에 유익한 것이라면 어떠한 행동이라도 하게끔 조장한다. 그 결과 직급의 강등 혹은 심지어 해고에 대한 두려움은 모든 기업 활동의 근본적 동기로 자리 잡게 된다. 더구나 기업의 번창에 따른 다양한 형태의 이익배당은 불법적인 행위를 해서라도 더 많은 기업이익을 창출하도록 하기 위한 지속적이고 감염성이 있는 자극을 제공한다. 이러한 요소들은 단지 기업의 처벌을 통해서만이 효과적으로 근절될 수 있다.[36]

---

35) Brender, Die Neuregelung der Verbandstäterschaft im Ordnungswidrigkeitenrecht, Recht-Wirtschaft-Gesellschaft: Recht 25, Rheinfelde u.a. 1989, 11면 이하.

2. 범죄적 기업정신 현상에 대한 적절한 대처

부쉬는 이미 1933년에 발표한 그의 논문에서 모든 공동체는 조합정신(Korpsgeist) 내지 단체정신(Verbandgeist)으로 표현할 수 있는 일정한 성향을 내포함고 있음 지적하였다.[37] 특히 쉬네만은 이러한 단체정신을 범죄적 단체의 태도(kriminelle Verbandsattitüde)라는 개념으로 설명하고 있다. 그의 견해에 따르면, 범죄적 단체의 태도는 불법의식을 집단적으로 중화시킴으로써 법 신뢰적인 단체 구성원에게 부정적인 영향을 미친다고 한다. 심지어 이러한 범죄적 기업정신은 단체 구성원으로 하여금 개인적 책임감의 완전한 형해화로까지 이르게 할 수 있다고 한다. 앞서 설명한 직장에의 강력한 구속력 이외에도 기업체 규율의 엄격성은 기업체 종업원이 이러한 범죄적 기업정신으로부터 자유로울 수 없는 이유이다.[38]

이러한 상황에서 단순한 개인적인 형벌제재만으로는 이와 같은 범죄적 기업정신 현상에 적절히 대처할 수 없다. 왜냐하면 범죄행위와 직접적인 관련이 없는 기업 구성원은 제3자에게 선고된 형벌을 통해 다만 범죄행위는 처벌받는다고 하는 하나의 모범적인 예로서만 영향을 받을 뿐 직접적인 영향을 받지는 않기 때문이다. 이와 반대로 기업형벌은 모든 기업 구성원에게 가능한 범위 내에서 적법한 행위를 하도록 하는 긍정적인 영향을 미칠 수 있다. 따라서 단체형벌로서의 기업형벌은 범죄적인 기업정신에 긍정적인 영향을 미치고 전체적으로 기업의 경영행위를 법 신뢰적인 방향으로 조종하기 위한 유일하고 적합한 수단이 될 수 있다.[39]

---

36) Schünemann, 앞의 책, 23-24면.

37) Busch, 앞의 책, 103면.

38) Schünemann, 앞의 책, 22면.

39) Ackermann, 앞의 책, 46면.

3. 개인형벌의 불충분한 응보효과

일반적으로 재판관은 양형에 있어 행위와 책임이라는 두 측면에서 갈등을 겪는다. 즉 기업범죄에 의해 침해된 법익의 사회적 보호가치는 매우 중요한 것이며, 침해에 의해 발생된 손해 역시 크기 때문에 행위측면은 엄격한 제재를 요구한다. 또한 기업범죄의 위험성은 바로 개별 행위자의 배후에 있는 기업의 막강한 권력과 그 영향력으로부터 도출된다. 이와 반대로 책임 측면에서는 범죄행위를 이행하도록 한 규범적인 기업정신의 힘과 관련하여 완화된 형벌을 요구한다. 이러한 상황과 관련하여 기업범죄에 대해 부과되는 개인형벌은 사회적 손해의 크기 및 개인의 책임의 정도를 동시에 절절히 조화시킬 수 없기 때문에 그 응보효과를 달성할 수 없다.[40)]

그러나 개인이 아닌 기업 자체를 처벌한다면 사회적 손해의 크기를 적합하게 평가할 수 있고 범죄행위에 대해서도 적절하게 그 죄를 물을 수 있다. 이와 반대로 단순한 개인형벌로의 제한은 행위에 비례한 응보의 포기를 의미한다. 하지만 이러한 포기는 결국 법질서의 일반적인 구속력에 대한 믿음을 동요시킬 뿐이다.[41)]

나아가 개인형벌의 불충분한 응보효과는 일반적으로 개인의 불충분한 경제적 지급능력과도 관련을 맺고 있다. 개인의 불충분한 경제적 지급능력은 행위결과와의 적절한 비교를 어렵게 하는 요인이 되는데, 이는 특히 벌금을 통해 그 범죄행위가 보상되어지는 경제범죄행위의 영역에서 뚜렷이 나타난다. 즉 정당성의 이유로 포기될 수 없는 벌금의 적정성의 원칙은 범죄자의 불충분한 경제

---

40) Busch, 앞의 책, 107면 이하.

41) Busch, 앞의 책, 107면 이하.

적 지급능력으로 인해 지켜질 수 없다. 왜냐하면 기업범죄에 의해 발생한 이윤 내지 손해의 결과는 개인형벌로서 부과되는 벌금으로는 충분히 보전될 수 없기 때문이다. 따라서 응보의 의미에서 개인이 아닌 기업 자체에 기업범죄의 불법내용과 범죄행위로 인해 발생한 이윤 내지 손해의 크기와 일치하는 기업형벌을 부과 하는 것이 요구된다.[42)]

4. 기업의 사회·경제적 중요성에 상응한 응보기대

개인형벌의 불충분한 응보효과는 앞서 언급한 객관적인 측면뿐만 아니라 주관적인 측면에서도 관련성을 갖는다. 즉 범죄자 개인의 처벌만으로는 기업의 특별한 권한 및 사회 · 경제적 삶의 폭넓은 영역에서 기업이 미치는 커다란 영향력과 관련하여 사회 일반인의 주관적 응보기대를 충족시키지 못하는데, 이를 구체적으로 살펴보면 다음과 같다.

경험상 대표이사를 포함한 기관의 행위는 사회적 관점에서 보면 조직 통일체로서의 기업의 행위로 볼 수 있다. 사회 일반인은 기업 구성원의 가벌적인 행위에 대한 책임비난 역시 기업 구성원뿐만 아니라 기업 자체에까지도 연결되어야 한다고 생각한다. 사회는 사회 윤리적 불법판단을 함에 있어 그 적용범위를 그러한 종류의 범죄이행을 가능케 한 권력핵심에 국한하지 않기 때문이다. 따라서 사회적인 귀속은 법률적인 귀속보다 더 폭넓은 것으로 이해된다. 사회는 책임비난의 확대를 통해 기업 자체에 대해 기업범죄의 억제라고 하는 긍정적인 영향력을 행사할 수 있기를 기대한다.

42) Rotberg, "Für Strafe gegen Verbände", in: Hundert Jahre Deutsches Rechtleben, Festschrift für zum hundertjhrigen Bestehen des Deutschen Juristentages 1860-1960, Bd. II, Karlsruhe 1960, 220면.

그러나 기업 자체를 처벌하지 않고 단순히 기관을 처벌하는 것만으로는 사회가 일반적으로 기대하는 응보의 필요성을 충분히 만족시킬 수 없다.[43)]

더 나아가 사회·경제적 삶에 있어 커다란 중요성을 갖는 기업[44)]이 불법한 행위를 한 경우에 이러한 자신의 사회적 중요성을 과소평가하게 하거나, 책임을 자신의 구성원에게 미루게 해서는 안 될 것이다. 이러한 점을 배제하더라도 기업 구성원에게 부과되는 개인형벌은 종종 그 설득력을 상실한다. 왜냐하면 일반인의 관점에서 보면 기업 구성원은 "진정한 죄인"(eigentlich Schuldige)이 아니기 때문이다. 즉 기업 구성원은 단순히 기업경영의 한 기능을 수행한 것에 지나지 않고 사회 유해적 행위에 대한 책임은 바로 기업 자체가 부담해야 한다. 때문에 법질서의 효력이 위태화 되는 것을 원하지 않는다면 결과적으로 기업 자체를 조정·간섭해야 한다.[45)]

5. 조직화된 무책임의 문제해결

가장 낮은 직급에 있는 기업 구성원까지 책임영역에 있어 공동으로 책임을 지는 책임의 조직화라는 원칙은 종종 오늘날 복잡한 기업의 조직구조로 인해 조직화된 무책임으로 변화되고 있다. 특히 기업범죄의 경우 복잡한 기업조직체 내부에서 유책한 행위자

43) Busch, 앞의 책, 113면, 122면.

44) Hirsch 역시 오늘날 사회생활에서 법인의 형태로 구조화된 경제통일체로서 기업의 역할의 중요성을 강조하면서 기업 스스로 이행해야 하는 형벌을 단지 기업을 위해 행동한 개인에게 전가시키는 개인형벌은 그 응보효과를 충분히 거둘 수 없다고 한다(Hirsch, Die Frage der Straffähigkeit von Personenverbänden, Opladen 1993, 5면).

45) Volk, "Zur Bestrafung von Unternehmen", JZ 1993, 429면 이하.

를 구별해 낸다는 것은 그리 쉬운 일이 아니다. 왜냐하면 상호관련성을 가지며 복잡하게 조직화된 기업 내부에서는 기업 구성원 어느 누구도 자신의 행위 내지 결과에 책임을 느낄 수 없으며, 오히려 기업을 위해 내린 자신의 결정 또는 기업을 위해 저지른 범죄행위에 대한 개인적인 자신의 고유한 책임까지도 거부하고, 그 결과 또한 타인에게 전가하고자 하는 속성이 있기 때문이다.[46)]

이러한 조직화된 무책임의 문제와 관련하여 다수의 대기업의 복잡한 조직구조는 불가피하게 형법적인 인과관계의 증명을 어렵게 하는 원인이 된다. 더욱이 오늘날 기업의 조직체계에서 지배적인 분업화, 탈중심화 및 권한의 위임 등의 현상은 개별 행위자에 대한 수사를 본질적으로 곤란하게 한다. 왜냐하면 이러한 현대의 조직체계에서 기업 내부의 책임은 일반적으로 폭넓게 분산되어 지며, 모든 경영상의 결정 또한 대체로 일련의 개인들과 연결되어 행해지기 때문이다. 이 밖에도 형법상 중요한 행위결과는 다수의 개별적 행위의 공동작용에 의해 초래된다. 이러한 상황과 관련하여 귀책 있는 개별 행위자를 형법상 필요한 정도까지 확실히 조사한다는 것의 거의 불가능에 가깝다. 그러나 다른 측면에서 보면 이는 기업에 의해 언제나 범죄가 행해지고 있음을 나타내는 것이다. 이 때문에 기업 자체를 처벌해야할 형사정책적 필요성은 더욱 분명해 진다.[47)]

---

46) Schwinge, Strafrechtliche Sanktionen gegenüber Unternehmen im Bereich des Umweltstrafrechts, Pfaffenweiler 1996, 42면.

47) Ackermann, 앞의 책, 48면 이하, 189면 이하.

6. 증가하는 경제범죄, 환경범죄 및 조직범죄에 대한 적절한 대처수단으로서의 기업형벌

기업의 형사책임의 인정은 특히 경제범죄, 환경범죄 및 조직범죄의 영역에서 시급히 요구되고 있다. 이미 경제범죄[48]가 전통적인 의미에서 기업범죄의 영역에 속하고 있음은 주지의 사실이다. 또한 매년 증가하는 기업형 환경범죄 역시 형사정책적으로 더욱더 중요시되고 있다. 이러한 기업형벌의 형사 정책적 필요성은 마약거래 및 불법 무기거래 등을 위한 조직범죄에 대한 적절한 대처에서도 발견된다. 더 나아가 자금세탁의 구성요건 및 특정 물품의 수출입금지에 대한 위반행위에 대해서도 기업의 형사책임이 인정되어야 한다는 요구가 증가하고 있다.[49]

또한 기업범죄의 확대는 현대 형법학의 영역에서 더 이상 무시할 수 없는 사실이기도 하다. 실제로 현재 독일에서 중대한 경제범죄 사건 중 80%가 기업 활동을 통해서 범해지고 있다. 이렇게 현대사회에서 기업범죄가 점증하는 원인으로는 기업의 무분별한 이윤추구, 첨예한 기업 간의 경쟁 및 위험을 수반하는 기술의 발전 등을 언급할 수 있다.[50]

이러한 범죄영역에서 기업형벌을 통해 기업에게 실질적인 형사책임을 묻지 않은 채, 기업의 정책과 목적에 따라 단순히 움직이는 개별 행위자만을 개인형벌로 처벌해서는 아무런 형사정책적 효

48) 독일 경찰 범죄통계에 의하면 2000년에 발생한 경제범죄는 모두 90,706건에 달하며, 이는 1995년 발생(74,177건)한 경제범죄와 비교할 때 22,3%가 증가한 수치이다.

49) Stratenwerth, “Strafrechtliche Unternehmenshaftung?”, in: Festschrift für Rudolf Schmitt zum 70. Geburtstag, Tübingen 1992, 295면 이하.

50) Hirsch, 앞의 책, S. 22.

과도 거둘 수 없음은 명확하다.[51)]

Ⅳ. 기업(법인)의 범죄능력에 대한 우리나라 학설이 갖는 문제점은?

우리나라의 통설[52)]과 판례[53)]는 전통적으로 법인의 범죄능력은 부정하면서 양벌규정을 통한 형사책임만을 긍정하는 데 반하여, 최근에는 현대사회에서 기업범죄의 억제라는 측면에서 법인의 범죄능력 또는 형사책임을 긍정하는 견해가 현저히 증가하고 있는 추세이다.[54)] 따라서 이하에서는 법인의 범죄능력에 관한 부정설의

---

51) Volk는 조직화된 경제범죄의 대처에 있어 마침내는 기업 자체에 대해 대항해야만 한다고 지적하고 있다(Volk, 앞의 논문, 429면 이하).

52) 이러한 부정설에 속하는 대표적인 학자로는 박상기, 형법총론(제6판), 박영사, 2004, 71면; 배종대, 형법총론(제8전정판), 홍문사, 2005, 212-215면; 손동권, 형법총론(제2개정판), 율곡출판사, 2005, 106-107면; 이재상, 형법총론(제5판), 박영사, 2004, 97면; 이형국, 형법총론(제4판), 법문사, 2007, 87면; 진계호, 형법총론(제7판), 대왕사, 2003, 124-125면; 강동범, "경제범죄와 그에 대한 형법적 고찰", 형사정책 제7호, 1995, 25면.

53) 대표적인 판례로는 대판 1984.10.10, 82도2595; 대판 1985.10.8, 83도1375; 대판 1994.2.8, 93도1483 등이다.

54) 김성천/김형준, 형법총론, 동현출판사, 1998, 117면; 김일수/서보학, 새로쓴 형법총론(제11판), 박영사, 2006, 137면; 정성근/박광민, 형법총론, 삼지원, 2009, 83면 이하; 차용석, 형법총론강의, 고시연구사, 1998, 275면 이하; 김종덕, 기업환경범죄에 관한 연구(계명대 박사학위 논문, 1995), 62면 이하; 박기석, 환경범죄의 효율적 대처방안에 관한 연구(한양대 박사학위 논문, 1996), 85면; 오도기, "법인의 형사책임", 고시계, 1986. 7, 24면; 하태훈, 사례연구 총론, 1988, 57면. 행정범에 한하여 긍정하는 소위 부분적 긍정설은 유기천, 개정형법학, 일조각, 1980, 105면. 법인처벌규정이 있는 경우의 부분적 긍정설은 권문택, "법인의 형사책임", 형사법강좌(I), 1981, 128면; 이인규, 환경범죄에 있어서 형사책임의 주체(부산

논거를 비판적으로 검토하는 방식으로 긍정설의 논거를 간략히 설명하고자 한다.

법인의 범죄능력에 관한 부정설의 첫째 논거로 범죄행위는 전법률적인 인간의 자연적 행위를 전제로 하므로 자연적 의사와 육체를 갖지 않는 법인은 행위능력이 없다는 점을 들고 있다. 그러나 법인이 자연인과 같이 독립된 사회적 기능을 담당하는 사회적 존재라는 것은 법률 이전의 사회적 사실이고, 법인의 업무를 담당하는 자연인은 법인의 기관으로서 법인을 위해 의욕하고 행동하며 외부적으로 법인의 행위로 표현되기 때문에 법인의 행위로 귀속시킬 수 있다. 따라서 법인의 기관을 통하여 결정한 의사는 구성원인 개인의 의사와는 별개의 법인 고유의 의사이며, 법인의 인격은 개인의 인격과는 달리 법인독자의 인격이므로 법인도 기관을 통한 의사능력과 행위능력이 존재한다.

둘째, 법인을 처벌하면 그 효과가 범죄와는 관계없는 법인의 다른 구성원도 처벌하는 것이 되어 자기책임의 원칙에 반한다고 한다. 그러나 법인의 다른 구성원도 법인의 구성원이라는 지위에서 어떠한 형태로든 그 법인의 특이한 체질형성에 직·간접적으로 기여하였을 것이며 그에 상응하여 법인 처벌로 인한 어느 정도의 간접적 불이익을 받는 것은 자신의 행위기여에 대하여 당연히 부담해야 할 수인한도내의 책임이라고 해야 할 것이므로 자기책임의 원칙에 반하는 것이라 할 수 없다.

셋째, 법인은 적법한 목적의 범위 내에서만 존재하므로 법인의 불법행위란 생각할 수 없다고 한다. 그러나 법률에서 불법을 목적으로 하는 법인을 인정하지 않는다는(민법 제34조 참조) 법인의 성립

대 박사학위 논문, 1993), 112면; 임웅, 형법총론, 법문사, 2004, 77-78면; 조병선, 질서위반법, 한국형사정책연구원, 1998, 331면 이하.

문제와 이미 합법적으로 성립된 법인이 불법행위를 행한다는 불법행위능력문제는 별개의 문제인데도 부정설은 이 점을 혼동하고 있다. 따라서 민법상으로 인정되는 법인의 불법행위능력이 형법상으로 부정되어야 할 이유는 없고, 또 법인의 설립목적이 적법해야 한다고 해서 성립된 법인의 불법행위능력까지 부정하는 것은 타당하지 않다.[55)]

넷째, 부정설에서는 책임의 윤리적 성질을 강조한 결과 법인에 대해서는 사회 윤리적 비난이 불가능하다는 이유로 범죄능력을 부정한다. 그러나 법인에 대한 형사책임은 사회 윤리적 비난이라기보다는 일종의 법적 비난이라고 할 수 있고, 형법상 과실책임이나 법인에 대한 민사책임도 윤리성이 극히 희박한 것이므로 윤리성이 모든 범죄의 결정적 요소는 아니다. 만약 통설에서처럼 법인의 범죄능력을 부정하면서 형사책임만을 인정하는 것은 논리모순이 된다.[56)] 또한 도의적 책임론이나 성격책임론에 의한다면 법인에게 책임이 인정되지 않는다고 볼 수 있을지 모르나, 형벌의 본질을 목적형, 교육형에 두고 법인의 의사형성인 단체적 의결에 대해 책임을 추궁한다면 법인에게 책임능력이 없다고만 할 수는 없다.

다섯째, 법인에게 생명형·자유형을 과할 수 없으므로 범죄능력도 부정한다. 그러나 이러한 주장은 본말이 전도된 것이다. 왜냐하면 범죄를 전제로 형벌이 과해지는 것이지 형벌제도가 부적당하다고 해서 범죄능력을 부정해서는 안 되며, 도리어 법인에게 합당한 새로운 법적 제재수단의 구성이 중요한 것이다.[57)] 뿐만 아니라

55) 정성근/박광민, 앞의 책, 85-86면.

56) 정성근/박광민, 앞의 책, 86면.

57) 예컨대 재산형은 법인처벌의 주요수단으로 기능하며, 법인에 대해서도

법인의 반사회적 활동의 급증에 따른 법인처벌의 형사정책적 필요성과 책임능력을 형벌적응능력 내지 사회적 책임의 귀속능력이라고 이해하면 이러한 능력은 법인에게도 존재한다.[58]

생각건대 법인의 범죄능력 부인론은 원래 자연인 범죄만을 염두에 둔 기존의 형벌제도 및 형벌이론을 근거로 한 것이므로 새로운 기업범죄현상의 대책으로는 적절하지 못하다고 여겨진다. 나아가 기업범죄의 증가로 다수의 행정형법에 의해 법인의 처벌이 인정되는 현재의 입법추세로 보더라도 법인의 범죄능력을 긍정할 필요성이 있다. 종래와 같이 종업원의 불법행위에 기해 법인이 업무주로서 책임을 부담한다는 법리에 의한 것이 아니고 법인의 범죄능력을 정면에서 긍정하여 법인에게 형사책임을 부과하여야 할 것이다. 왜냐하면 법인의 범죄능력의 인정여부에 따라 법인처벌규정의 운용상의 차이가 있을 수 있기 때문이다. 즉 법인자체의 범죄라는 관념을 인정하면 예컨대 기업체가 환경오염을 발생하는 생산시스템을 가졌기 때문에 필연적으로 환경오염이 발생하든지, 또는 생산시스템 자체에는 잘못이 없으나 작동과정상의 잘못으로 환경오염이 발생하든지간에 양자 모두 기업체자체의 과실로 생각될 수 있다. 그러므로 문제가 되는 시점에 있어서의 구체적인 책임자가 누구였는가에 직접적으로 종속되지 않고 기업 구성원에 의한 결과발생과 객관적 업무관련성만 존재하면 기업의 처벌은 독립적으로 가능해 질 수 있다. 그러나 범죄능력을 부정한다면 환경오염물질

존재의 말살인 생명형으로서 법인해산을, 활동의 자유를 제한하는 자유형으로서는 일정기간 이상의 영업정지나 사업장폐쇄를, 명예형으로는 공표를 그밖에 법인에 대한 보호관찰제나 사회봉사명령 등의 새로운 형벌제도로 생각할 수 있다. 이에 대한 자세한 논의는 이기헌/박기석, 앞의 보고서, 57면 이하 참조.

58) 정성근/박광민, 앞의 책, 85면 이하 참조.

법인의 범죄능력 인정 여부에 관한 학설 중 부분적 긍정설의 입장

법인의 범죄능력 인정 여부와 관련하여 부정설과 긍정설 이외에 행정법 분야에 있어서만 범죄능력을 인정하고 형사범에 대한 법인의 범죄능력은 부정하는 부분적 긍정설의 입장이 있다.[59] 행정범(법정범)은 윤리적 색채가 약한 반면 합목적적·기술적 색채가 강하다는 특수성이 있으므로 행정범에 한하여 법인의 범죄능력을 인정할 수 있다는 논거가 제시된다.

법인의 범죄능력을 긍정하는 긍정설의 입장 중에서도 "형법상의 범죄는 대부분 반윤리적인 성격이 강한 범죄이므로 법인에게 행위능력이 있다고 해서 이러한 범죄까지 법인이 범할 수 있는 것은 아니다. 법인의 범죄는 윤리적 색채가 희박한 행정단속법규에서 인정되기 때문이다."[60]고 한다든가, "다만 법인의 행위능력은 특히 자연인의 인격적 표현으로서만 의미를 가질 뿐 조직체의 활동으로 보기 곤란한 구성요건에서는 인정될 수 없다. 예컨대 살인·강도·강간 등의 범죄가 그것이다."[61]고 하는 등의 견해는 엄격한 의미에서 부분적 긍정설의 입장으로 파악할 수 있다.

그러나 부분적 긍정설에 대해서는 형사범과 행정범의 구별이 상대적이고 불명확하며, 행정법상의 범죄행위로 형벌이 과해지는 행정범도 형사범과 본질적으로 차이가 없으며, 환경범죄의단속에관한특별조치법 위반범죄와 같이 자연인과 법인이 형사범으로 처벌되는 경우(동법 제10조 양벌규정)를 합리적으로 설명할 수 없다는 비판이 제기된다.[62]

의 배출을 예견하여야 하거나 적절한 조치를 하여야 하는 개인행위자의 처벌이 기업처벌의 전제가 되어야 한다. 이 경우 미량의 폐기물이 장기에 걸쳐 배출되거나, 잦은 인사이동 등에 의하여 그 부서의 책임자가 빈번히 교체되면 책임을 묻는 시점이나 위법행위의 주체가 특정되지 않은 경우가 많음으로 인하여 기업처벌에 어려움이 생긴다. 그러므로 기업의 범죄능력을 인정하면 기업에 대한 형사책임의 추구를 확실하게 할 수 있다. 이에 대한 입법론으

59) 임웅, 앞의 책, 77-78면.

60) 정성근, 형법총론, 법지사, 1998, 141면.

61) 김일수/서보학, 앞의 책, 138면.

62) 정성근/박광민, 앞의 책, 87면.

로서는 기업에 의한 범죄행위의 심각성을 고려하여 영미법에서와 같이 형법상의 "인(人)"에 원칙적으로 기업체와 자연인을 포함시키는 방법[63]으로 기업체의 범죄능력을 일반적으로 인정하되 단지 성질상 또는 기업을 제외하는 특별규정이 있는 경우에 비로소 기업을 배제하는 것이 현대사회에 있어서 기업범죄에 대한 형사정책적 대응으로서 타당하다.[64]

Ⅴ. 기업(법인)의 가벌성에 관한 독일 학설은 어떻게 전개되고 있는가?

독일 내에서 기업범죄의 급증과 관련하여 1990년대 중반 이후로 독일학계에서도 기존의 법인의 범죄능력을 부인하는 입장에서 벗어나 기업의 형법상 가벌성을 인정하려는 경향이 대두되고 있다. 이러한 경향에 대해 우리 학계에서 부분적으로나마 비판적 검토가 이루어지고 있으나,[65] 기업의 행위능력, 책임능력, 수형능력,

---

63) 미국연방헌법 제1조는 "person"을 자연인 개인 뿐 아니라 corporations, companies, associations, firms, partnerships, societies, joint stock companies도 포함한다고 규정하고 있다(Comments, Criminal Sanctions for Corporate Illegality, The Journal of Criminal Law & Criminology, vol. 69, 1978, 47면).

64) 법인의 범죄능력은 인정할 필요가 있지만, 조합이나 권리능력 없는 사단 또는 재단 등의 경우 실정법상 특별한 처벌규정이 없는 한 당연히 범죄능력을 가진다고 할 수는 없다. 이러한 단체도 사회적 활동은 하고 있으나 그 활동에 대한 사회적 통제는 그 단체의 실체에 대해서보다는 그 구성원 개인에게 향하게 함으로써 충분히 실효를 거둘 수 있다고 보기 때문이다.

65) 특히 윤영철 교수는 형법의 최후수단성의 원칙이라는 관점에서 Heine가 주장한 "중앙모델"을 비판적 시각으로 고찰하고 있다. 이에 대해 자세히

기업형벌의 정당성에 대한 체계적인 분석은 아직까지 미흡한 것 같다. 따라서 이하에서는 기업의 가벌성을 긍정하고자 하는 독일의 논의를 고찰함으로써 우리나라에서 기업의 범죄능력을 인정하기 위한 논리적 근거제시에 도움이 되고자 한다.

1. 기업의 행위능력

(1) 범죄성립의 전제조건으로서의 행위

범죄란 일반적으로 구성요건에 해당하는 위법하고 유책한 행위(Handlung)를 의미한다.[66] 따라서 범죄가 성립하기 위해서는 언제나 형법규정의 구성요건을 충족시키는 범죄인의 행위가 필요하다.[67] 전통적인 형법 도그마틱에 의하면 단지 인간만이 형법상 중요한 행위를 할 수 있는 능력이 있다. 왜냐하면 행위는 적어도 의사에 의해 형성된 인간의 행동을 요구하기 때문이다. 그러나 자연인과 같은 의사와 육체가 없는 무형적 존재인 기업(법인)은 이러한 정신적·육체적 능력을 결여하고 있다. 따라서 모든 자연인에게는 행위능력이 인정되지만, 기업(법인)에 대해서도 자연인과 동일시되는 행위능력을 인정할 수 있는지의 여부와 관련해서 첨예한 견해

는 윤영철, "형법의 최후수단성과 기업에 대한 형사처벌", 2002년 한국형사법학회 춘계학술논문, 2002, 16면 이하 참조.

66) Vgl. nur BGHSt 1, 131, 132.

67) 독일 형법과 질서위반법은 행위개념에 대한 일반적인 법적 정의를 두고 있지 않다. 다만 독일 형법 제12조에 의하면 경죄와 중죄를 위법한 행위로 표현하고 있으며, 이때 위법한 행위라 함은 형법상의 구성요건을 실현하는 행위만을 말한다라고 규정하고 있을 뿐이다(독일 형법 제11조 제1항 5호). 인과적, 목적적, 사회적 행위개념에 대해서는 Wessels/Beulke, Strafrecht Allgemeiner Teil, Die Straftat und ihr Aufbau, 30. Aufl., Heidelberg 2000, 24면 이하 참조.

의 대립이 전개되고 있다.

(2) 기업의 행위능력에 대한 견해대립

가. 독일 판례의 입장

독일 판례는 원칙적으로 기업의 행위능력을 부정하고 있다. 이러한 독일 판례의 입장은 법인은 법률의 의제에 의하여 인격이 인정되는 데 지나지 않는다는 사비니(Savigny)의 법인의제설을 충실히 따랐던 독일제국법원(Reichgericht, 1875~1945)의 판결로부터 유래한다. 그러나 독일제국법원은 조세형법에서 단체형벌과 관련하여 단체의 행위능력을 부분적으로나마 긍정을 했다.[68] 그러던 중 제2차 세계대전 이후 독일연방법원은 군정법[69]과 경제형법[70]에서 단체의 행위능력을 인정했지만, 동시에 독일법에 따르면 법인은 가벌적 행위의 정범 또는 공범이 될 수 없음을 또한 분명히 했다.[71] 한편, 독일연방헌법재판소는 'Berterlsmann-Lesering' 판결에서 "법인은 그 자체로서는 행위능력이 없으며, 만약 법인에게 형법적 의미에서 범죄행위에 대한 訴가 제기된다면 그를 위해 답책성

---

68) RGSt 5, 183; 8, 326, 333; 16, 121, 123; 28, 103, 105; 33, 261, 264; 47, 90, 91. 독일제국 이전의 조세법에서의 단체의 행위능력에 대해서는 RGSt 61, 92, 95 ff.

69) BGHSt 5, 28, 30 f.: "법인은 단지 자연인에 의해서만 행위를 한다. 때문에 법인은 자연인이 우선 확정되고 그의 행위가 법인의 행위로서 간주되는 경우에 한해서 형사적 책임을 진다 ... 이로부터 이사, 조합원 또는 종업원이 자신에게 속한 직무를 이행함에 있어 행한 가벌적 행위는 법인에게 귀속되어져야만 한다는 것이 도출된다". Vgl. ferner BGHSt 12, 295, 296 f.

70) BHGSt 3, 130, 132: "... (주식) 회사는 경제형법 제18조의 범죄구성요건을 기관을 통해서 실현한다". Vgl. ferner BGHSt 5, 95, 98 f.

71) BGHSt 12, 295, 297 ff.; 14, 194, 197.

(Verantwortlichkeit) 있는 행위를 한 자연인의 행위만이 중요시될 뿐이다"라고 판시하고 있다.[72)]

나. 학설의 대립

기업은 그 자체로서가 아닌 단지 자연인을 통해서만 행위를 할 수 있을 뿐이라는 이유로 다수설은 기업의 행위능력을 원칙적으로 부인하고 있다.[73)] 그러나 이러한 부정설을 취하고 있는 학자들 중 일부는 적어도 질서위반법에서 단체질서위반금의 도입, 몰수와 관련한 독일 형법 제75조 및 질서위반법 제29조의 귀속규정 등을 통해 기업은 행위능력이 없다고 하는 기존의 입장이 입법자에 의해 부분적으로나마 포기되어지고 있음을 시인하고 있다.[74)]

한편으로, 기업의 제재와 관련한 형사정책적 필요성 때문에 기업의 가벌성을 긍정하고자 하는 시도들이 있다. 특히 하프터(Hafter)는 "실질적인 단체인격론"(Theorie der realen Verbandspersönlichkeit)에 기초해서 모든 법 영역에서 행위능력을 새롭게 정의하고자 했다. 그에 따르면, 비록 인적 단체가 인간의 피와 살로 이루어져 있지는 않지만, 실질적인 전체로서 구성되어 있다고 한다. 즉 이는 인간의 한 집단이 개인적인 의사로부터 분리해서 하나의 단체를 구성하고 개인적 영역 이외에 놓여있는 활동범위에서 통일적으

---

72) BVerfGE 20, 323, 336.

73) Busch, 앞의 책, S. 69 ff.; Jescheck, 앞의 책, S. 204; Rudolf Schmitt, Strafrechtliche Maßnahmen gegen Verbände, Stuttgart 1958, 181면 이하.

74) Schönke/Schröder/Cramer, Strafgesetzbuch, Kommentar, 26. Aufl., München 2001, Vor § 25 Rn. 113; Roxin, Strafrecht, Allgemeiner Teil, Bd.1, Grundlagen, Der Aufbau der Verbrechenslehre, 3. Aufl., München 1997, 205면, Rn. 50 f.

로 그 모습을 나타내는 그러한 단체 전체를 의미한다. 따라서 개인들의 상호결합 및 개별적 의사의 본질적 구성부분의 통합을 통해서 집단 구성원의 단순한 총합과는 구별되는 하나의 독자적인 존재로서의 단체가 등장한다. 이러한 단체는 개별적 인간과는 구별되는 자연적이고 실질적인 생명체로서 설명된다. 이렇게 형성된 독자적인 존재로서의 단체에서 조직화는 특별한 의미를 획득한다. 즉 조직화를 통해 통일적인 단체의지가 형성된다는 것이다. 이로 인해 단체는 마치 인간처럼 의사표시가 가능하고 또 독자적인 기관을 통해 특별한 의사의 실현이 가능하다. 결국 하프터는 이러한 독자적인 존재로서의 단체는 자신의 기관을 통해 개별적 의사와는 구별되는 전체로서의 의사를 형성하고, 또 이를 토대로 행위를 할 수 있음을 주장하고 있다.[75)]

다른 한편으로, 민법과 형법에서 행위개념의 통일적인 규정에 대해 찬성을 표명함으로써 단체에게도 형법적인 행위능력이 인정될 수 있다는 견해가 있다. 즉 단체의 형법적인 행위능력은 기관에 대한 법인책임을 규율하고 있는 독일 민법 제31조[76)]와 동일하게 규정·해석되어져야 한다고 한다.[77)] 왜냐하면 개인형법에 있어

---

75) Hafter, Lehrbuch des schweizerischen Strafrechts, Allgemeiner Teil, 2. Aufl., Bern 1946, 47면, 80면.

76) 독일 민법 제31조(기관에 대한 법인책임) 사단은 이사회, 이사회 구성원 또는 기타의 조직법상 선임된 대리인이 그 직무의 집행에 관하여 행한 손해배상의무를 발생시키는 행위로 인하여 제3자에게 가한 손해에 대해 책임을 진다.

77) Rotberg, 앞의 논문, 197면 이하; 이와 유사한 견해로는 Henkel, Die strafrechtliche Verantwortlichkeit von Verbänden im Steuer- und Wirthaftsrecht, Bonn 1960, 97면; Baumann/Weber, Strafrecht, Allgemeiner Teil, 9. Aufl., Bielefeld 1985, 196면; Schroth, 앞의 책, 184면 이하; Schwinge, 앞의 책, 100면; 반대의 견해로는 Bruns, "Anmerkung zum

서도 귀속은 필수적이기 때문에 단체형벌을 부인하는 학자의 일부도 귀속에 관한 특별규정을 통해 단체의 법적 행위능력을 인정하는 것이 가능하다는 것이다.[78)]

(3) 자연적인 행위에 대한 반론

가벌적인 행위는 자연적인, 즉 고유한 인간의 행위만을 전제로 하기 때문에 단체의 행위는 고려될 수 없다는 것을 이유로 기업의 행위능력은 독일제국법원으로부터 부인되어 왔고 현재까지도 많은 학자들에 의해 부인되고 있다.[79)] 그러나 이러한 논거와 형법상의 행위론과의 특별한 연관성은 존재하지 않는다고 여겨진다. 즉 이러한 자연적인 행위에 대해서는 다음과 같은 반론이 제기될 수 있다.

우선, 독일 형법은 언제나 범죄인의 고유한 자연적인 행위뿐만 아니라 광의의 의미에 있어 행위로도 충분하다고 규정하고 있다. 즉 범죄구성요건의 모든 표지를 스스로 실행하는 직접정범(독일 형법 제25조 제1항 1단)과 범죄를 스스로가 아닌 타인을 이용하여 실행하는 간접정범(독일 형법 제25조 제1항 2단)의 법적 정의를 고려하면 고유한 자연적인 행위에 대한 반론은 더욱더 명확해진다. 특히 간

Urteil des BGH vom 27.10.1953, 5 StR 723/52", JZ 1954, 253면.

78) Heinitz, 앞의 논문, 84면; Jakobs, Strafrecht Allgemeiner Teil. Die Grundlagen und die Zurechnungslehre, 2. Aufl., Berlin/Neu York 1991, 6. Abschn. Rn 44; 이와 유사한 견해로는 Weber, "Zum SRP-Urteil des Bundesverfassungsgerichts", JZ 1953, 294면.

79) RGSt 16, 121, 123; 28, 103, 105. Beling의 다음과 같은 견해는 대표적이다: "단지 개별적인 인간만이 행위를 할 수 있다. 법인 및 회사는 어떠한 범죄행위도 할 수 없는 생명 없는 구성물(seelenlose Gebilde)이다"(Beling, Grundzüge des Strafrechts, 11. Aufl., Tübingen 1930, 13면).

접정범에 있어는 행위중재자의 행위도 자신의 행위로 귀속되기 때문에 고유한 자연적인 행위의 본질은 그 의미를 상실한다.[80)]

다음으로, 고유한 자연적인 행위가 없이도 가벌성이 인정되는 부작위범의 영역에서 이러한 점은 더욱 명확해진다. 부작위(Unterlassung)는 그 본질적 의미에서 보면 어떠한 것도 하지 않는 無(Nichts)를 의미한다. 그러나 입법자는 부작위를 언제나 가벌성이 없는 것으로 여기지는 않는다. 즉 부작위를 법적 행위기대라는 규범적 가치평가요소에 의하여 사회적 중요성을 갖는 인간의 행위로서 간주하여 형법적 가벌성의 평가의 대상으로 삼고 있는 것이다.[81)]

마지막으로, 예컨대 만약 기업 및 사업주와 관련된 의무가 기관을 통해서 침해된다면(독일 형법 제14조, 질서위반법 제9조[82)]) 행위는

80) 이러한 행위귀속에 관해 더 자세히는 Roxin, in: LK, § 25 Rn. 43 ff.; Schönke/Schröder/Cramer, § 25 Rn. 6.

81) 이에 관해서는 Jescheck, in: LK, Vor § 13 Rn. 85; Schönke/Schröder/Stree, Vor § 13 Rn. 139.

82) 독일 형법 제14조(타인을 위한 행위)와 질서위반법 제9조(타인을 위한 행위)는 다음과 같이 동일하게 규정되어 있다.
① 다음 각호의 자격으로 행위 한 때에는 특별한 인적 성질·관계·상황(특별 인적 요소)이 가벌성의 기초를 이루는 법률은 그와 같은 요소가 대리인에게는 존재하지 아니하고 본인에게만 존재하는 경우에도 그 대리인에 대하여 이를 적용한다.
1. 법인의 대표기관 또는 동기관의 구성원
2. 인적 회사의 대표권 있는 사원
3. 타인의 법정대리인
② 사업주 또는 기타 사업권한을 가진 자로부터 다음 각호의 위임을 받고 그 위임에 근거하여 행위한 때에는 특별한 인적 요소가 가벌성의 기초를 이루는 법률은 그와 같은 요소가 수임자에게는 존재하지 아니하고 사업주에게만 존재하는 경우에도 그 수임자에 대하여 이를 적용한다.
1. 사업소의 전부 또는 일부의 경영에 관한 위임
2. 사업주의 책임에 속한 임무를 자기 책임으로 담당하도록 하기 위한

진정한 규범수범자와 어떠한 동일성도 전제하지 않는다. 그러므로 행위개념은 자연과학적인 구성요소로서의 인간의 행위와 연결될 뿐만 아니라 매우 폭넓은 규범적 근본요소를 토대로 하여 자연적 행위개념으로부터 추상화·개념화되고 있음을 알 수 있다.[83)]

이 때문에 기업이 그 자체로서, 즉 스스로 행위를 할 수 없다고 하는 주장은 형법에서 기업의 행위능력을 부인하기 위한 논거로는 충분하지 않다. 행위개념의 규범적인 요소와 관련하여 오히려 기업의 행위능력은 긍정될 수 있다. 왜냐하면 기업은 자연인과 같은 규범수범자로서 자신의 규범의무를 이행해야 하며, 이러한 의무를 기관을 통해서 침해할 경우에는 형벌이 부과될 수 있기 때문이다.[84)]

(4) 소결

기업이 형법적 의미에서 행위능력이 없기 때문에 처벌될 수 없다는 독일 다수설의 주장은 다음과 같은 이유로 그 설득력을 상실해가고 있다. 왜냐하면 기업을 위해 행동한 특정한 개인의 가별적 행위를 기업 그 자체로서의 행위로 귀속시키거나 이러한 방식으로 기업에게 행위능력을 부여하는 것에 결코 어떠한 결정적인 이론상

명시적 위임

기업은 제1문에 의한 사업소로 본다. 제1문은 해당 위임에 근거하여 공공행정 임무를 담당하는 관서를 위하 여 행한 경우에도 준용된다.

③ 제1항 및 제2항은 대리권 또는 위임관계에 기초하여 이루어진 법률행위가 무효로 된 경우에도 적용된다.

83) 이에 대한 적절한 설명으로는 Otter, Funktionen des Handlungsbegriffs im Verbrechensaufbau, Bonn 1973, 59면 이하; Schroth, 앞의 책, 178면 이하.

84) Schroth, 앞의 책, 179면.

의 결함도 존재하기 않기 때문이다. 더욱이 행위개념은 오늘날 수많은 기업형법적인 구성요건으로 인하여 더욱더 규범적인 의미로 이해되고 있다. 그 결과 기업에 대해 규제적인 제재성격을 갖는 형벌부과가 요구되어 진다면 기업 또한 하나의 행위주체로서 이해되어져야 한다.

그러나 기업의 행위능력을 긍정한다고 해서 바로 기업이 형법전에 나타난 모든 범죄를 범할 수 있다는 것은 아님에 유의해야 한다. 특히 반윤리적인 성격이 강한 범죄행위는 기업조직체의 활동으로 그 범죄구성요건을 실현할 수 없기 때문에 이 경우 기업의 행위능력은 인정될 수 없다.

2. 기업의 책임능력

규제적인 기업형벌의 도입을 정당화하기 위해서는 기업의 행위능력을 긍정하는 것만으로 충분하지 않다. 왜냐하면 자연인이 아닌 기업 자체에게 구성요건표지의 책임 있는 실현을 부담지울 수 있어야만, 즉 고의·과실의 행위가 존재해야만 기업의 가벌성이 긍정될 수 있기 때문이다. 이 때문에 기업이 형법적 의미에서 책임(Schuld)[85]을 부담할 수 있는지, 즉 책임능력이 있는지의 여부가 검토되어야 한다.

(1) "책임 없으면 형벌 없다"의 원칙

"책임 없으면 형벌 없다"(nulla poena sine culpa)의 원칙, 즉 책임

---

85) 구성요건의 해당성과 위법성 이외에 책임은 형벌의 성립근거이자, 형벌의 한계를 정하는 범죄요소이다. 그러나 개별적 책임요소의 정확한 체계적 지위 및 그의 상호관계는 그리 간단히 설명될 수 없다. 이에 대한 여러 견해의 자세한 설명은 Jescheck, AT, 382면 이하 참조

원칙에 따르면, 모든 형벌은 책임을 전제로 한다. 책임은 형벌의 근거이자 양형의 기준이며, 형벌은 책임의 정도를 초과해서는 안 된다. 이러한 책임원칙은 인간의 존엄성과 법치주의국가원칙이 도출되는 헌법적인 원칙이다.[86] 책임원칙은 형사정책의 최고 상위원칙들 중의 하나이다.[87]

그러나 책임개념은 형법에 의해 명확하게 정의되어 있지 않다. 전통적인 "심리적 책임론"(psychologische Schuldauffassung)에 따르면, 범행에 대한 행위자의 주관적·정신적 관계 속에서 책임의 본질을 찾고자 한다. 이 설은 책임개념을 심리적 사실(인식/무지, 의욕/무의욕)과 동일한 것으로 보고, 그 결과 고의와 과실을 책임종류로서 간주한다.[88] 그러나 오늘날에는 일반적으로 책임의 본질을 의사형성과 의사실행에 대한 비난가능성(Vorwerfbarkeit)이라고 보는 "규범적 책임론"(normative Schuldlehre)이 지배적인 통설로서 자리 잡고 있다.[89] 규범적 책임론에 따르면, 책임판단을 위한 준거점은 불법행위이다. 즉 책임판단에 의하여 행위자에게 그가 합법을 결의하여 행동을 할 수 있었으나 불법을 결의하고 위법하게 행위를 하였다

86) BGHSt 2, 194, 200; 18, 87, 94; 20, 264, 267; BVerfGE 6, 389, 439; 20, 323, 332 f.

87) Schroth, 앞의 책, 191면.

88) 이 책임이론은 책임의 본질적 요소를 고려하지 않았기 때문에 고의로 한 행위자의 책임이 면책적 긴급피난의 전제조건 아래서 무엇 때문에 없어지는지 그 이유를 설명할 수 없다는 비판이 제기된다(Wessels/Beulke, 앞의 책, 125면).

89) 그러나 무엇으로 책임비난을 실질적으로 근거지울 수 있는지, 비난가능성과 책임이라는 개념이 어떠한 관계 속에서 서로 위치하고 있는 지 등의 개별적인 책임요소에 대해서는 견해가 나누어지고 있다. 이에 대해 자세히는 Achenbach, Historische und dogmatische Grundlagen der strafrechtssystematischen Schuldlehre, Berlin 1974, 19면 이하; Jescheck, AT, 378면.

는 것에 대하여 개인적인 비난이 가하여 지는 것이다.[90)]

독일연방법원은 책임개념과 관련하여 다음과 같이 판시하고 있다: “형벌은 책임을 전제조건으로 요구한다. 책임은 다름 아닌 비난가능성이다. 책임의 반가치판단으로 행위자에게 비난되는 것은 비록 그가 법에 따라 행위 하지 않고 법에 합치되게 스스로 결정하지 않았다는 데에 있다. 책임비난의 내적 기초는 인간이 윤리적으로 성숙되어 있는 한, 그리고 독일 형법 제20조에서 언급된 병적인 정신장애 등으로 인해 자유로운 자기결정력의 소질이 일시적으로 마비되거나 지속적으로 손상되어 있지 않는 한, 그는 자유롭고 책임성 있게, 또한 윤리적으로 자기결정을 할 수 있기 때문에 불법을 거부하고 합법을 결의할 수 있고 자신의 행위를 법적 당위규범에 합치시키며 법적으로 금지된 것을 회피할 수 있다는 데에 있다.”[91)] 이에 따르면, 책임성 있는 주체로서 비난의 수범자는 다르게 행동할 수 있을 것을 전제로 하고 있다. 그러나 규범적 책임설에 따르면, 사회 · 윤리적 성격을 갖는 이러한 형법적인 책임비난은 법인에게 가해질 수 없기 때문에 기업(법인)에 대한 형벌의 도입은 부인되고 있다.[92)]

(2) 기업책임에 대한 견해대립

가. 독일 판례의 입장

독일 판례는 행위능력의 문제에서와 마찬가지로 개인 형법적인

---

90) Welzel, Das deutsche Strafrecht, 11. Aufl., Berlin 1969, 138면: “행위자가 의도적으로 할 수 있는 것, 오직 그것에 대해서만 비난할 수 있을 뿐이지, 이에 반해 그가 본래 어떤 사람이냐에 대해서는 비난할 수 없다”.

91) BGHSt 2, 194, 200 f.

92) Schmitt, 앞의 책, 106면.

원칙들을 지지하고 있다. 이러한 점에서 사회·윤리적 책임비난이 불가능한 단체형벌 역시 부인하고 있다. 독일제국법원도 원칙적으로 단체의 책임능력을 부인했으나, 이전 조세법의 단체형벌에 대해서는 어떠한 책임 도그마틱적인 반론도 제기하지 않았다.[93] 독일연방법원은 단지 군정법에서만 단체의 행위능력과 책임능력을 인정했으나, 원칙적으로 법인의 정범과 단체책임의 가능성을 부인했다.[94]

나. 학설의 대립

엄격한 개인 형법이론의 지지자들은 단체의 책임능력을 형법과 질서위반법에서 부인하고 있다. 그 결과 이들은 단체질서위반금까지도 부인하고 있다. 이에 대해 오늘날 지배적인 완화된 개인 형법이론의 지지자들은 원칙적으로 단지 형법에서만 책임에 의존하는 단체제재, 특히 단체벌금을 부인한다. 반면에 이들은 책임원칙의 관점 하에서 단체질서위반금은 그 타협책으로서 인정하고 있다. 이와 달리 개인형법과는 구별되는 기업형법의 창설을 주장하는 소수의 학자들은 형법과 질서위반법에서 단체형벌 및 단체질서위반금을 책임도그마틱적인 관점 하에서 긍정하고 있다.[95]

(3) 기업형법에서 책임원칙의 해소를 위한 다양한 제안들

가. 쉬네만(Schünemann)의 견해: 법익의 긴급피난

쉬네만은 형법의 기능의 변화와 관련하여 형법은 응보형법으로

93) RGSt 5, 183; 8, 326, 333; 16, 121, 123; 28, 103, 105; 33, 261, 264; 47, 90, 91.

94) BGHSt 14, 194, 197; 12, 295, 297 ff.

95) Schroth, 앞의 책, 196면.

부터 예방형법의 방향으로 발전하고 있다고 한다. 이러한 예방형법에서 형사제재의 법적 허용성은 더 이상 과거의 범죄행위에 대한 응보가 아닌 미래의 예방적 유용성에 따라 결정된다. 하지만 쉬네만은 형벌의 정당성의 원칙으로서 책임만을 고수하지는 않는다. 그는 형벌의 정당성의 원칙으로서 책임 이외에 법익의 긴급피난(Rechtsgüternotstand)이라는 개념을 새롭게 주장하고 있다. 즉 요구되는 법익보호가 다른 방식으로는 더 이상 보호될 수 없을 때, 위태화 된 법익의 유지가 단체에게 가해지게 될 손해보다 더 중할 때 및 이러한 종류의 법익보호가 그 밖의 법윤리적인 원칙들과 충돌되지 않을 때, 기업 또는 단체에게 그 책임과 독립한 訴를 제기하는 것은 법익의 긴급피난으로서 정당화 된다고 한다.[96] 더 나아가 그는 만약 자연인이 한 기업체에서 형벌 또는 질서위반금이 부과되는 범죄행위를 단지 기업의 이익을 위해 행하였다면, 그리고 이러한 행위의 저지를 위해 기업에게 요구된 감독조치가 결여되었고 불충분했다면, 기업 또는 단체에게 그 책임을 귀속시키고 독립한 형사제재를 부과하는 것은 그 정당성이 충분히 있다고 여겼다.[97]

나. 티데만(Tiedemann)의 견해: 조직의 책임

티데만은 이미 질서위반법에서 형법적인 책임요구는 점점 축소되고 있는 반면, 답책성(Verantwortlichkeit)은 더욱더 강력히 요구되고 있다는 점이 기업의 책임능력을 긍정하는 하나의 중요한 지표라고 한다. 왜냐하면 이러한 답책성은 전통적인 의미에서 인격적·윤리적 비난가능성으로 이해되는 인간의 책임에서 벗어나 사

96) Schünemann, 앞의 책, 236면 이하.

97) Schünemann, 앞의 책, 236면 이하.

회적·법적인 범주로 지향된 광의의 의미의 책임개념으로 대치할 수 있는 가능성을 열어주기 때문이다.[98] 이른바 "조직의 결함"(Organisationsfehler) 또는 "조직의 과책"(Organisationsverschulden)[99]은 기업의 답책성을 근거 짓게 하고, 기업 그 자체에 대해 가할 수 있는 고유한 사회적 비난으로서 간주될 수 있다고 한다. 그러므로 만약 기업을 운영함에 있어 기관 또는 대리인이 범죄 또는 질서위반행위를 범하였다면, 기업은 이에 대해 책임을 져야한다. 왜냐하면 이러한 경우 기업은 불법적인 기업운영이 아닌 정상적인 기업운영을 유지하기 위해 요구되어지는 예방조처를 충분히 이행하지 않았기 때문이다.[100]

다. 쉬로트(Schroth)의 견해: 기관책임으로서 기업책임

쉬로트 역시 다음과 같은 논거를 통해 기업의 책임능력을 긍정하고 있다. 즉 책임원칙에 기초한 답책성의 사고는 행위자의 잘못된 태도와 밀접하게 연관되어 있지만, 언제나 개별적인 인간의, 즉 조직과는 무관한 행위만을 의미하지는 않는다. 오히려 규범 수범자로서의 기업은 인간적·사적인 개별행위뿐만 아니라, 집합적인 행위방식까지도 책임을 져야 한다는 결론이 도출된다. 모든 기

98) Tiedemann, 앞의 논문, 1169면 이하.

99) Otto 또한 "조직의 과책"(Organisationsverschulden)이라는 개념을 사용하고 있다. 그러나 Tiedemann의 견해와는 달리 그는 구체적으로 행동한 행위자의 확정 및 인격적 책임비난을 요구하지 않는다. 오히려 기업의 형식적인 조직상의 과책만 있으면 충분하다고 한다. 왜냐하면 기업, 기관 및 그 대리인에 의한 주의의무, 조직의무, 감독의무 및 통제의무의 침해는 여기서 중대한 비난의 핵심을 형성하기 때문이다. Otto, Die Strafbarkeit von Unternehmen und Verbänden, Berlin/New York 1993, 28면 이하.

100) Tiedemann, 앞의 논문, 1172면 이하.

업의 행위는 인간의 의사형성의 결과물로서 표현되는 것이기 때문에, 기업차원에서 결함 있는 집합적인 의사형성, 즉 기업책임 또한 고려될 수 있다고 한다.[101] 이러한 책임은 단지 기업을 위해 답책성 있는 행위를 한 기관의 책임 있는 역할행위에서만 나타날 수 있다. 이러한 기관책임은 독일 형법 제75조(기관 및 대리인에 대한 특별규정), 질서위반법 제29조, 제30조의 규정에 의해 기업에게 고유한 책임으로서 귀속되어지지만, 이렇게 이해된 기업책임은 개인과 밀접한 관련성을 맺는 기관책임과 동일시되지는 않는다. 오히려 기능적인 기관책임의 귀속으로 이해될 수 있다. 즉 이는 기능적으로 활동하는 기업대표자의 책임 있는 행위방식으로서의 기관책임을 의미할 뿐이라고 한다.[102]

라. 하이네(Heine)의 견해: 기업경영책임으로서 기업책임

하이네는 기업의 책임능력과 관련하여 매우 흥미로운 견해를 피력하고 있다. 그의 견해에 따르면, 개인 및 단체의 갈등을 하나의 공통분모로 하여 설명하려는 모든 시도는 설득력이 없다고 한다. 따라서 예컨대 전통적인 개인형법에서 사용되고 있는 책임개념을 기업영역에 적용 하는 것은 단지 형법 도그마틱의 왜곡만을 초래할 뿐이라고 한다. 이 때문에 하이네는 개인형법 이외에 기업형법이라는 새로운 형법영역을 창설하는 것과 여기서 집합적 답책성이라는, 즉 개인형법의 책임개념과 구별되는 또 하나의 축을 발전시키는데 찬성하고 있다.[103]

개인형법에서 책임이라는 가벌성의 전제조건은 개인의 자유로운

---

101) Schroth, 앞의 책, 209면.

102) Schroth, 앞의 책, 204면, 209면.

103) Heine, 앞의 책, 201면 이하.

심정결의에 기초하고 있다. 또한 기업형법에서도 구체적인 행위상황에서 결함 있는 결의와 관련성을 가질 수 있다. 예컨대 특정한 이사회의 결정은 (직접적인) 위법한 결과를 초래할 수 있다. 그러나 기업경영상 발생하는 대부분의 대형사고는 개인의 개별적인 결의에 정확하게 귀속시킬 수 없다. 오히려 이는 대부분 위험의식과 위험예방에 대한 수년간의 결함의 결과인, 즉 기업경영상의 체계적인 오류과정의 결과물이라 할 수 있다. 이 때문에 기업형법에서 전통적인 책임이 과연 그 개념적·내용적 의미에서 무엇을 의미하는지 적절하게 설명될 수 없다. 이로써 기업형법에서 책임개념은 법치국가에 합치하는 답책성의 원칙으로 변형된다. 즉 책임은 중대한 사회적 교란에 대한 기업의 특수한 답책성으로서 인정될 수 있다고 한다.104)

기업에게 이러한 특별한 책임개념을 구체화할 때 무엇보다도 시간적 요소를 고려해야 한다고 한다. 왜냐하면 이는 단지 정확한 심정결의에 관한 것뿐만 아니라, 집합적 결의과정에 대한 책임, 즉 일련의 시간경과에 따라 순차적으로 형성되는 기업경영상의 잘못된 결의과정에 관한 것이기 때문이다. 이러한 책임은 개인형법에서 확립된 개념인 "생활영위책임"(Lebensführungsschuld)으로부터 유추하여 만들어 낸 "기업경영책임"(Betriebsführungsschuld)으로서 표현될 수 있다.

개인형법에서 생활영위책임은 원칙적으로 책임판단의 기초로서 거부되고 있다. 왜냐하면 책임비난의 기초가 되는 불법은 금지된 것을 적극적으로 행하거나 요구된 것을 부작위하는 구체적인 행위이지 법적으로 부정되는 생활영위가 아니기 때문이다. 그러나 이

104) Heine, 앞의 책, 265면, 307면.

와 반대로 기업형법에서는 순차적으로 진행되는 기업경영상의 잘못된 결의과정을 적절하게 바로잡는 것이 중요하고, 더 나아가 장래에 책임 있는 위험관리(risk-management)를 보증하는 것 또한 중요하다. 하이네의 견해에 따르면, 기업이 비록 처음부터 기업경영상의 전형적인 위험을 매 순간 통제할 수 있었음에도 위험예방을 불가능하게 하는 단계로 나아갔다면, 이러한 '기업경영책임'의 의미에서 형사책임을 져야한다고 한다. 이 때문에 만약 기업이 사업을 계획하고 투자를 함에 있어 위험한 상황을 충분히 예측하지 않고, 요구되어 지는 예방프로그램을 소홀히 한 채 평상시대로 기업경영(business as usual)을 했다면, 기업경영상의 대형사고는 책임 있는 행위로서 기업에게 귀속될 수 있다고 한다.[105]

(4) 소결

쉬네만, 티데만, 쉬로트 및 하이네 외에도 기업형법에서 고유한 기업책임을 근거 짓기 위해 다양한 견해들이 제기되고 있으나, 이들 견해는 부분적으로 현저한 차이를 나타내고 있다. 그러나 기업의 책임능력 긍정을 위한 논의를 전체적으로 살펴보면 다음의 세 가지 기본모델로 구분될 수 있다. 우선, 대다수의 견해는 귀속을 통해 매개되는 법인의 책임을 행위능력과 연계하여 설명하고자 한다. 다른 한편으로, 기업의 고유한 책임능력을 확립하고자 하는 시도가 증가하고 있다. 이때 "조직책임"(Organisationsschuld) 내지 "조직과책"(Organisationsverschulden) 등과 같은 개념이 새롭게 등장하고 있다. 마지막으로, 기업형벌의 근거설정을 목적으로 기업형법의 영역에서 책임개념을 완전히 포기하고, 대신에 처벌의 예방적 유용

105) Heine, 앞의 책, 287면.

성 또는 합목적성의 기준으로 대체하고자 하는 모델이 있다. 따라서 이러한 세 가지 모델 중에서 어떤 모델이 기업의 책임능력을 근거 짓기 위해 적합한 것인지 검토할 필요성이 있다.

첫째로, 대다수의 독일문헌에 의해 지지되고 있는 귀속모델은 기업의 책임능력을 적절하게 설명할 수 없다고 여겨진다. 왜냐하면 귀속모델에서 책임은 지극히 개인적인 사태로서 이해되어지기 때문이다. 즉 각 범죄참가자는 타인의 책임과 관계없이 각자의 책임에 따라 처벌된다고 하는 독일 형법 제29조에 따라 기업 구성원의 책임은 법인의 책임으로 거의 귀속시킬 수 없다. 더욱이 귀속모델에서 요구되는 자연인의 책임과의 연결점은 기업에서 흔히 발생하는 '조직화된 무책임'의 사례들을 해소할 수 없게 한다. 결국 귀속모델로도 기업의 책임능력에 관련된 문제점들을 적절하게 해결할 수 없다.

다음으로, 단지 예방적 관점에서 기업형벌을 도입하고자 하는 모델 역시 형벌의 정당성을 확보할 수 없다고 여겨진다. 왜냐하면 예방사고를 통해 내용적으로 재구성된 책임개념은 자신의 행위에 대한 행위자의 책임이라는 전통적인 책임개념과 어떠한 연결점도 가질 수 없기 때문이다. 즉 이 모델에서 기업형벌의 적합성과 필요성은 단지 예방적 측면에서 결정될 뿐이다. 이로써 책임개념은 자신의 본래의 의미를 상실할 위험성이 있다.

마지막으로, 기업의 고유한 책임능력을 인정하는 모델에서는 어떻게 개인형법의 책임과 구별되는 기업의 고유한 책임을 구성할 수 있을지가 문제로 남는다. 그러나 이러한 문제는 현대사회에서 기업의 존재를 보다 자세히 살펴보면 해결될 수 있다. 즉 현대사회에서 기업은 독자적인, 기업 구성원의 단순한 총합과는 구별되는 특별한 사회적 존재로서 설명된다. 이러한 존재는 고유한 기업

문화를 향유하고 있다. 현대 경영학에서는 이러한 측면을 개인의 정체성과는 명확히 구별되는 "기업의 정체성"(corporate identity)이라는 개념으로 표현하고 있다. 이러한 살아있는 유기적 조직체로서의 기업은 하나의 고유한, 아주 특별한 역동성을 나타낸다. 이러한 역동성은 -쉬네만이 이미 적절히 지적했듯이- 초개인적인 기업정신 또는 범죄적인 기업의 태도로까지 표현되고 있다. 이러한 상황과 관련하여 기업은 조직 내부에서 일련의 결의과정에 의해 발전된 범죄적 불법에 대해 스스로 책임을 져야만 한다. 또한 현대사회에서 일반인도 대부분의 기업범죄에 있어 진정 책임 있는 범죄인은 바로 기업 구성원이 아닌 기업 자체라고 여기고 있다. 결국 현대사회에서 독자적인 사회적 구성체로서의 기업에게 그가 행한 반사회적 내지 불법행위 대해 형법상의 고유한 책임능력을 인정할 수 있다.

3. 기업의 수형능력

기업의 수형능력과 관련해서도 형벌의 목적과 기능이 기업에 대해서도 실현될 수 있는가, 이것이 긍정된다면 어떠한 형벌이 이러한 목적 실현을 위해 적용될 수 있는 가라는 근본적인 의문이 제기되고 있다.

(1) 형벌의 본질과 기업(법인)처벌

형벌의 본질이 무엇인가는 법질서 내에서 그 기능을 도외시 한 채 논의될 수 없다. 즉 형법의 임무가 사회 공동체에서 일반 시민의 평화로운 공동생활을 보호하는 것이라고 한다면 형벌은 법질서의 유지와 보호에 기여해야 한다. 이러한 형벌의 기능으로부터 형벌은 규범위반성에 대한 개인책임을 전제로 해서 부과된다는 점이 도출 된다. 이러한 입장을 바탕으로 하여 기업의 가벌성을 부인하는 독일의 다수설에 따르면 자연인과는 달리 법인에게는 행위능력과 책임능력이 부인되는 동시에 책임 있고 위법한 행위에 대한 국가의 반작용으로서의 형벌을 부과할 수 있는 어떠한 준거점도 인정되지 않는다고 한다. 그러나 이러한 다수설의 입장은 다음과 같은 이유로 점점 그 설득력을 상실해가고 있다.

우선, 규범일치적인 행위와 관련한 동기부여력이 법인에 대한 형벌에는 결여되어 있기 때문에 형벌이 법인에게 부과되는 경우에 그 본질적 의미를 획득할 수 없다고 하는 일부의 견해[106]는 설득력이 없다. 왜냐하면 법인 역시 자연인으로 구성되었기 때문에 법인으로 하여금 반사회적 내지 불법한 행위를 저지하게 하는 동기부여가능성은 여전히 존재한다. 따라서 벌금의 부과와 그에 따른 법인의 재정적 손실은 기업정책에 일정한 영향을 미칠 수 있으며, 기업에 대한 처벌은 기업에 속한 모든 개개인, 즉 대표이사, 기관 및 그 밖의 구성원에게 장래의 규범일치적인 행위와 관련하여 긍정적인 영향을 미치게 할 수 있다.[107] 이와 더불어 주주와 관련하여 기업형벌은 그들에게 기업경영에 관한 감독권과 협력권을 적절하게 사용하게 하고 장래의 합법적인 기업운영에 긍정적인 영향을 미치게 할 자극을 제공한다.[108]

다음으로, 기업은 형벌의 부과와 결합된 사회·윤리적 비난의

---

106) Schmitt, 앞의 책, 196면, 216면; Seiler, Strafrechtliche Maßnahme als Unrechtsfolgen gegen Personenverbände, Freiburg/Schweiz 1967, 92면.

107) Ackermann, 앞의 책, 189면.

108) Ehrhardt, Unternehmensdelinquenz und Unternehmensstrafe, Berlin 1994, 201면 이하.

수범자가 될 수 없기 때문에 기업의 수형능력은 부인 된다[109]는 반론 역시 수긍할 수 없다. 왜냐하면 기업은 개인과 마치가지로 대표이사 및 그 구성원에 의한 범죄를 저지하기 위해 필요한 모든 행위를 할 법적·윤리적인 의무를 수반하기 때문에 법적·윤리적 행위요구의 수범자로서 간주될 수 있다. 규범일치적인 행위를 하지 않았기 때문에 기업에게 가해지는 비난 역시 이러한 윤리적인 거부의 일종이다. 이 때문에 개인과 마찬가지로 기업을 공공의 사회·윤리적인 불가치판단의 영역밖에 놓아 둘 수는 없다. 결국 기업에 대한 형벌의 부과는 원칙적으로 형법의 본질과 모순되지 않는다고 여겨진다.[110]

(2) 기업형벌의 목적

기업형벌이 형벌의 목적을 달성할 수 있는가의 문제와 형벌의 본질에 대한 논의는 서로 구별되어야 한다. 형벌은 사회 공동체의 보호를 위해 그 필요성과 적합성이 인정될 때에 정당화된다. 이러한 요구를 충족시키지 못하는 형벌은 국가의 불필요한, 심지어 부당한 개입으로 간주될 수 있다. 따라서 기업에 대한 형벌의 부과 역시 일반적으로 형벌에 의해 의도된 목적을 충족해야 함을 전제조건으로 하고 있다.

가. 일반예방

형벌은 우선 일반예방(Generalprävention)의 효과를 달성해야 한다. 즉 형벌의 투입은 잠재적 범죄인에 대한 위하에 의하여 장래의 범죄를 방지하는 것(소극적 일반예방)과 법규범에 대한 준수의식과 법

109) Schmitt, 앞의 책, 196면 참조.

110) Ehrhardt, 앞의 책, 202면.

적 신뢰를 강화하는 것(적극적 일반예방)에 기여해야 한다.[111] 이러한 형벌의 일반예방 효과는 특히 경제범죄의 영역에서 -여기서는 경제적 인간(homo oeconomicus)으로서 합리적인 행동을 하는 행위자를 전제로 하고 있음- 특별한 의미를 갖는다.[112]

기업형벌 역시 일반예방의 효과를 달성할 수 있다는 점은 부인될 수 없다.[113] 기업형벌은 일반인, 특히 기업의 대표이사에게 국가가 특별한 형태의 범죄를 용인하기 보다는 개인범죄와 같이 동일한 결과를 갖는 형벌을 부과할 수 있음을 명료하게 보여줄 수 있다. 특히 공적인 소송절차를 이행함으로써 나타나는 공개성으로 말미암아 기업의 이미지는 치명적인 상처를 입을 수 있기 때문에 기업형벌의 일반예방 효과를 충분히 거둘 수 있다.[114]

나. 특별예방

형벌은 일반예방의 효과 이외에도 특별예방(Spezialprävention)의 효과를 거두어야 한다. 즉 형벌은 범죄인에 대한 위하와 범죄인의 사회복귀 또는 격리를 통하여 바로 그 범죄인이 다시 죄를 범하는 것을 방지하는 데 기여해야 한다. 동시에 일반인을 형의 집행을 통하여 개별적인 범죄인으로부터 지속적으로 또는 잠정적으로 보호해야 한다.[115] 기업형벌 역시 이러한 특별예방의 효과를 거둘 수 있을 지의 여부에 대해 다수설은 이를 부정하고 있다.

그러나 다수설의 견해와는 달리 기업에게 개인형벌이 아닌 기업형벌을 부과함으로써 장래의 사회규범 일치적인 행위에 대한 교육

111) Vgl. nur Maurach/Zipf, AT, 66면 이하.

112) 이에 대해 상세히는 BGH JZ 1975, 183면 이하.

113) Ackermann, 앞의 책, 196면 이하.

114) Ehrhardt, 앞의 책, 203면 이하.

115) Vgl. Maurach/Zipf, AT, 66면 이하.

적 효과를 기대할 수 있다. 이는 법인범죄의 책임(corporte criminal liability)을 긍정하고 있는 미국에서 명확히 나타나고 있다.[116] 예컨대 기업형벌은 기업내부의 감시의무와 통제의무를 강화하게 하고, 기업의 대표이사를 선임 할 때 특히 그의 신뢰성과 법 준수성을 주목하게 한다. 또한 기업경영 및 직무수행에 관한 명확한 행위지침을 세우게 하고, 건전한 기업문화의 형성을 유도하게 함으로써 기업의 대표이사 및 기업 구성원에 의한 범죄행위가 전혀 자리를 잡을 수 없게 한다. 더 나아가 기업의 운명에 전반적인 영향을 미치는 대표이사 및 기업 구성원으로 하여금 장래에 있어 법질서위반행위를 저지하도록 하는 노력을 강화하게 한다. 이로써 기업형벌은 기업 개선(Besserung)의 효과를 충분히 거둘 수 있다.[117]

또한 기업형벌은 위험한 범죄인에 대한 일반인의 보호라는 특별예방의 또 다른 목적을 달성할 수 있다. 예컨대 활동의 자유를 제한하는 자유형의 효과는 영업정지의 효과와 일치될 수 있으며, 특히 중한 사례에 있어서는 법인의 해산[118]도 고려될 수 있다.[119] 결국 기업형벌은 특별예방의 효과를 거둘 수 없다고 하는 다수설의 견해는 더 이상 지지될 수 없다.

---

116) Comments, Criminal Sanction for Corporate Illegality, The Journal of Criminal Law & Criminology, vol. 69, 1978, 44면 이하.

117) Ehrhardt, 앞의 책, 205면.

118) 법인에 대한 영업정지 및 해산 등은 형법이 인정하는 형벌이 아니므로 형벌체계에 비추어 범죄능력을 부인해야 한다는 견해(이재상, 앞의 책, 98면; 배종대, 앞의 책, 167면)도 있으나, 이는 설득력이 없다. 왜냐하면 형사제재에는 형벌만 있는 것이 아니라 보안처분도 법질서위반행위에 대한 형법적 제재이므로 형사제재 중 형벌이 아닌 보안처분을 부과한다고 해서, 이것 때문에 형벌을 과할 수 없다는 이유로 범죄능력까지 부정해야 한다는 주장은 수긍될 수 없기 때문이다.

119) Ackermann, 앞의 책, 199면.

(3) 기업형벌의 종류와 내용

앞서 살펴본 바와 같이 기업에 대한 수형능력이 긍정된다고 해도 여전히 어떠한 종류와 내용의 기업형벌이 부과될 수 있는 지에 관한 문제가 남아 있다. 이러한 기업형벌의 종류와 내용과 관련하여 특히 하이네는 기업에게 매우 광범위한 형사제재를 부과할 수 있다고 한다. 그에 따르면 비록 행정법상의 강제수단(예컨대 무허가 시설의 가동중지처분 또는 행정법규 위반행위로 인한 영업정지처분 등)으로서 이미 기업에 대한 제재가 규정되어 있지만, 이러한 수단은 결코 형법적인 제재로서 간주될 수 없다고 한다. 왜냐하면 행정법은 단지 예방적인 임무를 이행할 뿐이지, 형벌에서 요구되는 억압적인 목적은 달성할 수 없기 때문이다. 즉 억압적 조처로서의 강제수단은 단지 형법에서만 규정될 수 있다고 한다.[120)]

어떠한 기업형벌이 부과될 수 있을 지를 살펴보면 먼저, 기업형벌의 가장 중한 제재로서 -개인형법의 사형 내지 무기징역형에 해당하는- 기업의 "해산"을 생각할 수 있다. 이러한 기업의 해산은 최후수단으로서 단지 극단적으로 예외적인 경우에만 적용되어야 한다. 다음으로, 자연인에 대한 자유형과 유사한 성격을 갖는 기업의 "잠정적인 재산압류"가 고려될 수 있다. 이러한 잠정적인 재산압류라는 형벌의 예로 특히 일정 기간 동안의 기업의 영업정지를 들 수 있다. 이 형벌은 무엇보다도 영업정지 기간 동안 기업으로 하여금 장래에 적절한 위험관리를 도모하게 할 수 있는 장점이 있다. 그러나 이러한 형벌 역시 단지 중한 사례의 경우에만 부과되어야 한다. 마지막으로, 전형적인 벌금형의 형태로 누적적인 또는 대체적인 "재정적 제재"를 고려할 수 있다. 이러한 재정적 제재

120) Heine, 앞의 책, 301면.

독일 행정법상 법인에 대한 행정제재

독일 행정법상 법인에 대해서 해산, 영업정지 또는 제한의 행정제재를 부과할 수 있다. 즉 한편으로, 독일 유한회사법(GmbHG) 제62조에 따르면, 법인이 위법한 결정을 하거나 대표자의 위법행동을 알고서 행하도록 내버려 둠으로써 공공의 복지를 해하였을 경우에 한정책임능력을 가진 법인에 대해 해산이라는 행정제재를 부과할 수 있다. 형법상의 범죄구성요건을 충족하는 행위나 결정이 대표적인 위법행위이다. 독일 회사법(AktienG) 제396조도 감독위원회나 총회가 위법하게 행동하는 회사간부의 소환을 하지 않았을 경우에 주식회사의 해산을 명할 수 있도록 규정하고 있다. 나아가 주최고법원이나 내무장관은 결사법(VereinsG) 제3조, 제17조 제1항에 따라 유한회사나 주식회사가 헌법질서나 국제협약의 정신에 반하는 활동을 지향하거나 형법상의 국가보호규정에 위반될 경우 설립이 금지될 수 있다. 이러한 법인에 대한 해산명령은 자연인에 대한 사형과 동일한 의미를 가지며, 형법상의 제재수단이 효과가 없을 때 최후에 투입되어야 한다는 점에서 비례성원칙의 적용을 받는다.

다른 한편으로, 독일 영업법(GewO) 제35조, 음식업법(GastG) 제16조, 제17조 등에 따르면, 기업은 영업제한조치를 행정관청으로부터 받을 수 있다. 이러한 영업제한은 허가, 승인, 인가의 철회 또는 취소 등의 행정법상의 제재로 확대될 수 있다. 이러한 조치의 근거는 무엇보다 해당 영업의 불법성, 즉 범죄행위에 착수하였다든가 할 때에 내려진다. 이러한 영업제한조치가 법인에 대한 충분한 제재조치가 될 수 있는지, 아니면 부차적 의미만을 갖는지는 논의중에 있다. 다만 이러한 조치들은 행정법상의 제재일 뿐이며 형사적 제재는 아니라는 점은 분명하다.[121]

로는 이익환수 및 원상회복 등이 있다. 이러한 종류의 형벌의 장점은 기업의 재정 상태에 비례하여 형벌을 과할 수 있다는 데 있다. 이와 동시에 기업에게 특정한 의무를 부담하게 하는 형벌을 부과할 수도 있다. 예컨대 경영상의 "환경감사"를 받도록 하는 명령을 생각할 수 있다. 이러한 제재의 목적은 장래에 기업운영상 전형적으로 발생하는 위험을 적절한 위험규제를 통해 저지하게 하는 데 있다. 이러한 다양한 형태의 기업형벌의 부과를 통해서 기업의 의사형성과정에 긍정적인 영향을 미칠 수 있음은 분명하다.[122]

---

121) 박강우, "독일에서 법인의 형사책임", 한국형사법학의 새로운 지평, 박영사, 2006, 25-26면.

4. 기업형벌의 정당성

가. 책임 없는 기업 구성원에 대한 공동처벌 (nulla poena sine culpa)?

기업형벌의 부과에 의해 기업의 구성원이 겪는 간접적인 공동의 어려움이 "책임 없으면 형벌 없다"(nulla poena sine culpa)라는 책임원칙에 반하는가에 대한 문제가 제기된다. 원칙적으로 기업형벌은 처벌과 관련을 맺고 있는 모든 사회 영역에 간접적인 영향을 미친다. 특히 기업에 경제적으로 의존하고 있는 기업 구성원은 기업형벌로 인해 심각한 타격을 입을 수 있음은 주지의 사실이다. 그러나 기업형벌을 지지하는 입장에서 보면 이러한 기업형벌의 부작용은 정당화 될 수 있다. 왜냐하면 개인형벌에 있어서도 이러한 형벌의 부작용은 형벌을 받는 자에 국한하여 나타나지 않기 때문이다. 자연인, 예컨대 특히 한 가정의 경제를 책임지고 있는 가장에 대한 형벌은 빈번히 범죄인으로부터 독립된 제3자, 예컨대 범죄인의 부인 및 자녀, 심지어 그 친인척에게까지 간접적인 영향을 미친다. 결국 처벌을 받는 자와 그의 주변 환경 사이에서 밀접한 사회적 공동관계를 맺고 있는 자에게 형벌의 부과로 발생하는 이러한 간접적인 부작용을 완전히 억제하는 것은 거의 불가능에 가깝다고 하겠다.[123)]

다른 한편으로, 기업형벌의 정당성과 관련하여 기업에 대한 형사제재는 특수한 문제를 내포하고 있다는 엥기쉬(Engisch)의 주장 역시 검토할 필요성이 있다. 그에 따르면 기업에 대한 형사제재는

---

122) Ackermann, 앞의 책, 195면; Heine, 앞의 책, 301면 이하; Hirsch, 앞의 책, 27면; Volk, 앞의 논문, 429면 이하 참조.

123) Schroth, 앞의 책, 207면.

경제적으로 참여하고 있는 기업 구성원, 특히 주주와 관련하여 불공정한 제재라고 한다. 왜냐하면 기업에 대해 부과되어 체감할 수 있는 벌금형은 주주의 투자에 의한 수익을 실질적으로 침해하기 때문이다.[124] 그러나 이러한 그의 주장은 설득력이 없다. 왜냐하면 기업 구성원 내지 주주는 자기 자신의 고유한 재산으로 책임을 지는 것이 아니기 때문이다. 더욱이 이들에게 발생하는 손실은 기업체의 처벌에 의해 초래되는 결과에 국한된 것이며, 이들이 겪는 경제적 어려움 역시 단지 일반적으로 "경영상의 위험"이 실현된 것뿐이다. 기업 구성원 내지 주주는 기업의 활동으로 인해 발생한 이익을 획득할 수도 있지만, 반대로 손실 역시 감수해야 한다. 이는 경제활동의 결과로서 일반적으로 받아들여지고 있는 사실이다. 따라서 기업에 대한 형사제재가 그 구성원 내지 주주에게 간접적인 영향을 미치기 때문에 불공평하다는 주장은 설득력이 없을 뿐만 아니라 "책임 없으면 형벌 없다"라는 책임원칙에도 반하는 않는다.[125]

나. 동일 자연인의 이중처벌(ne bis in idem)?

기업형벌의 반대론자는 기업형벌의 불공평성에 대한 논거로서 기업형벌 이외에 기관의 자격으로서 행위한 개인 범죄인에게 또 다시 개인형벌이 선고된다는 점에서 이중처벌이 발생한다는 점을 제시하고 있다. 즉 유책한 개인 범죄인은 자기 자신에게 부과된 형벌 이외에 기업에 대해 선고된 제재에 의해 이중으로 처벌되기 때문에 독일 기본법 제103조 제2항[126]에서 규정하고 있는 "이중처

124) Engisch, "Empfiehlt es sich, die Strafbarkeit der juristischen Person gesetzlich vorzusehen?", in: Verhandlungen des vierzigsten Deutschen Juristentages, Bd. II (Sitzungsberichte), Tübingen 1954, 33면 이하.

125) Hirsch, 앞의 책, 19면 이하; Schroth, 앞의 책, 207면.

126) 독일 기본법 제103조 제2항: "누구도 일반적인 형법의 기초에서 동일한

벌금지"(ne bis in idem)의 원칙에 모순 될 수 있다고 한다.[127)]

그러나 이러한 반론은 그 설득력이 없다. 헌법상의 이중처벌금지의 원칙은 동일한 범죄인에 대해 동일한 범죄행위로 거듭 처벌하는 것을 금지함을 의미한다. 그러나 이 원칙이 재판관으로 하여금 동일한 범죄행위에 대해 2명의 서로 다른 범죄인에게 제재를 부과하는 것을 금지하는 것은 아니다. 기업에 대한 형사제재는 자연인과 기업을 각각 서로 다른 수형주체로 인정하고, 이에 따라 각자를 처벌하는 것이지 동일한 자연인을 이중으로 처벌하는 것은 아니다. 따라서 이중처벌금지의 원칙에 반하지 않는다. 앞서 상술한 바와 같이 기업의 존재는 개별적 기업 구성원의 총합이 아닌, 이들에 의해 추상화된 새로운 초인격적인 구성체로서 여겨진다. 그러므로 기업은 그 구성원의 단순한 총합과는 구별되는 동시에 독자적인 수형능력인 있는 형법상의 주체라고 할 수 있다.[128)] 결국 기업형벌은 동일한 자연인에게 기업형벌과 개인형벌이 동시에 부과되는 것처럼 보이지만, 실질적으로는 기업의 이익을 위해 범한 범죄행위에 대해 독자적인 수형주체로 인정되는 기업과 자연인에게 각각 형벌이 부과되는 것이기 때문에 이중처벌금지의 원칙과 모순되는 것은 아니라고 본다.

Ⅵ. 논의를 마치며

"단체는 죄를 범하지 못한다"는 원칙에 따라 현재까지 우리나라와 독일 형법전은 기업에 대한 어떠한 형사벌도 인정하고 있지 않

범죄행위로 인해 거듭 처벌받지 않는다."

127) Hirsch, 앞의 책, 20면 이하.

128) Hirsch, 앞의 책, 15면.

다. 왜냐하면 현재 우리나라와 독일 형법은 개인책임형법에 속하며, 이때 형벌 또한 자연인의 개인적인 책임을 전제로 하고 있기 때문이다. 그러나 이러한 개인책임형법을 통해서는 기업에 의해 행해진 경제범죄, 환경범죄 및 조직범죄에 효율적으로 대처할 수 없다. 왜냐하면 기업의 복잡한 조직구조와 명령체계로 인해 기업의 활동범위 내에서 그리고 그 자신의 이익을 위해서 행해진 범죄행위를 개별 기업 구성원에게 귀속시키거나 형사책임을 묻는 것은 거의 불가능에 가깝기 때문이다. 이로 인해 오늘날 기업범죄와 관련하여 "조직화된 무책임"이 언급되고 있다.

기업형벌의 도입을 위한 다양한 형사정책적 필요성으로는 개인형벌의 불충분한 범죄억지력, 개인형벌의 불충분한 응보효과, 기업의 사회·경제적 중요성에 상응한 응보기대 및 조직화된 무책임의 문제해결 등이 지적될 수 있다.

기업의 가벌성을 부정하는 우리나라와 독일의 논거들은 다음과 같은 이유로 더 이상 그 설득력이 없다고 본다. 먼저, 오늘날 행위개념은 더 이상 자연적인 행위에 국한되지 않고 더욱더 규범적인 의미로 이해되고 있으며, 기업을 위해 행동한 특정한 개인의 가벌적 행위를 기업 그 자체로서의 행위로 귀속시키거나 이러한 방식으로 기업에게 행위능력을 부여하는 것에 결코 어떠한 결정적인 이론상의 결함도 존재하지 않는다. 둘째, 현대사회에서 단순한 기업 구성원의 총합과는 구별되는 독자적인 사회적 구성체로서의 기업은 기업조직체 내부에서 일련의 결의과정에 의해 발전된 범죄적 불법에 대해 스스로 책임을 져야만 하며, 이때 기업에 대해 제기되는 책임비난은 기업의 잘못된 경영활동과 감독소홀에 근거한 범죄적 활동에 기초하는 것이라 볼 수 있다. 따라서 기업에게 그가 행한 반사회적 내지 불법행위 대해 형법상의 고유한 책임능력을 인정할 수 있다. 셋째, 기업의 수형능력 역시 긍정된다. 왜냐하면 개인과 마치가지로 법적·윤리적 행위요구의 수범자로서 간주될 수 있는 기업을 공공의 사회·윤리적인 불가치판단의 영역밖에 놓아 둘 수는 없기 때문이다. 기업형벌의 내용으로는 기업해산, 기업의 잠정적인 재산압류 및 전형적인 벌금형의 형태의 재정적 제재 등을 고려할 수 있다. 마지막으로 기업에 대한 가벌성의 긍정은 형법상의 "책임 없으면 형벌 없다" 및 헌법상의 "이중처벌금지"의 원칙에도 모순 되지 않는다고 본다.

따라서 기업의 가벌성을 부정하고 있는 우리나라도 경제범죄, 환경범죄 및 조직범죄의 영역에서 형법의 실질적인 규범력과 그의 예방작용을 증대시키기 위해서 기업의 가벌성을 긍정하고 이에 대한 형사벌을 도입할 필요성이 있다.

[§ 7] 기업(법인)의 형사처벌에 관한 유럽 국가의 입법동향*

Ⅰ. 논의 배경

우리나라 형법은 대륙법계, 특히 독일 형법의 영향을 받아 현재까지 기업, 즉 법인의 범죄능력을 부정하고, 오직 자연인의 행위능력, 책임능력 및 수형능력만을 인정하고 있다. 다만 이러한 법인의 범죄능력 인정여부와 무관하게 392개에 달하는 다수의 부수형법(예컨대 행정형법, 경제형법 및 조세형법 등)에서 "법인의 대표자, 법인이나 개인의 대리인·사용인 기타 종업원이 그 법인 또는 개인의 업무에 관하여 제○조의 위반행위를 한 때에는, 행위자를 벌하는 외에 그 법인 또는 개인에 대해서도 각 해당 조의 벌금형을 과한다."는 양벌규정의 입법형식에 의해 벌금이라는 형벌의 수형능력만을 인정하고 있다.

그러나 이처럼 형법에서 법인의 범죄능력을 부정하면서 부수형법에서 양벌규정에 의해 법인에 대해 벌금이라는 형벌을 부과하는 것은 법인의 범죄능력은 부정하고 수형능력만을 인정하는 것으로 이론적 모순을 나타내는 것이다.[1] 더욱이 양벌규정은 그 낙후성에

---

* "법인의 형사처벌에 관한 유럽 국가의 입법동향", 법제연구 제36권 1호, 2009.6., 271-308면.

1) 이와 달리 법인에게는 범죄능력이 없고 양벌규정에 의하여 법인의 수형능력이 긍정되는 것은 행정목적의 달성을 위한 정책적 고려로 불가피한 것이고, 이 때 법인의 책임은 무과실책임으로 책임주의에 대한 예외가

대한 언급은 별개의 논의로 하더라도,[2] 법인형벌로 단지 벌금만을 규정하고 있는데, 법인의 구조에 적합한 형벌의 마련 없이 벌금만으로 법인에 의한 또는 법인을 통한 법인범죄에 대해 억지효과를 달성할 수 있을지 의문이다. 실제로 최근 두산그룹 비자금조성 사건, 쌍용건설 분식회계 사건, 현대자동차그룹회장의 회사자금 횡령 및 배임 사건,[3] 삼성에버랜드 전환사채 저가발행 및 조세포탈 사건[4] 등 대기업에 의한 법인범죄가 끊이질 않는 것을 보면 양벌규정에 의한 벌금이 얼마만큼 범죄억지의 실효성이 없는가를 극명하게 보여주는 사례라 하겠다. 이에 따라 법인범죄의 효율적 대처방안의 일환으로 법인의 가벌성을 전면적으로 긍정하고, 법인의 구조와 형벌감수성을 독자적으로 파악하여 법인범죄에 적합한 형벌체계를 마련해야 한다는 목소리가 오래 전부터 있어 왔고,[5] 현

된다는 견해가 유력하다(이재상, 형법총론(제5판), 박영사, 2005, 96-97면; 배종대, 형법총론(제8전정판), 홍문사, 2005, 213, 217면). 그러나 범죄능력을 부정하며 행정목적 달성을 위해 수형능력만을 인정한다는 것은 논리적 설명이라 볼 수 없으며, 더욱이 법인처벌과 관련해서도 책임주의 원칙은 유지되어야 한다는 점에서 타당하다고 볼 수 없다. 특히 2007년 11월 20일 헌법재판소가 보건범죄 단속에 관한 특별조치법상 과실 유무에 상관없이 양벌규정을 적용하여 처벌하는 것은 '책임없는 자에게 형벌을 부과할 수 없다'는 책임주의 원칙에 어긋남(헌재 2007.11.29. 2005헌가10)을 분명히 밝히고 있다는 점에서 더욱 그러하다.

2) 이에 대한 상세한 분석으로는 박기석, "양벌규정의 문제점과 법인범죄의 새로운 구성", 형사정책 제10호, 1998, 101면 이하 참조.

3) 이들 사건에 대한 소개와 분석으로는 한상훈, "경제범죄의 개념과 형사법적 대책", 형사정책 제19권 제2호, 2007, 214-217면 참조.

4) 이에 대한 비판적 분석으로는 곽노현, "배임특권의 법과 정치 -삼성에버랜드사안의 공소사실과 1, 2심 판결을 중심으로-", 민주법학 제35호, 2007, 309면 이하 참조.

5) 대표적으로 이기헌/박기석, 법인범죄에 대한 효율적 대처방안, 한국형사정책연구원, 1996. 최근의 논의로는 김광준/원범연, 한국의 신종 기업범

재는 진부한 논의로까지 인식되고 있는 실정이다.

그러나 최근 법무부는 정부의 기업친화적 정책에 발맞추고 2007년 11월 29일 헌법재판소의 '보건범죄 단속에 관한 특별조치법'상 양벌규정에 대한 위헌 결정을 계기로 대대적인 양벌규정 개선 기준을 마련하였으나,[6] 그 내용을 보면 법인범죄의 억지에 대한 깊이 있는 성찰을 바탕으로 보다 근본적인 대책이 아닌 기존의 양벌규정에 면책조항의 신설을 통해 법인, 즉 기업에게 보다 유리한 방향으로 개선안을 마련한 것이 아닌가 하는 의문이 든다.

따라서 본 연구에서는 법인의 범죄능력 인정 여부 내지 법인에 대한 새로운 형사제재에 관한 이론적 논의 보다는 전통적으로 법인의 범죄능력을 부정한 유럽 대륙법계 국가들이 최근 법인범죄의 억제를 위하여 어떠한 입법적 노력을 하고 있는지를 비교법적 시각에서 검토하고자 한다. 이를 바탕으로 우리나라에서 법인처벌의 입법화를 시도함에 그 방식은 어떠해야 하고, 나아가 어떠한 점들을 면밀히 검토해야 하는지를 개략적으로 나마 언급하고자 한다.

Ⅱ. 기업(법인)의 형사처벌에 관한 유럽 대륙법계 국가의 최근 입법동향은 어떠한가?

유럽 대륙법계는 "단체는 죄를 범하지 못한다"(societas dilinquere

죄의 유형과 대책, 한국형사정책연구원, 2002, 200면 이하; 유병규, 기업범죄 수사의 효율성 제고방안, 한국형사정책연구원, 2003, 215면 이하; 천진호, "경제범죄에 대한 정책적 대응방안", 형사정책 제18권 제1호, 2006, 388면 이하; 옥필훈, "경제범죄에 있어서 법인에 대한 효율적인 제재방안에 관한 연구", 법학연구 제27집, 2007, 235면 이하.

6) 법무부, 2008년 7월 24일자 보도자료, 1면 이하 (http://www.moj.go.kr/ 2008.8.14. 검색).

non potest)는 법언에 따라 법인의 형사책임을 부인하는 것이 오랜 전통으로 이어져 왔으나, 법인의 사회적 책임이 무엇보다 강조되는 현 시점에서는 법인의 형사책임을 긍정하여 기업형벌을 도입하는 방향으로 선회하고 있다. 프랑스, 스위스, 및 오스트리아가 대표적이다.[7] 다만 유럽 각국이 법인처벌을 긍정한다고 할지라도 입법유형, 행위주체 등의 구성요건표지, 기업형벌의 종류 등은 각국의 법률문화의 차이로 인해 상당한 상이점을 보이고 있다.

영미에서 법인의 형사책임

유럽 대륙법계 국가와 달리 영미법계에서는 19세기부터 법인의 범죄 주체성을 인정하기 시작하였다. 영국과 미국 역시 19세기 이전에는 ① 법인을 설립하기 위해서는 국왕의 특허장(royal charter)이나 의회제정특별법(special act of Parliament)이 필요하였기에 법인의 수가 많지 않았고 종업원의 직무수행 중 고의와 결부된 행위에 관해서는 법인은 불법행위법(tort law)상의 책임을 부담했으며, ② 법인은 형체가 없기에 기소범죄(indictable offence)의 경우 신병을 확보(writs of capias) 한다는 것이 불가능한 것으로 인식되었고, ③ 법인에게는 객관적 불법구성요소(actus reus)와 주관적 불법구성요소(mens rea)를 인정할 수 없다는 등의 이유로 법인의 범죄 주체성을 인정하지 않았다. 그러나 산업혁명 이후 기업(법인) 영향력의 증가로부터 대중을 보호하기 위한 필요성이 증가함에 따라 기업(법인)의 범죄 주체성을 인정하기 시작하였다고 한다.[8]

영국에서 법인의 형사책임은 판례상으로 대위책임과 법인 고유의 자기책임이라는 이원적 구조를 취하고 있다. 즉 1840년대부터 법인처벌에 대한 판례가 나타나기 시작하여 의무불이행을 중심으로 엄격한 고의를 요건으로 하지 않는 준범죄(quasi

---

7) 기업형벌의 도입과 관련한 자세한 비교법적 분석으로는 Ackermann, Die Strafbarkeit juristischer Personen im deutschen Recht und in ausländischen Rechtsordnung, 1984, 75면 이하; Eidam, Straftäter Unternehmen, 1997, 30면 이하; Heine, Die strafrechtliche Verantwortlichkeit von Unternehmen, 1995, 213면 이하; Schroth, Unternehmen als Normadressaten und Sanktionssubjekte, 1993, 140면 이하; Schwinge, Strafrechtliche Sanktionen gegenüber Unternehmen im Bereich des Umweltstrafrechts, 1996, 26면 이하.

criminal act)에 대해서는 엄격책임(strict liability) 또는 대위책임(vicarious liability)이론에 근거하여 제정법상의 범죄에 대하여 법인의 형사책임이 인정되었다. 이후 1940년대에 들어와서는 일반범죄에 대해서도 대위책임이 아니라 동일시이론(doctrine of identification)에 따라 법인의 상급관리자의 지위에 있는 자연인의 행위와 고의를 법인의 행위와 고의로 파악하여 법인의 자기책임을 인정하기 시작하여 법인의 범죄능력을 전면적으로 긍정하기 시작하였다. 현재 법인의 형사책임은 그 성질상 법인이 범할 수 없는 범죄나 자유형만이 규정되어 있는 범죄 이외의 모든 종류의 범죄를 대상으로 한다. 그리고 대위책임이론에 의한 경우는 법인의 무과실 면책이 인정되는 입법례가 있지만, 동일시이론에 의할 경우에는 상급관리자의 행위를 법인의 행위와 동일시 한다는 이념상 무과실 면책은 인정되지 않는다. 법인에 대한 기본적인 제재로는 벌금형이 있지만 사회봉사명령도 부과되며, 법인과 행위자인 자연인의 어느 쪽이든지 소추 또는 처벌되지 않더라도 다른 일방의 소추 또는 처벌에 대한 장애가 되지 않는다.

미국에서는 기본적으로 대위책임이론에 따라 그 성질상 법인이 범할 수 없는 범죄와 사형 또는 자유형만이 규정되어 있는 죄 이외의 모든 종류의 죄에 대하여 법인을 형사처벌의 대상으로 삼고 있다. 미국연방법원이 채용하고 있는 대위책임(무과실책임)의 구체적인 요건은 ① 위법행위자가 법인의 대리인 또는 종업원이어야 하고, ② 대리인 또는 종업원의 위법행위가 자신의 직무 또는 권한의 범위 내에서 이루어져야 하며, ③ 대리인 또는 종업원의 위법행위가 법인을 위하여 행한 것이어야 한다. 이러한 법인에 대한 형사처벌에 있어서는 행위자에 대한 선임감독과 관련한 과실의 부존재와 준법감시체계(compliance system)의 정비 등을 근거로 하는 면책은 인정되지 않고 있으며, 모든 종류의 범죄에 대한 일반적인 제재로는 벌금형과 보호관찰(probation)이 부과되는 이외 원칙적으로 손해배상명령을 과할 수 있도록 하고 있다. 다만 법인처벌에 근거가 되는 대위책임이론은 민법상의 이론을 채용한 보상책임을 위한 것으로서 형법상의 책임주의 원칙에 반한다는 문제가 제기되면서 법인의 하위구성원에 의한 범죄행위로 법인을 처벌할 경우에는 상위구성원의 감독과실 등을 요건으로 하여야 한다는 견해 등(예컨대 동일시이론)이 제기되었고, 이러한 견해는 상당수의 주법에 채용되고 있다. 대표적으로 1963년의 모범형법전(Model Penal Code) 제2.07조도 대위책임 외에 동일시이론을 채용하여 규정하고 있고, 1991년의 "조직체에 대한 연방양형 가이드라인"에서도 준법감시체계를 실시한 사실을 벌금액의 감경사유로 인정하고 있다. 더 나아가 최근에는 대위책임이론 또는 동일시이론에 의하면 위반행위자를 특정할 수 없는 경우 기업에 대한 형사책임을 묻을 수 없는 불합리한 경우가 있기 때문에 이러한 경우에도 법인의 처벌을 가능하게 하기 위한 이론인 '기업의 대응책임이론'(reactive corporate fault)이 제기되고 있다. 법인처벌과 자인인 처벌의 관계는 영국과 동일하다.[9]

1. 독일

독일 형법에서는 현재까지 "단체는 죄를 범하지 못한다"는 법언에 따라 기업, 즉 법인에 대한 형사책임을 부인하고 있다. 다만 질서위반법 제30조에 의해 법인에 대해 형벌과 구별되는 질서위반금(Geldbuße)을 부과할 수 있을 뿐이며, 형법에서는 법인에 대해 재산적 이익의 박탈(독일 형법 제73조 제3항)과 몰수(독일 형법 제75조)만을 부수적 강제수단으로 채택하고 있다.[10]

그러나 1990년대 이후 독일에서 기업형벌을 도입하여 법인을 형사처벌하는 데에 찬성하는 목소리가 높아지고 있다.[11] 대표적으로 1993년에 스위스 바젤에서 열린 독일어권 형법학자대회에서 다시 기업의 형사책임에 관한 논의가 있었는데, 다수의 학자들이 기업의 형사처벌규정 도입에 찬성하였다.[12] 이는 한편으로 현대사회에서 기업이 차지하는 역할이 현저히 증대되고 있으며, 또한 기업이 "진정한 범죄자"(eigentlicher Schuldige)로 여겨지는 기업범죄의

8) 송기동, "영미 기업범죄의 형사책임", 한국형사정책학회 2008년도 춘계학술회의 자료집, 2008, 24면 각주 5) 참조.

9) 이천현, "법인의 범죄주체능력과 형사책임", 형사법연구 제22호 특집호 (2004 겨울), 59-61면. 영미법상 기업(법인)의 형사책임에 대한 상세한 분석으로는 송기동, 앞의 논문, 23면 이하 참조.

10) Schroth, 앞의 책, 159면 이하. 독일에서 법인의 형사책임의 연혁을 상세히 분석한 국내의 문헌으로는 이기헌/박기석, 법인의 형사책임에 관한 비교법적 연구, 한국형사정책연구원, 1996, 53-63면 참조.

11) Schroth, 앞의 책, 159면 이하.

12) 이 대회에 대한 전체적 보고로는 Alwart, "Strafrechtliche Haftung des Unternehmens - vom Unternehmenstäter zum Täterunternehmen", ZStW 105 (1993), 752면 이하; Vitt, "Diskussionsbericht zum Vortrag Alwarts auf der Strafrechtslehrertagung 1993", ZStW 105 (1993), 813면 이하 참조.

사례가 점증함에 따라 기업형벌의 도입이 더욱더 요구되고 있으며, 다른 한편으로 기업이 스스로 부담해야하는 형벌을 기업을 위해 행동한 자연인에게 전가시킴으로써 기업은 무소불위의 기업권력을 행사하면서 그에 따른 책임은 회피한다는 비난을 면키 어렵기 때문이다.[13)]

나아가 1990년대 이후 독일에서 기업형벌의 도입을 위한 대표적 입법 활동으로 1997년 8월 Hessen 주정부가 제안한 입법초안을 주목할 필요가 있다.[14)] Hessen 주정부 초안(이하 '초안'이라 함)에 따르면 독일 형법 총칙편 제3장(범죄에 대한 법률효과)에서 제76조의b 이하의 조항을 제8절로 새롭게 규정하고 있다.[15)] Hessen 주정부 초안 제76조의b 제1항[16)]은 법인과 인적 단체의 형사책임을 명백히 긍정하고 있다. 즉 단체형벌과 단체해산의 법적 제도를 새롭게 규정하고 있으며, 일정한 전제조건을 충족할 때에 형사제재가 부과될 수 있다고 한다. 이러한 단체형벌은 독립된 소송절차 또는 서로 결합된 소송절차에서 부과될 수 있다(초안 제76조의b 제2항 제1

---

13) Hirsch, "Strafrechtliche Verantwortung in Unternehmen", ZStW 107 (1995), 286면 이하. 기업형벌 도입의 형사정책적 필요성에 관한 상세한 분석으로는 김재윤, "기업의 가벌성에 관한 독일의 논의 분석", 형사정책연구 제15권 제2호, 2004, 40-45면 참조.

14) 이에 대한 비판으로는 Hamm, "Auch das noch: Strafrecht für Verbände!", NJW 1998, 662면 이하.

15) Diskussionsentwurf des Landes Hessen, der Gegenstand der 68. Justizministerkonferenz am 11./12. 8. 1997 in Saarbrücken war.

16) Hessen 주정부 초안 제76조의b ① 법인 또는 인적 단체(권리능력 없는 사단 또는 인적 회사)를 운영함에 있어 법인 또는 인적 단체가 부담해야 하는 의무위반에 의해 범죄행위가 범하여진 경우에 단체형벌이 부과되며, 행위자가 그 직무를 수행함에 있어 행한 경우에 단체처분이 부과된다.

문). 법률효과로는 단체형벌에 있어서는 단체벌금과 단체해산을, 단체처분에 있어서는 지시사항의 명령 및 강제감독의 용인 등을 규정하고 있다(초안 제76조의c). 또한 단체형벌과 단체처분은 서로 병과해서 부과될 수 있다(초안 제76조의d). 단체벌금은 독일 형법 제40조의 일수벌금원칙에 따라 정해지며, 이때 1일수의 벌금정액은 10만 마르크까지 부과될 수 있다(초안 제76조의e). 그리고 초안 제76조의f 내지 제76조의h에서는 이러한 법률효과에 대해 보다 상세히 규정하고 있다. 단체해산의 형태에서 단체벌금의 부과는 단지 법인 또는 인적 단체의 설립목적과 활동이 범죄행위에 지향된 경우에 한해서 허용된다(초안 제76조의f). 지시사항(요구 또는 금지)으로 명해지는 처분에 대해서도 상세히 규정하고 있다. 즉 지시의 경과기간은 최대 2년까지로 제한된다. 지시사항이 이행되지 않을 경우 1백만 마르크의 과태료(Ordnungsgeld)가 부과될 수 있다(초안 제76조의g). 또한 지시사항만으로는 충분하지 않다고 판단될 경우 법인 또는 인적 단체를 운영함에 있어 계속적인 범죄행위를 예방하기 위하여 강제감독이 명해져야 한다(초안 제76조의h 제2항). 법인 또는 인적 단체가 강제감독의 관리 하에 있는 기간은 5년을 초과해서는 안 된다(제76조의h 제1항).[17)]

이러한 Hessen 주정부의 입법초안과는 별도로 1998년 1월 15일 당시 야당이었던 독일 사회민주당(SPD)은 대정부 질문에서 법인 및 인적 단체가 그 책임을 져야하는 범죄에 대해 지금까지의 형법으로는 효과적으로 대처할 수 없다는 취지의 견해를 피력하였다.[18)] 또한 1998년 6월 17일~18일 개최된 제69회 법무장관회의

---

17) Wegner, "Strafrecht für Verbände?" Es wird kommen!", ZRP 1999, 186면 이하, 187면 이하.

18) BT-Dr 13/9682.

에서 " … 법인에 대한 제재가능성은 효율적으로 개선될 필요성이 있다"라고 결정하였다.[19] 그 결과 형사제재체계의 개혁을 위한 위원회가 설치되었고, 2000년 3월에 최종보고서를 제출하였다. 그러나 이 최종보고서는 전통적인 형법의 영역에서 일반적인 기업형벌의 도입은 원칙적으로 부인된다는 견해를 최종결론으로 채택하였다. 또한 위원회는 법인의 형사책임에 대한 형사정책적 필요성에 대해서도 논의하였으나, 다수에 의해 이를 부인하는 결론에 도달하였다. 왜냐하면 이른바 조직화된 무책임은 결코 일반적인 현상이 아니기 때문에 진정한 제재의 결함은 단지 개별적인 사례에서만 존재한다는 것을 그 논거로 제시하였다. 나아가 위원회는 현행의 질서위반법 제30조, 제130조에 의해 기업을 제재하는 데 충분하다는 결론을 다수의 견해로 채택하였다.[20]

2. 프랑스

프랑스도 1810년 나폴레옹 형법 이후로 형법전에 법인처벌의 규정을 두지 않고 있었다. 그러나 법인에 대한 처벌의 필요성이 점차 증가함으로써 1978년 이후 '단체는 죄를 범하지 못한다'라는 원칙을 포기하고 법인의 형사책임을 도입하기 위한 논의가 활발히 진행되었으며, 그 결과 다수의 형법초안들이 제안되었다. 마침내 1992년 12월 23일에 제정되어 1994년 3월 1일부터 시행되고 있는 프랑스 신형법 제121-2조[21]는 법인의 형사책임을 명문으로 규정하

---

19) Beschloss der 69. Justizministerkonferenz v. 17./18. 6. 1998, Tagesordnungspunkt II. 3.

20) Abschlussbericht, März 2000 (Hrsg. Vom Bundesministerium der Justiz), 199면 이하.

21) 프랑스 신형법 제121-2조 ① 국가를 제외한 법인은 법률 또는 명령이

였다.[22)]

신형법 제121-2조 제1항에 따른 법인의 형사책임은 신형법 제121-1조가 "누구든지 자기의 행위 이외의 행위에 대하여는 형사책임을 부담하지 아니한다."고 규정하고 있으므로 명백히 정범과 독자적인 자기책임으로 인정된다. 그리고 동조의 범죄행위는 '법인의 이익을 위하여' 행해져야 한다. 그러나 1978년 형법초안에서는 이와 달리 기업의 이름으로(im Namen) 또는 집합적 이익으로(im kollektiven Interesse)라는 용어를 사용하였다. 1978년 형법초안에서 집합적 이익이 무엇을 의미하는지에 관하여 그 동안 견해대립이 있었으나, 이와 관련한 다소 어려운 규정해석의 문제는 이러한 새로운 개념의 사용에 의해 일정 부분 해소되었다. 그리고 신형법 제121-2조 제1항이 선택한 이와 같은 용어의 의미는 적극적인 내용형성의 방식에 의해서 보다 소극적인 내용소거의 방식에 의해 더 명확해진다. 이에 따라 자연인이 그의 독자적인 책임으로 범한 행위에 대해 법인의 가벌성은 명백히 부정된다. 더욱이 다수견해에 따르면 '법인의 이익을 위하여'라는 행위표지의 요구는 법인에 의해 추구된 집합적 이익을 단지 내부적으로 연결시킴으로써 그에

규정하고 있는 경우 제121-4조 내지 제121-7조(정범, 미수, 공범처벌 및 공범의 규정: 필자 주)의 구별에 따라 법인의 기관 또는 대표가 법인의 이익을 위하여 행한 범죄에 대해서 형사책임을 진다.

② 그러나 지방자치단체 및 그 연합체는 공공사업의 위임계약에 의해 수행되는 업무활동 중에 범한 범죄에 대해서만 형사책임을 진다.

③ 법인의 형사책임은 동일한 사실에 대하여 정범 또는 공범이 되는 자연인의 형사책임을 배제하지는 아니한다.

22) 프랑스 신형법 제121-2조에 관한 상세한 설명으로는 Zieschang, "Die strafrechtliche Verantwortlichkeit juristischer Personen im französischen Recht - Modellcharakter für Deutschland?", ZStW 115(2003), 117면 이하.

대한 입증곤란을 해소하게 한다. 따라서 입증과정은 현저히 경감된다.[23)]

한편, 신형법 제121-2조 제1항은 그 구성요건표지의 광범위성으로 인해 생명과 신체는 물론이고 소유권과 재산에 대한 범죄행위, 그리고 고의와 과실의 위반행위에 이르기까지 서로 상이한 범죄유형을 포섭할 수 있다.[24)] 나아가 신형법 제121-2조 제1항의 법문에 따르면 법인은 고유한 과실행위(Fehlverhalten)와 같이 자신의 기관 또는 대표의 위반행위에 귀속될 수 있어야 한다. 따라서 법인의 기관 또는 대표를 제외한 그 밖의 구성원의 과실행위에 대한 법인의 형사책임은 원칙적으로 부정된다. 다만 감독의무위반으로 인한 범죄행위에 대해서는 그러하지 아니한다. 그 결과 종업원의 위반행위가 있다고 하더라도 그러한 범죄가 종업원의 선임·감독의무라는 주의의무의 준수에 의해 회피될 수 있었을 경우 법인은 형사책임을 면한다.[25)] 하지만 이 때 감독의무위반과 위반행위 사이의 인과관계 입증은 요구되지 않는다. 오히려 종업원에 의해 불법행위가 행해질 경우 감독의무위반이 있는 것으로 추정된다. 그러나 법인의 기관이 문제되는 책임의 범위가 완전히 위임되고, 법인의 조직구조상 어떠한 감독 가능성도 없다는 점을 입증하면 종업원의

---

23) Delmas-Marty, “Die Strafbarkeit juristischer Personen nach dem neuen französischen Code Pénal”, in: Bausteine des europäischen Wirtschaftsstrafrechts, Madrid-Symposium für Klaus Tiedemann, 1994, 306면.

24) 프랑스 신형법 각칙에는 예컨대 윤락행위 알선(제225-5조 내지 10조), 사생활 침해(제226-1조 내지 5조)와 같이 법인을 처벌하는 여러 범죄를 규정하고 있다. 프랑스 신형법 각칙상 법인처벌 규정의 상세목록에 대해서는 정성근, “법인의 범죄능력 재고”, 유일당 오선주교수 정년기념논문집, 2001, 6면 각주 5) 참고.

25) Heine, 앞의 책, 223면, 388면.

불법행위로부터 형사책임을 면할 수 있다.[26)]

이러한 특별한 경우를 제외하고 법인은 단지 자신의 기관과 대표에 대해서만 책임을 진다. 법인의 대표에는 법률상의 대표뿐만 아니라 대리권이 수여된 법인의 대표를 포함한다. 법인의 집행기관이 아니라 법인의 대표로서 자신의 대표권한을 넘어서 행위 한 경우 다수견해에 따르면 법인은 형사책임이 면제되지 아니한다. 왜냐하면 그렇지 않으면 중대한 가벌성의 흠결이 발생하기 때문이다.[27)]

그리고 실질적인 집행권한을 자진 자가 법인의 가벌성으로부터 면제될 수 있을지 여부가 논란이 되고 있다. 몇몇 학자는 이를 부인하는데, 기업을 '범죄 행위자라기보다 오히려 희생자'로 간주하기 때문이다. 이와 달리 다른 학자는 이러한 경우에 실질적 대표는 뒤에 숨어 있고 허수아비 대표가 빈번히 언급되는 상황에서 가벌성의 흠결이 발생하는 것을 막기 위해 기업형벌이 부과될 수 있다고 한다. 그리고 프랑스 판례 역시 법률상 그리고 실질적 대표에 대해 같은 입장을 취하고 있다. 하지만 판례는 이미 기업의 양해하의 행위로 간주될 수 있는 암묵적인 임명행위가 있었을 것임을 최소한 요구한다.[28)]

이와 관련하여 행정적인 기업운영과 기술적인 기업운영과의 구별은 커다란 의미를 얻는다. 즉 행정적인 기업대표는 진정한 결정권한을 가진 자이고 자신의 작위 또는 부작위에 의해 기업의 가벌성을 발생시킨다. 반면에 기술적인 기업대표는 단순한 결정권한을 가진 자로 대리인에 불과하여, 기업 내에서 그의 위반행위는 법인

26) Heine, 앞의 책, 224면.

27) Delmas-Marty, 앞의 논문, 308면.

28) Delmas-Marty, 앞의 논문, 308면.

이 아닌 자기 자신의 고유한 형사책임이 문제될 뿐이다.[29)]

나아가 신형법 제131-37조, 제131-38조, 제131-39조는 법인에 대한 형벌과 특별형벌을 규정하고 있는데, 이는 법인의 수형능력을 인정함과 동시에 법인의 독자적인 행위능력과 책임능력 또한 명백히 긍정하는 것으로 이해할 수 있다. 보다 구체적으로 신형법 제131-38조에 따르면 법인에 대한 벌금은 자연인에 대한 벌금의 5배까지 선고할 수 있다. 예컨대 과실치사죄의 경우에 자연인에 대한 벌금은 30만 프랑 이하이다. 따라서 법인에 대해서는 150만 프랑 이하의 벌금이 선고될 수 있다. 재범의 경우에 10배까지의 벌금이 가중될 수 있다. 이러한 벌금 이외에도 신형법은 법인의 해산, 영업활동이나 사회활동의 포괄적 또는 부분적인 수행의 금지, 영업소의 폐쇄, 공적 계약 배제, 기업자금 공모금지 등 다양한 특별형벌을 규정하고 있다.[30)]

3. 스위스

스위스에서 기업의 형사책임은 다른 대륙법계 국가와 마찬가지로 행정법 및 세법을 제외하고는 인정되지 않았다.[31)] 그러나 1991년 3월 11일 스위스 정부는 돈세탁과 조직범죄에 대한 대처의 범위 내에서 기업에 대한 형사책임을 긍정하는 법률안을 고시하였다.[32)] 이 법률안 제100조 이하에 따르면 기업의 기관 또는 준기관

29) Delmas-Marty, 앞의 논문, 309면.

30) Delmas-Marty, 앞의 논문, 305면; 정성근, 앞의 논문, 4면 이하.

31) Stratenwerth, Schweizerisches Strafrecht, Allgemeiner Teil I, 1982, 129면.

32) Botschaft vom 12. Juni 1989 (BBl 1989 II 1061), VE Art. 100^{quarter} StGB, 159 ff.

(기업을 실질적으로 운영하거나 기업의 운영에 있어 독자적인 결정권한을 행사하는 자)이 영업행위와 관련하여 중죄 또는 경죄로서 형벌이 부과되는 범죄행위를 범했을 경우에 기업에 대한 형사책임을 인정하고 있다. 특히 이 법률안 제100조 제1호에 따르면 "앞서 언급한 기관 또는 준기관중 누구에 의해 범죄행위가 발생했는지를 확정할 수 없을 때 또는 형벌이 부과되는 법률상의 의무위반이 기업조직의 하자로 인해 어느 특정인에게 귀속될 수 없을 때"에도 기업에 대한 제재가 부과될 수 있다. 이 때 기업에 대한 제재는 불법에 대한 형벌이 아니라, 부수형벌로 이해되는 기업의 영업정지 또는 기업폐쇄가 부과될 뿐이다. 왜냐하면 개인책임을 전제로 하는 형벌은 기업에 대해 결코 고려될 수 없기 때문이다. 그러나 1991년의 이 법률안은 다양한 침해적 조치로 인한 기업의 자유에 대한 중대한 침해와 기업의 과잉범죄화를 초래할 수 있다는 경제단체의 강력한 반대로 폐기되고 말았다.[33]

기업의 형사처벌 문제는 1998년 스위스 형법총칙의 전면개정 과정에서 다시 논의되었다. 그 결과 1998년 스위스 형법 전면개정안은 제102조 제1항에 "기업경영으로 범죄를 범하고 이 범죄가 기업의 하자있는 조직으로 인하여 어느 특정인에게 귀속될 수 없는 경우에 기업은 최고 5백만 스위스 프랑으로 처벌된다."고 규정하여 기업의 부수적 책임(subsidiäre Unternehmensverantwortlichkeit)을 인정하였다. 나아가 1999년 州대표의회(상원, Ständerat)는 형법개정안 제102조 제1항의2에서 "부정부패(스위스 형법 제322조의3, 제322조의5, 제322조의7), 범죄조직(스위스 형법 제260조의3), 그리고 돈세탁(스위스 형법 제305조의2)이라는 범죄행위가 있고 이러한 범죄행위를 막기 위해

33) Eidam, 앞의 책, 48면 이하; Heine, 앞의 책, 229면 이하.

필요하고도 기대가능한 모든 조직적 예방조치를 취하지 않았다는 데 대해 기업을 비난할 수 있는 경우에 기업은 자연인의 처벌과 상관없이 처벌된다."고 규정함으로써 기업의 부수적 책임과 구별되는 기업 고유의 독자적 책임(originäre Unternehmensverantwortlichkeit)규정을 마련하였다. 그리고 연방정부는 2002년 6월 26일 테러자금조달억제를 위한 국제협약 및 폭탄테러억제를 위한 국제협약 가입을 계기로 앞서 언급한 형법개정안을 토대로 한 형법개정안을 연방의회에 제출하였고,[34] 연방의회는 2002년 12월 13일 이를 의결하였다. 2003년 10월 1일부터 효력이 발생된 스위스 개정 형법은 기업의 가벌성에 관하여 제102조[35]에서 명확히 규정함으로 그 동안

---

34) BBl 2002 IV 5390, 5455 ff.

35) 스위스 형법 제102조 (가벌성) ① 기업(내)에서 기업목적과 관련된 영업업무의 수행으로 중죄(Verbrechen) 또는 경죄(Vergehen)가 행해지고, 이 행위가 하자있는 기업조직으로 인하여 특정한 자연인에게 귀속될 수 없는 경우에 이러한 중죄와 경죄는 기업에게 귀속된다. 이 경우 기업은 최고 5백만 스위스 프랑으로 처벌된다.
② 관련된 범죄행위가 제260조의3(범죄조직), 제260조의5(테러자금조달), 제305조의2(돈세탁), 제322조의3(부정부패), 제322조의5(부정부패) 또는 제322조의7(부정부패) 또는 부정경쟁방지를 위한 1986년 12월 19일 연방법률 제4조의a 제1항에 해당할 때에는 법인은 자연인의 가벌성과 상관없이 처벌된다. 이 경우 이러한 범죄행위의 억제를 위해 필요하고 기대가능한 모든 사전적 예방조치를 취하지 않았다는 데 대해 기업을 비난할 수 있어야 한다.
③ 법원은 특히 행위의 정도, 조직의 하자와 발생한 손해의 정도 그리고 기업의 경제적 이행능력에 따라 벌금액을 산정한다.
④ 다음 각호는 동 조항에서 의미하는 기업으로 본다.
a. 사법상 법인
b. 자치단체를 제외한 공법상 법인
c. 회사
d. 개인회사
http://www.admin.ch/ch/d/sr/311_0/a102.html (2008.8.19. 검색)

기업에 대해 부수형법에서 행정형벌인 벌금으로 처벌하던 방식에서 벗어나 형법전에서 기업을 처벌할 수 있는 법적 근거를 마련하였다.[36)]

스위스 형법 제102조와 관련하여 무엇보다 주목할 점은 동조 제1항이 그 동안 기업처벌의 난점으로 지적되어 왔던 조직화된 무책임의 문제를 입법적으로 해결하고 있다는 것이다. 즉 개인주의형법이론에 의해서는 오늘날 기업의 조직체계에서 지배적인 분업화, 탈중심화 및 권한의 위임 등의 현상으로 인해 형법상 중요한 결과가 발생하였음에도 범죄행위를 행한 자연인을 구체적으로 특정할 수 없는 경우가 빈번하여 그 누구에게도 책임을 물을 수 없는 부당한 결론에 도달하곤 하였다. 그러나 동조 제1항은 기업목적과 관련된 영업업무의 수행으로 중죄 또는 경죄가 행해지고, 이 행위가 기업조직의 하자(예컨대 불분명한 권한위임관계, 인사권한을 비롯한 조직구조의 결여, 인사기록의 부재 등)로 인하여 기업의 특정한 구성원에게 귀속될 수 없는 경우에 기업의 부수적 책임을 인정함으로써 조직화된 무책임의 문제를 해결할 실마리를 제공하고 있다.[37)]

---

36) 스위스 형법상 기업처벌 규정의 입법과정에 대한 상세한 설명으로는 이주희, "스위스 형법상의 기업책임", 법학논총 제23집 제3호(하), 한양대학교 법학연구소, 2006, 128-130면 참조.

37) 스위스 형법 제102조의 구성요건과 관련한 주요한 쟁점들(예컨대 기업의 개념과 범위, 원인제공 범죄행위, 조직의 하자 등)에 대해서는 Pieth, "Die strafrechtliche Verantwortung des Unternehmens", ZStR 121 (2003), 359면 이하; Schmid, "Einige Aspeckte der Strafbarkeit des Unternehmens nach dem neuen Allgemeinen Teil des Schweizerischen Strafgesetzbuchs", in: FS für Forstmoser zum 60. Geburtstag, 2003, 768면 이하; 이주희, 앞의 논문, 132-137면 참조.

스위스 형법상 기업처벌의 형사소송절차

스위스 형법은 기업처벌의 실체적 구성요건에 대한 규정인 제102조와 함께 기업형사소송과 절차적 문제를 입법적으로 해소하기 위해 제102조의a[38]를 도입하였다. 동조에서 규정하고 있는 절차적 문제는 누가 기업형사소송에서 기업을 대표할 것인가라는 기업소송 대표의 문제(동조 제1항과 제3항)와 기업형사소송에서 기업에게 보장된 절차적 권리와 의무의 문제(동조 제2항)이다. 스위스 형법 제102조의a 규정 내용을 보다 자세히 살펴보면 다음과 같다.[39]

스위스 형법 제102조의a는 제1항과 제3항에서 기업의 소송대표에 대해 상세히 규정하고 있다. 우선, 동조 제1항은 민법상 무제한적인 기업대표권을 가진 자 중에서 1인이 형사소송절차에서 기업을 대표할 수 있다는 것을 분명히 하고 있다(동조 제1항 본문). 기업의 소송대표는 기업이 선임하는 것을 원칙으로 하되, 기업이 스스로 선임하지 않는 경우에는 관청이 민법상 기업 대표권을 가진 자 중에서 결정한다(동조 제1항 단서). 나아가 동조 제3항은 개인적 이익 충돌에 관한 것으로서, 즉 기업의 소송대표에 대해 동일한 사태 또는 이와 관련된 사태로 인하여 수사가 개시된 때에는 소송대표를 변경해야 한다(동조 제3항 본문). 대표의 변경 또한 원칙적으로 기업의 소관에 속하지만, 이를 지체할 경우 관청이 이를 할 수 있고, 또한 민법상 기업대표권을 가지고 있지 않은 제3자도 소송대표가 될 수 있다(동조 제3항 단서).

이처럼 기업의 소송대표는 형사소송절차에서 기업 대신 피고인의 역할을 담당하게 되고, 필요한 소송행위를 할 수 있다. 즉 기업은 소송대표를 통해 소송행위를 할 수 있는 것이다. 그러므로 기업은 자신의 소송대표를 통해 심문을 받고, 성명서와 증명서 등을 제출하고, 소송절차참여권을 주장할 수 있다.

그리고 피고인으로서의 기업은 자연인의 피고인과 마찬가지로 법적 청문권, 변호인의 조력을 받을 권리, 소송절차참여권 등의 권리를 가지며, 무죄추정의 원칙, 무기평등의 원칙 및 자기부죄금지의 원칙의 적용을 받게 된다. 이러한 절차적 권리를 소송절차에서 주장하고 실현하기 위해서 기업은 민법상의 기업 대표권을 가진 자들 중 1인을 소송대표로 선임하다. 이러한 맥락에서 기업을 대신하여 기업형사소송절차에 참여하는 소송대표에 대해 스위스 형법 제102조의a 제2항은 피고인과 동일한 권리와 의무를 갖는다는 것을 명시하고 있다. 나아가 피고인은 증인이 될 수 없다는 기본원칙에 따라 기업은 증인이 될 수 없으므로 증언거부권을 가지며, 피고인과 동일한 권리와 의무를 갖는 소송대표에게도 증언거부권이 인정된다. 그러나 소송대표의 증언거부권은 기업의 권리를 바탕으로 한 것이기 때문에 형사소송절차에서 기업을 대표하는 동안에만 보장된다. 만약 기업의 소송대표로 활동하던 민법상의 기업 대표권자가 기업형사소송과 동일한 또는 이와 관련된 사태로 인하여 스스로 피고인이 되어 소송대표에서 물러난 때에는 더 이상 기업의 증언거부권을 기초로 증언을 거부할 수 없다. 이 경우 스스로 피고인이 된 기업 대표권자는 스위스 형사소송법상 공동피고인으로서 다루어진다. 이 때 기업에 대한 형사소송절차와 민법상 기업의 대표권자에 대한 소송절차는 분리되어 각각 진행되지만 공동피고인이 되기 때문에 기업의 대표권자는 동일 사안에 대한 증인이 될 수 없다. 다만, 법원은 공동피고인인 기업의 대표권자에게 정보인(Auskunftsperson)으로서 출석을 요구할 수 있다. 정보인제도는 스위스 형사소송에만 존재하는 독특한 제도이다. 정보인은 행위자나 공범은 물론 피고인, 피해자 및 증인도 아니다. 정보인은 우리나라 형사소송에 비추어 본다면 참고인 또는 진술인과 유사하지만, 참고인 또는 진술인이 수사과정에서 범죄수사를 위해 수사기관에서 조사를 받는 반면에 정보인은 공판절차에서 재판에 출석하여 진술하다는 점에서 차이가 있다. 이러한 정보인은 법원의 요구에 따라 출석할 의무가 있으나 반드시 진술할 의무는 없으며, 진술거부권도 없다. 한편, 동조 제2항 후단은 "동조 제1항의 소송대표를 제외한 민법상의 기업 대표권자들은 기업에 대한 형사소송에서 진술할 의무가 없다."고 규정하여 기업의 소송대표로 기업형사소송에 참가하는 기업 대표권자 및 스스로 (독립된) 형사소송의 피고인이 된 기업 대표권자를 제외한 나머지 기업 대표권자들은 정보인이 된다고 한다.

---

38) 스위스 형법 제102조의a (형사소송절차) ① 기업에 대한 형사소송절차에서 기업은 민법적 법률관계에서 무제한적으로 기업을 대표할 권한을 가진 자들 중에서 오직 한 사람에 의해 대표된다. 기업이 적절한 기한 내에 전 항의 대표를 선임하지 아니한 경우에는 수사기관 또는 법원이 민법상 대표권을 가진 자들 중에서 누가 형사소송절차에서 기업을 대표할 것인지 결정한다.
② 형사소송절차에서 기업을 대표하는 자는 피고인과 동일한 권리와 의무를 가진다. 동조 제1항의 소송대표를 제외한 민법상의 기업대표권자들은 기업에 대한 형사소송에서 진술할 의무가 없다.
③ 형사소송절차에서 기업을 대표하는 자에 대해 동일한 또는 이와 관련된 사태를 이유로 수사가 개시된 때에는 기업에 의해 다른 대표가 임명되어야 한다. 필요한 경우에는 수사기관 또는 법원이 동조 제1항의 소송대표를 제외한 민법상의 기업 대표권자들 중 일인을, 이러한 민법상의 기업 대표권자가 없는 경우에는 적절한 제3자를 기업의 소송대표로 결정할 수 있다.
http://www.admin.ch/ch/d/sr/311_0/a102a.html (2009.10.20. 검색)

39) 이주희, 앞의 논문, 138-139면.

4. 네덜란드

네덜란드에서 법인의 가벌성은 우선적으로 부수형법에서 규율하고 있다. 대표적으로 1951년의 네덜란드 경제형법전(niederländisches Wirtschaftsstrafgesetz) 제15조에 따르면 법인에 의해 또는 법인의 구성원에 의해 경제범죄행위가 행해진 경우에 법인에 대한 형사소추와 제재가 가능하다. 이 때 법인의 구성원으로서 법인을 위해 행위 한 자는 업무관계 내에서 활동하였으면 족하고, 법인의 내부에서 그의 지위에 따라 좌우되는 것은 아니다. 따라서 단순한 말단 종업원에서부터 이사진에 이르기까지 모든 법인의 구성원은 형사책임을 부담할 수 있다. 각각의 개별적인 개인의 행위가 어떠한 범죄행위도 근거지울 수 없지만 다수의 상호작용에 의해 모든 구성요건표지가 충족될 경우에는 동법 제15조 제2항에 따라 기업에게 책임을 물을 수 있다.[40] 다만 이러한 사정으로 법인에 대한 가벌성을 긍정하는 판결을 내릴 경우에 합목적성을 최우선적으로 고려해야 한다. 즉 경제범죄행위가 대부분 다수에 의해 행해지며, 경제관련 법령위반에 대해 개별적 개인책임을 입증하기가 매우 곤란하다는 사정을 고려하여 최종적으로 법인이 형사법적 결과의 규범수범자가 되어야 한다는 것이다. 기업에게 직접적으로 부과되는 형벌은 업체 상호간 경쟁의 보호와 법적인 일반조건의 이행을 보증하기 위하여 가능하다. 법인의 형사처벌을 위하여 최종적으로 배후조정자가 직접적으로 관련되어야 한다.[41]

1976년 이래로 법인의 가벌성은 네덜란드 형법전에도 규정되어 있다. 네덜란드 형법 제51조 제1항에 따르면 자연인과 법인은 범

40) Ackermann, 앞의 책, 171면.

41) Ackermann, 앞의 책, 171면.

죄행위를 할 수 있다. 이 때 네덜란드 경제형법 제15조의 규정과 유사하게 기업체 종업원의 총체적 구성요건표지의 실현이 요구되지는 않는다. 오히려 행위가담자에게 주관적 요소가 입증될 경우에 고의에 의한 범죄행위라는 가정으로 충분하다. 나아가 법인은 감독의무의 위반에 의해 행해진 범죄행위에 대해서도 책임을 부담한다.[42]

형사소추와 그에 따른 제재는 네덜란드 형법 제51조 제2항에 따라 자연인 또는 법인, 그리고 양자 모두에 대해 부과할 수 있다. 법원은 형량의 선택에 있어 서로 다른 가능성을 가진다. 법인의 경우에 형량은 자연인에 대한 형량보다 상향될 수 있다. 동시에 형벌이 부과되는 기업은 권리와 이익(예컨대, 조세경감 또는 보조금 지급)의 박탈에서부터 영업면허의 박탈까지 부과할 수 있다.[43]

5. 오스트리아

오스트리아 형법은 이론과 실무에 있어 개인형법의 원칙에 근거하고 있으며, 현재까지 법인에 대한 형사소추를 부정하고 있다.[44] 그러나 스위스 형법과 유사하게 기업 또는 단체는 행위자로서 기관에 대해 부과된 벌금에 대해 빈번히 책임을 진다. 특히 1989년의 형법개정을 통해 도입된 이익환수의 가능성은 형벌 및 질서위반금이 아닌 독자적 형태의 법률효과로서 이해된다. 입법자가 이

42) Eidam, Industrie-Straf-Rechtsschutzversicherung. Kommentar zu den Sonderbedingungen, 1994, Rn. 1.1.37.

43) Heine/Waling, "Die Durchsetzung des Umweltstrafrechts in den Niederlanden", JR 1989, 402면 이하, 408면 이하.

44) Kienapfel, Österreichisches Strafrecht, Allgemeiner Teil, 3. Aufl., 1985, 77면 이하, 154면 이하; Triffterer, Österreichisches Strafrecht, Allgemeiner Teil, 1985, 107면.

러한 종류의 기업제재를 신설하고자 할 때, "개인책임을 전제로 하는 형벌은 기업에 대해 결코 고려될 수 없다"라는 원칙이 결정적인 역할을 하였다.

이러한 원칙에 따라 오스트리아 형법 제20조의a 제3항 제1문은 기업의 가벌성과 관련하여 다음과 같이 규정하고 있다: "기업이 주요한 구성원의 가벌적 행위에 의해 1백만 실링을 초과하는 범위 내에서 불법적 이익을 얻었거나 기업 소유주가 적어도 중과실에 의해 가벌적 행위에 기여하였을 경우에 법원은 기업 소유주에게 불법이익과 동일한 금액을 반환할 것을 선고할 수 있다. 만약 기업이 법인 또는 상법상의 인적 회사의 소유로 되어있다면, 적어도 중과실에 의해 기여하게 된 가벌적 범죄행위에 대한 비난은 제2항의 의미에 따라 단지 회사의 경영을 위해 임명된 자에 대해서만 가해진다."[45)]

이와 같이 오스트리아는 기업형벌을 형법전으로 도입하는 것은 포기하였으나, 2006년 1월 1일부터 시행되는 단체책임법(Verbandsverantwortlichkeitsgesetz, VbVG)[46)]라는 특별법을 통해 단체에 대한 형사책임을 인정하고 있다. 이 법률은 단체형벌에 대한 형사제재를 위해 형법적 일반규정과 특별규정뿐만 아니라 소송법적 절차규정도 포함하고 있다. 이 법률 제3조에 따르면, 단체는 의사결정권자 또는 종업원의 범죄행위가 단체의 이익을 위하여 이루어진 경우 또는 범죄행위에 의해 이 단체 자체에게 부과된 의무들이

45) Eidam, Straftäter Unternehmen, 48면; Heine, 앞의 책, 216면; Schroth, 앞의 책, 154면.

46) BGBl I 151/2005 in der Fassung BGBl I 112/2007.
법률전문은 http://www.sbg.ac.at/ver/links/bgbl/2005a151.pdf에서 검색 가능.

위반된 경우 책임을 진다. 이러한 경우 단체에게는 일수로 계산되는 단체질서위반금(Verbandsgeldbusse), 조건부 내지 부분조건부 단체질서위반금의 유예, 지시 등을 부과할 수 있다(동법 제4조 내지 제8조).[47)]

6. 그 밖의 유럽 국가

벨기에는 과거 기업형벌의 도입을 거부해 왔으나, 1999년 5월 4일 법률에 의해 벨기에 형법 제5조 및 제7조에 법인의 가벌성에 관한 규정을 마련하였다. 즉 벨기에 형법 제5조 제1항에 따르면, 법인 또는 법인과 동일한 지위에 있는 조직은 법인의 목적의 실현 또는 법인의 이익의 보호와 필요불가분하게 연결된 모든 법률위반, 나아가 법인이 법인의 이익을 위해 범한 사실상의 증거가 존재하는 위반행위에 대해 형사책임을 진다.[48)]

덴마크는 단지 부수형법에서 약 200개에 달하는 특별규정에 의해 단체의 가벌성을 긍정해 왔다. 그러나 1996년에 덴마크 형법전의 총칙(덴마크 형법 제25조 내지 제27조)에서 단체의 가벌성을 마침내 새롭게 규정하였다. 덴마크 형법 제26조 제1항에 따르면, 모든 법인은 원칙적으로 범죄능력이 인정된다. 1인 회사의 경우에는 그 크기와 조직이 법인과 비교할 수 있을 정도에 한하여 범죄능력이 인정된다(덴마크 형법 제26조 제2항). 법인은 법인의 활동에 있어 행한 고유한 법률위반에 대해, 그리고 범죄행위를 초래하게 한 조직상의 결함에 대해 책임을 진다. 그리고 법인은 종업원의 위반행위을 고유한 책임으로 귀속할 수 있어야 한다(덴마

47) Rogall, Karlsruher Kommentar zum OWiG, 3. Aufl., 2006, Rn. 241.

48) Rogall, 앞의 책, Rn. 234.

크 형법 제27조 제1항). 다만 공법상의 법인은 그 행위가 자연인의 행위 또는 사법상 조직된 법인의 행위와 기능적으로 일치한다는 조건 하에서 형벌이 부과될 수 있다(덴마크 형법 제27조 제2항). 덴마크 형법은 법인에게 부과할 수 있는 유일한 제재로 벌금만을 규정하고 있다. 다만 법인처벌과 별도로 기관 행위자에 대해 제재의 부과를 할 수 있다.[49]

이탈리아는 현재까지 "단체는 죄를 범하지 못한다"는 법언을 유지하고 있으며, 일정한 단체 구성원에 대한 벌금 또는 질서위반금을 부과함으로써 단체에 대한 보충적 책임만을 인정하고 있다. 다만 최근 법인의 답책성에 관한 특별법을 도입하여 법인범죄에 대처하고 있다.[50] 이 특별법은 총칙과 각칙으로 나뉘어 법인의 답책성에 관한 특별 규범을 규정하는 한편, 고유한 소송절차를 포함하고 있다. 이에 따르면, 법인은 법인의 이익을 위하여 경영자, 지도적 임원 또는 구성원에 의해 행하여진 특정한 범죄행위(예컨대 수뢰, 부정처사 수뢰, 뇌물공여, 부정처사를 위한 뇌물공여, 사기, 횡령)에 대해 처벌된다. 제재로는 벌금과 특정한 금지가 부과된다. 다만 법인이 내부에서 범죄의 방지를 위해 적합한 내부 통제시스템을 갖춘 경우에 법인에 형사책임은 부과되지 않는다.[51]

폴란드는 2003년 11월 28일 법인의 형사상 답책성을 실정법뿐만 아니라 소송법적 측면에서 규정한 법인의 답책성에 관한 법률을 시행하였다.[52] 이에 따르면, 자연인이 회사의 이름으로 또는

---

49) Rogall, 앞의 책, Rn. 235.

50) 2001년 6월 8일의 법인, 회사 및 권리능력 없는 사단의 행정법상의 답책성에 관한 법률.

51) Rogall, 앞의 책, Rn. 238.

52) 이에 대해 상세히는 Weigend/Namyslowska-Gabrysiak, "Die strafrecht-

회사의 이익을 위해 행위하고, 범죄행위에 따라 회사의 이익을 증가시킴으로써 자연인에 대한 최종적인 유죄선고가 이루어진 경우에 법인의 가벌성이 긍정된다. 법률은 법인에 대해 책임을 물을 수 있는 범죄행위의 목록을 포함하고 있다. 이러한 범죄행위에 대해서는 법인의 세금부과 이전의 이익과 비용에 초점이 맞추어진 질서위반금으로 처벌된다. 그 밖에도 예컨대 보조금 청구의 금지, 공적 계약체결의 금지, 또는 주요 활동 내지 부수 활동의 금지와 같은 부수형벌의 부과가 가능하다.[53]

스웨덴은 현재까지 법인의 독자적인 가벌성을 인정하지 않고 있다. 다만 스웨덴 형법 제36장 제7조에 따르면, 법인은 법인 구성원의 업무상의 위반행위를 야기하게 된 감독의무위반에 대해 책임을 부담하며, 이 경우 유일한 부수효과로서 벌금을 부과할 수 있을 뿐이다.[54]

스페인도 현재까지 법인에 대한 형사책임을 부인하고 있으나, 법인에게 그 구성원의 행위에 대해 보충적인 민사상 책임만을 긍정하고 있다. 그러나 스페인의 다수견해는 형사정책적 필요성을 이유로 법인에 대한 일정한 형사상 처분의 도입에 찬성하고 있다. 이 때 다수견해는 개인행위자에 대한 전통적인 범죄체계를 유지하고자 하지만 보안처분 또는 부수효과의 형태로 기업형벌을 고려할 수 있다고 한다.[55]

---

liche Verantwortlichkeit juristischer Personen im polnischen Recht", ZStW 116 (2004), 541면 이하.

53) Rogall, 앞의 책, Rn. 242.

54) Rogall, 앞의 책, Rn. 243.

55) Eidam, Straftäter Unternehmen, 50면; Rogall, 앞의 책, Rn. 245.

Ⅲ. 우리나라에서 법인의 형사처벌을 도입하고자 할 때 그 입법방향은 어떠해야 하는가?

1. 비교법적 검토

앞서 언급한 주요 유럽 대륙법계 국가의 법인처벌에 관한 입법동향을 바탕으로 각국의 공통점과 상이점을 살펴보기로 한다.

우선, 법인처벌을 긍정하는 입법화에 있어 그 입법유형은 다음과 같이 크게 세 가지 유형으로 분류할 수 있다.[56] 첫 번째 입법유형은 프랑스, 스위스, 네덜란드, 벨기에 및 덴마크와 같이 핵심형법 내지 부수형법에서 법인의 범죄능력을 전면적으로 긍정하고 벌금만을, 또는 벌금을 포함한 다양한 법인형벌을 인정하는 유형이다. 두 번째 입법유형은 독일과 같이 핵심형법에서는 법인의 범죄능력을 부정하고 질서위반법이라는 부수형법에서 부수형벌로서 법인에 대한 질서위반금을 부과하는 유형이다. 다만 이 경우 핵심형법에서 법인이 범죄행위로 취득한 불법이익에 대한 환수의 가능성은 열어두고 있다. 세 번째 입법유형은 오스트리아, 이탈리아 및 폴란드에서와 같이 형법전에서는 법인의 범죄능력을 전면 부정하지만 법인의 형사책임을 인정하는 독자적인 특별법을 제정하여 법인범죄에 대처하는 입법유형이다.

다음으로, 법인의 범죄능력을 인정하는 입법유형에 있어서도 그

56) 기업형벌의 도입이라는 관점에서 이러한 입법형태의 구분에 대해서는 Delmas-Marty, “Rapport general, Colloque International de Freiburg 20.-23.9.1982”, RIDP 1983, 47면 이하. 참조. 특히 정성근 교수는 환경범죄와 관련한 기업체처벌의 입법례를 7가지 유형으로 보다 상세히 구분하고 있다(정성근, “환경범죄규제에 관한 비교법적 고찰”, 성균관법학 제9호, 1998, 153면 이하 참조).

세부적인 구성요건표지와 관련하여 대표적으로 두 가지 상이점을 발견할 수 있다. 하나는 법인처벌의 행위주체가 다르다는 것이다. 즉 독일, 프랑스, 네덜란드 및 오스트리아는 '법인'(또는 '인적 단체'를 포함하여)을 행위주체로 명시하고 있으나, 스위스는 사법상의 법인, 자치단체를 제외한 공법상 법인, 회사, 개인회사를 포괄하여 기업(Unternehmen)[57]을 그 주체로 하고 있다. 다른 하나는 기업형법에서 빈번히 문제가 되고 있는 소위 '조직화된 무책임'에 관하여 형사처벌의 가능성을 열어두고 있는지에 대해서도 각국의 입법례는 차이를 보이고 있다는 것이다. 즉 독일과 프랑스는 이에 대한 명확한 조항이 없지만 스위스 형법은 제102조 제1항에서 조직의 하자로 인하여 특정인에게 귀속될 수 없는 경우에도 기업처벌을 긍정하는 기업의 부수적 책임을 긍정하고 있고, 네덜란드 역시 경제형법 제15조 제2항에 따라 각각의 개별적인 개인의 행위가 어떠한 범죄행위도 근거지울 수 없지만 다수의 상호작용에 의해 모든 구성요건표지가 충족될 경우에 기업에게 책임을 물을 수 있다.

마지막으로, 유럽 각국의 입법례에서 법인형벌의 종류에 관하여 다양한 스펙트럼이 존재하고 있음을 알 수 있다. 즉 독일은 법인처벌과 관련하여 형벌의 성격보다는 행정처분으로 인식되는 질서위반금이 부과될 뿐임에 반하여 프랑스 신형법은 벌금이라는 전통적인 형벌뿐만 아니라 법인의 해산, 영업활동이나 사회활동의 영

---

57) 스위스 형법 제102조 제1항의 기업은 "영업 업무"를 수행해야 하므로 주식회사, 공기업, 반관반민의 주식회사, 합명회사, 합자회자 등이 포함될 수 있으나, 영업 업무를 수행하지 않는 여가선용 또는 문화 활동을 위해 설립된 사단법인, 재단법인, 정당, 자선단체 등은 스위스 형법상 기업에서 제외된다. 그리고 상수도 및 전력을 공급하는 국영공기업, 국영운송기업, 국·공립학교 및 병원 등도 기업에 해당하지 않는다(이주희, 앞의 논문, 132면 참조).

구적 또는 5년 이하의 직접 또는 간접적 수행의 금지, 사법감시, 영업소의 폐쇄, 공계약 배제, 기업자금 공모금지 등(신형법 제131-39조) 다양한 형태의 특별형벌을 부과할 수 있다.

2. 법인처벌의 입법방향

대륙법계 국가임에도 불구하고 법인의 형사책임을 긍정하는 것이 세계적인 입법경향이라는 점에 비추어 볼 때 앞서 살펴본 주요 유럽 국가의 입법례는 우리나라에서 법인처벌의 합리화를 위한 양벌규정의 개정 내지 새로운 방식의 법인처벌의 입법화의 시도에 있어 시사하는 바가 크다. 그렇다면 보다 구체적으로 법인처벌의 입법방향은 어떠해야 하는가? 대략 4가지 방식을 제안할 수 있다.

현행 양벌규정에 의한 법인처벌의 한계와 문제점

현행 양벌규정에 의한 법인처벌은 이론상으로 책임주의원칙의 위반, 해석상으로 처벌의 불합리성, 처벌확대의 가능성이라는 문제점을 보이고 있다. 보다 구체적으로 살펴보면, 우선 현행 양벌규정은 벌칙규정으로 규정되어 있지만 그것이 범죄와 형벌을 핵심으로 하고 있는 이상 원칙적으로 형법상의 기본원칙, 특히 책임주의원칙의 준수가 요구된다. 그럼에도 현행 양벌규정은 법인에 대한 형벌을 규정함에 있어서 법인의 책임이 무엇인지를 규정하고 있지 않은 문제점을 나타내고 있다. 간혹 면책규정에 의하여 법인의 책임이 과실에 있음을 추론케 하는 몇몇 법률들이 있지만, 400여개에 가까운 대다수의 양벌규정들은 무과실책임에 의한 형벌부과라고 볼 수밖에 없는 형태로 되어 있다. 그러나 형법에는 민법과 달리 무과실책임이란 존재하지 않으며, 존재하지 않는 책임을 근거로 단순히 행정목적의 달성이라는 형사정책적 필요성에 의해 형벌을 부과한다는 것은 명백히 책임주의원칙에 위배되는 것이다.

다음으로, 양벌규정에 의한 법인처벌에 있어서는 다음과 같은 불합리한 점이 있다. 즉 한편으로, 대부분의 현행 양벌규정에서는 명문으로 법인격 없는 단체를 포함시키지 않고 있기 때문에 법인격 없는 단체를 처벌할 필요성이 큼에도 불구하고 이를 처벌할 수 없는 처벌의 공백이 발생한다. 다른 한편으로, 양벌규정상 '행위자를 벌하는 외에' 에서 '외에' 라는 문구를 해석함에 있어 법인의 처벌이 자연인의 처벌을 전제로 하는 것이라면 기업 활동과 관련한 위반행위로 인하여 법익침해가 발생한 사실이 명백하지만 자연인인 위반행위자를 특정할 수 없거나 자연인이 어떠한 이유로 처벌되지 않는 경우에 법인도 함께 처벌할 수 없는 또 다른 공백이 생길 수 있다.

마지막으로, 범죄인의 범죄능력을 부정하고 예외적으로 무과실책임에 의한, 또는 설사 과실책임을 인정한다할지라도 과실의 주의의무 내용이 매우 고도화되어 있어 사실상 무과실 책임과 다를 바 없게 되므로 과실책임에 의한 법인의 처벌을 인정하는 것이 양벌규정이라고 보게 되면, 현재에도 그렇듯이 앞으로 더욱 무수히 많은 행정특별법을 통해 법인에 대한 형사처벌이 무한히 확대되어질 가능성을 배제할 수 없다.[58]

(1) 법인처벌의 입법방식

가. 현행 양벌규정의 정비방식

가장 손쉽고 현실적인 방법으로 현행의 양벌규정을 정비하는 것이다. 법무부는 2007년 11월 29일 헌법재판소가 고의·과실 유무에 상관없이 양벌규정을 적용하는 것은 책임주의 원칙에 어긋난다는 이유로 '보건범죄 단속에 관한 특별조치법'상 양벌규정에 대하여 위헌 결정을 내린 것을 계기로, ① 종업원의 범죄행위를 방지하기 위해 관리·감독의무를 다한 경우에는 법인·개인 영업주의 형사책임을 면제하고, ② 관리·감독상의 과실이 있을 뿐인 영업주에게 징역형까지 부과하는 양벌규정을 개선하여 징역형을 폐지하며, ③ 양벌규정의 적용범위를 '업무에 관한' 위반행위로 한정하여 업무와 무관한 종업원의 행위에 대하여는 영업주가 책임지지 않도록 관련 법률 총 392개를 모두 개정할 예정이라는 양벌규정 개선안을 마련하였다.[59]

---

58) 이천현, 앞의 논문, 64-66면; 탁희성, "기업범죄에 있어서 양벌규정의 정당성 확보를 위한 소고", 한국형사법학의 신전개, 박영사, 2008, 61-63면.

헌법재판소의 청소년보호법 제54조의 위헌 결정

영업주가 고용한 종업원 등의 업무에 관한 범법행위에 대하여 영업주도 함께 처벌하는 청소년보호법(2004. 1. 29. 법률 제7161호로 개정된 것) 제54조 중 "개인의 대리인·사용인 기타 종업원이 그 개인의 업무에 관하여 제51조 제8호의 위반행위를 한 때에는 그 개인에 대하여도 해당 조의 벌금형을 과한다"는 부분이 책임주의에 반하여 헌법에 위반되는지 여부가 문제되었다. 이에 대해 헌법재판소는 "형벌은 범죄에 대한 제재로서 그 본질은 법질서에 의해 부정적으로 평가된 행위에 대한 비난이다. 만약 법질서가 부정적으로 평가한 결과가 발생하였다고 하더라도 그러한 결과의 발생이 어느 누구의 잘못에 의한 것도 아니라면, 부정적인 결과가 발생하였다는 이유만으로 누군가에게 형벌을 가할 수는 없다. 이와 같이 '책임없는 자에게 형벌을 부과할 수 없다'는 형벌에 관한 책임주의는 형사법의 기본원리로서, 헌법상 법치국가의 원리에 내재하는 원리인 동시에, 헌법 제10조의 취지로부터 도출되는 원리이다. 이 사건 법률조항은 영업주가 고용한 종업원 등이 그 업무와 관련하여 위반행위를 한 경우에, 그와 같은 종업원 등의 범죄행위에 대해 영업주가 비난받을 만한 행위가 있었는지 여부와는 전혀 관계없이 종업원 등의 범죄행위가 있으면 자동적으로 영업주도 처벌하도록 규정하고 있다. 한편, 이 사건 법률조항을 '영업주가 종업원 등에 대한 선임감독상의 주의의무를 위반한 과실 기타 영업주의 귀책사유가 있는 경우에만 처벌하도록 규정한 것'으로 해석할 수 있는지가 문제될 수 있으나, 합헌적 법률해석은 법률조항의 문언과 목적에 비추어 가능한 범위 안에서의 해석을 전제로 하는 것이므로 위와 같은 해석은 허용되지 않는다. 결국, 이 사건 법률조항은 아무런 비난받을 만한 행위를 한 바 없는 자에 대해서까지, 다른 사람의 범죄행위를 이유로 처벌하는 것으로서 형벌에 관한 책임주의에 반하므로 헌법에 위반된다."고 판시하였다(헌재 2009.7.30, 2008헌가10).

그러나 이러한 양벌규정의 개선을 통한 법인처벌의 합리화는 책임주의 원칙에는 일정부분 부합할지 모르지만 법인의 범죄능력을 부인하고 수형능력만을 인정하는 이론상의 모순을 전혀 해결할 수 없다. 뿐만 아니라 벌금이라는 단일한 형벌만을 규정하여 법인의 구조에 적합한 합리적 형벌을 과할 수 없다는 문제점을 안고 있다.[60]

59) 법무부, 2008년 7월 24일자 보도자료, 1면(http://www.moj.go.kr/2009. 4.6. 검색).

나. 질서위반행위규제법에 의한 규율방식

다음으로, 양벌규정에서 법인에 대한 제재수단으로 규정하고 있는 벌금형을 과태료로 전환하고 이에 대해서 2008년 6월 22일 시행된 질서위반행위규제법에 의해 규율하는 방식을 고려해 볼 수 있다. 이 때 질서위반행위규제법에 의해 과태료가 부과될 수 있는 법인범죄는 질서위반행위에 속하는 행정의무위반행위와 형법상의 범죄행위보다 불법과 책임의 정도가 경미한 법익침해행위로 국한된다.[61] 이미 질서위반행위규제법 제11조는 "법인의 대표자, 법인 또는 개인의 대리인·사용인 및 그 밖의 종업원이 업무에 관하여 법인 또는 그 개인에게 부과된 법률상의 의무를 위반한 때에는 법인 또는 그 개인에게 과태료를 부과한다."고 규정하고 있기 때문에 법인처벌의 근거는 마련되어 있다. 이는 독일이 법인의 형사처벌에 관한 긴 논쟁 끝에 질서위반법 제30조에 과태료인 질서위반금을 부과하는 방식과 유사한 것이다.

이 방식의 장점으로는 한편으로, 그 동안 끝임 없이 지적되어 왔던 행정형벌로서의 벌금의 정당성 문제를 극복할 수 있다는 점이다. 즉 벌금은 형벌의 일종으로 형법상 형벌은 '구체적 법익'을 침해한 범죄행위에 대해 최후적·보충적으로 부과되어야 함에도 불구하고 행정형벌로서의 벌금은 '행정상 의무이행확보수단'으로 부과되어 형벌의 정당성을 확보하지 못하는 문제점을 보였다. 양

60) 탁희성 박사는 "우리의 입법현실에 있어서 가장 바람직한 방법은 개별 행정특별법에 양벌규정을 두는 방식이라 생각된다. 다만 지금과 같은 입법방식으로 법인처벌의 근거를 두되 그 내용은 분명하게 개정되어야 한다."고 하여 이 방식을 지지한다(탁희성, 앞의 논문, 75면).

61) 같은 취지로 이주희, "기업에 대한 제재가능성과 제재수단", 한양법학 제23집, 2008.6, 434면 이하; 조병선, "질서위반행위규제법에 관한 연구", 법학논집 제9집, 청주대학교 법학연구소, 2007, 50면 이하.

벌규정상의 벌금형의 과태료 전환은 형벌의 정당성 문제를 해소하는 동시에 행정상 의무이행확보수단이라는 본래의 목적을 달성할 수 있다. 다른 한편으로, 질서위반행위규제법에 의한 법인에 대한 과태료는 법인에게 직접 부과되지만 위법하고 유책한 행위는 법인 그 자체가 아니라 법인 구성원인 개인에 의해 충족되어야 함을 전제로 하기 때문[62]에 법인의 범죄능력 인정 유무의 문제와 무관하게 부과가 가능하다.

그러나 이러한 방식은 무엇보다 과태료 전환대상인 '범죄행위와 비범죄행위의 구별'이 선결문제로 해결될 때 의미가 있으나, 그 구별이 용이하지 않다는 데 문제가 있다. 예컨대 행정법규상 장부기록의무의 위반행위에 대하여 일반적으로 행정목적을 달성하기 위한 위반행위로서 질서위반행위로 볼 수 있으나, 환경법규상 경우에 따라서는 오염물질배출의 기록은 환경법준수체계의 근간을 이루는 것이므로 환경법익 내지 건강 등 신체·생명에 관한 법익의 침해를 방지하기 위한 사전적인 단계에서 범죄행위로 규정한 '추상적 위험범'으로 보아 범죄행위로 분류할 수 있다고 한다.[63] 하지만 그 구체적인 구별기준이 무엇이며, 그러한 구별기준을 각양각색의 행법법규상의 위반행위를 일률적으로 범죄행위와 비범죄행위로 구별할 수 있는가 하는 점이다. 나아가 양자를 구별했다고 하더라도 중대한 범죄행위로 분류된 행위를 한 법인에 대해 어떠한 형벌을 부과할 것인지의 문제가 또 다시 남는다. 이에 대해 법인의 범죄능력을 부정하면서 형벌이 아닌 보안처분(예컨대, 강제해산, 영업정지, 보호관찰, 벌금형과 구분되는 금전지급명령 등)을 부과하자는 견

62) 김성돈, "가칭 질서위반법의 체계와 이른바 질서위반행위의 구조", 법조 2004·10 (Vol.577), 35면.

63) 조병선, 앞의 논문, 48면 각주 14).

해가 제시되나,[64] 다른 것은 논외로 하더라도 벌금형과 구분되는 금전지급명령는 책임을 전제로 한 형벌로서의 벌금이 보안처분의 형태로 위장되어 법인에게 부과되는 것은 아닌지 의문이다. 마지막으로 법인에게 질서위반행위의 구성요건의 주체성은 부인하면서 제재의 주체성은 긍정하는 것은 법인의 범죄행위 주체성을 부인하면서 형사제재의 주체성을 긍정하여 벌금을 부과하는 현행 양벌규정과 마찬가지로 모순된 태도이며, 양벌규정상의 벌금형을 과태료로의 전환은 문제가 되는 곳에서 문제를 회피하는 방식으로 문제를 해결하고자 하는 방법으로 찬성하기 어렵다.

다. 법인처벌을 위한 특별법 제정방식

세 번째로, 오스트리아의 단체책임범과 같이 법인에 대한 형사처벌의 근거를 명확하게 할 수 있는 별도의 특별법을 제정하는 방식을 생각해 볼 수 있다. 이러한 입법방식은 법인의 형사책임을 형법의 기본원칙으로 수용하는 것이 아니기 때문에 여전히 논쟁의 소지가 있다는 한계점이 있지만 법인의 형사책임에 관한 전반적인 내용을 실체법적 내용과 소송법적 내용으로 나누어 체계적으로 담을 수 있고, 법개정의 필요성이 있을 경우 시의적절하게 개정할 수 있다는 편의성을 제공해 줄 수 있다는 장점이 있다.

그러나 이러한 방식은 특별법이 난립으로 법적용의 왜곡이 심각한 우리 현실에서 또 다시 특별법으로 문제를 극복하려는 점에서 문제가 있으며,[65] 특별법상의 제재를 형벌로 할 것인지, 아니면 현행 질서위반행위규제법과 같이 과태료로 할 것인지의 문제도 여전히 남는다.

64) 이주희, 앞의 논문, 2008.6, 443면 이하.

65) 같은 지적으로 탁희성, 앞의 논문, 74-75면.

라. 법인처벌 규정을 형법전에 도입하는 방식

마지막으로, 프랑스 내지 스위스의 입법례와 같이 형법전에 법인처벌의 규정을 마련하는 입법방식이 있다. 법인의 범죄능력을 전면적으로 긍정하고 형사책임에 관한 명문규정과 법인에 고유한 형벌을 형법총칙에 두는 한편 법인이 범죄주체가 될 수 있는 개별 범죄유형에 법인이라는 표현을 삽입하면 된다는 것이다.[66] 이러한 방식은 앞의 세 가지 방식보다 법인의 범죄능력을 인정하고 형벌로서 벌금과 보호관찰 등 다양한 형사제재를 부과할 수 있다는 점에서 논리적 일관성과 통일성을 가질 수 있다는 장점이 있다. 반면에 법인의 범죄주체성에 대한 이론적 합의조차 도출되지 않은 상태이므로 이러한 입법방식의 도입은 시기상조라는 비판이 있지만,[67] 법인처벌 규정의 형법전의 도입은 입법자의 형사정책적 결단의 문제이므로 범인의 범죄능력 인정유무의 이론적 논의에 구속을 받을 사항은 아니라는 점, 법인의 범죄능력와 책임능력의 유무, 법인을 처벌할 범죄의 종류, 구체적 처벌요건, 형사제재의 내용 등을 어떻게 할 것인가 등의 어려운 문제가 다수 포함하고 있지만 해결할 문제가 많다고 하여 시기상조론으로 언제까지 회피할 수만은 없다는 점에서 타당한 지적으로 평가할 수 없다.

따라서 현실적·이론상의 문제를 고려한다면 법인처벌의 입법방식은 우선적으로 양벌규정상의 단순한 행정의무위반행위와 경미한 법익침해행위에 대한 벌금형은 과태료로 전환하여 질서위반행위규제법에 의해 규율을 받도록 하고, 중대한 법익침해행위에 대해서

66) 박기석, 앞의 논문, 1998, 131면; 이천현, 앞의 논문, 70-77면; 조국, "법인의 형사책임과 양벌규정의 법적 성격", 서울대 법학 제48권 제3호, 2007, 74면.

67) 탁희성, 앞의 논문, 74면.

는 형법전에 법인처벌 규정을 명문화하여 해결하는 방식이 타당하다고 본다.[68] 그렇다면 남은 문제는 형법전에 법인처벌규정을 어떠한 형식과 내용으로 담을 수 있는가이다. 쟁점사항만을 간략히 살펴보면 다음과 같다.

(2) 법인처벌규정의 형법전에의 도입방안 검토

가. 법인처벌의 규정형식

형법전에서 법인의 가벌성을 긍정하는 조문을 신설할 경우에 그 규정형식과 구성요건표지를 어떻게 설정할지가 우선적으로 문제된다. 우선 조문의 규정형식과 관련하여 다양한 형식이 제안될 수 있겠지만[69] 프랑스와 스위스의 입법례와 같이 형법총칙에 "법인(또는 기업)의 형사책임"이란 표제로 법인의 범죄성립의 일반요건을 규정하고 형법각칙의 개별 범죄규정에서 법인처벌 여부를 결정하여 법인처벌이 가능한 범죄에 대해서는 현행의 "… 자(者)" 대신에 "… 사람 및 법인"으로 내지 프랑스의 입법례와 같이 개별 장의 말미에 법인처벌이 가능한 범죄를 열거하고 형벌을 정하는 방식[70]

---

68) 이 경우에 개별 특별형법상의 양벌규정 폐지를 전제로 하여 단순한 행정의무위반행위와 경미한 법익침해행위에 대해서는 과태료로의 전환, 범죄의 실질이 인정되는 중대한 법익침해행위에 대해서는 형법전에서의 규율이라는 개정작업이 필요하다.

69) 박기석 교수는 법인처벌의 규정형식과 관련하여 ① 현재 "… 한 자"의 규정에서 "자"의 속에 법인을 포함시켜 해석하는 방식, ② 법인의 범죄성립요건을 형법에 규정하는 방식, ③ 개별 범죄 규정에 법인의 범죄성립을 규정하는 방식, ④ 두 번째와 세 번째 방식을 모두 취하여 법인이 범할 수 있는 범죄 및 성립요건을 모두 정하는 방식을 생각해 볼 수 있으며, 두 번째 방식이 현재로서는 가장 합리적인 방식이라고 한다(박기석, "판례와 사례분석을 통한 기업범죄 처벌의 개선방안", 한국형사정책학회 2008년도 춘계학술회의 자료집, 2008, 59-60면).

이 타당하다고 본다. 다른 여타의 방식보다 법인의 범죄성립요건을 명확하게 규정함으로써 명확성의 원칙이나 법적 예측 가능성을 높일 수 있으며, 법인의 구조와 그 불법내용에 적합한 형벌을 부과할 수 있기 때문이다.

나. 법인처벌의 구성요건표지

그리고 법인의 형사책임에 관한 구성요건표지와 관련해서도 행위주체, 객관적 및 주관적 요소, 법인(기업)의 부수적 책임 등 많은 문제가 해결되어야 한다.[71] 이와 관련한 상세한 논의를 생략하더라도 몇 가지 문제만 간략히 언급하면 다음과 같다.

첫째로, 법인범죄의 행위주체로 '법인'(또는 '인적 단체'를 포함하여) 또는 '기업'을 상정할 수 있다. 법인이 자연인 내지 개인과 대비되는 정확한 법률용어일 수 있지만 기업이라는 표현이 경제활동의 주체라는 현실감을 적절히 나타내고 경제적 이익추구를 목적으로 하는 여러 형태의 법인과 인적 단체를 포괄하는 상위개념으로 사용되므로 보다 적합한 것이 아닌가 한다. 기업의 외연이 불문명하여 명확성의 원칙에 어긋날 수 있다는 우려는 스위스 형법 제102조 제4항과 같이 기업의 범위를 구체적으로 특정하면 될 것이다.

---

70) 프랑스 신형법 제225-12조 ① 법인에 대하여는 제121-2조에서 정하는 요건에 따라 제225-5조 내지 제225-10조(매춘영업: 필자 주)에서 정하는 범죄에 관한 형사책임이 있음을 선고할 수 있다.
② 전항의 경우 법인에 대하여 다음 각 호의 형을 선고할 수 있다.
1. 제131-38조의 규정된 벌금형
2. 제131-39조의 규정된 형
http://195.83.177.9/upl/pdf/code_33.pdf(2009.3.27. 검색)

71) 법인의 범죄성립요건에 관한 상세한 논의로는 김성규, "법인처벌의 법리와 규정형식", 법조 2004 · 11 (Vol.578), 132면; 김재윤, 앞의 논문, 50면 이하; 박기석, 앞의 논문, 1998, 112면 이하 참조.

이 경우에 기업으로는 사법상의 법인, 공법상 법인, 지방자치단체(단, 국가의 기관위임사무가 아닌 지방자치단체 고유의 자치사무에 한함),[72] 법인격 없는 단체,[73] 주식회사, 합명회사, 합자회사, 개인회사 등이 포함 될 수 있다. 그리고 이 때 기업의 범위는 객관적 요소로서 기업목적과 관련된 영업업무의 수행에 의해 다시 국한되어야 할 것이다. 다만 이러한 용어의 정밀성에도 불구하고 현재 우리나라의 입법체계상 '기업'이 아닌 '법인'이 법률용어로 정착되어 사용되고 있다는 점을 고려한다면 '법인'으로 표현하고 그 범위에 질서위반행위규제법 제2조 제3호와 같이 "법인이 아닌 사단 또는 재단으로서 대표자 또는 관리인이 있는 것을 포함한다"고 기술하는 것이 보다 현실적이라고 판단된다.

둘째로, 법인 그 자체가 행위를 할 수 없으므로 일정한 범위 내에서의 자연인 행위자의 행위를 법인의 행위로 보아야 할 필요가 있다. 이와 관련하여 어느 범위의 인적 구성원을 법인의 행위로 간주할 것인지가 문제되는데, 프랑스의 입법례와 같이 법인의 기관이나 대표로 국한하거나 반대로 스위스의 입법례와 같이 기업 내의 구성원이면 기업의 행위로 간주함으로써 기업의 말단 종업원까지 포함하여 구성원 전체까지로 확대할 수 있겠다. 그러나 이러한 양자의 방식은 그 범위가 지나치게 좁거나 넓다는 문제가 있으므로 독일의 질서위반법 제30조 제1항과 같이 법인의 대표기관

---

72) 대판 2005.11.10, 2004도2657.

73) 최근 법인격 없는 단체를 포함하여 처벌하는 양벌규정이 양적으로 증가하고 있다. 독점규제및공정거래에관한법률 제70조(1996년 개정), 표시·광고의공정화에관한법률 제19조(1999년), 자본시장과금융투자업에관한법률 제448조(2008년), 통계법 제40조(2007년), 공직선거및선거부정방지법 제260조(2004년), 승강기제조및관리에관한법률 제27조(2004년) 등이 대표적이다.

또는 동기관의 구성원(동조 제1호), 권리능력 없는 사단의 이사 또는 그 이사회의 구성원(동조 제2호), 인적 회사의 대표권 있는 사원(동조 제3호), 법인 또는 제2호나 제3호에 기재된 인적 단체의 포괄대리인 또는 지도적 지위에 있는 지배인이나 행위대리인(동조 제4호) 및 법인 또는 제2호나 제3호에 기재된 인적 단체의 영업체나 기업체의 운영에 대해 지도적 지위에서 영업활동의 감독 또는 그 밖의 통제 권한을 이행할 책임 있는 그 밖의 자(동조 제5호) 등과 같은 수준에서 자연인 행위자의 범위를 설정하는 것이 타당하다고 본다.

셋째로, 구성요건표지의 주관적 요소와 관련하여 법인의 이익을 위하여 내지 전체 법인의 방침에 따른 행위이면 법인의 행위로 보아야 할 것이다.[74]

마지막으로, 법인처벌의 입법화에 있어 대기업의 복잡한 조직구조로 인해 관련자를 확정할 수 없는 경우와 같이 기업의 구성원은 처벌할 수 없지만 기업의 조직상 하자에 근거하여 기업범죄가 발생하였을 경우 기업 자체를 처벌할 수 있는가, 즉 기업의 부수적 책임의 인정여부에 관하여 견해대립이 있다. 이에 대해 반대하는 견해는 책임의 주체가 기업의 내부에서 특정될 수 없는 경우가 실제로는 그다지 많지 않다는 점, 무죄추정의 원칙에 반할 우려가 크다는 점 등을 논거로 제시하고 있다.[75] 그러나 이러한 경우 기업의 고유한 책임능력으로 “조직책임”(Organisationsschuld) 내지 “조

74) 대법원도 “신용정보의 이용 및 보호에 관한 법률 제34조에 법인을 처벌하기 위한 요건으로서 규정한 ‘법인의 업무에 관하여’ 행한 것으로 보기 위해서는 객관적으로 법인의 업무를 위하여 하는 것으로 인정할 수 있는 행위가 있어야 하고, 주관적으로는 피용자 등이 법인의 업무를 위하여 한다는 의사를 가지고 행위함을 요한다.”(대판 2006.6.15, 2004도1639)고 하여 법인을 처벌하기 위한 요건을 제시한 바 있다.

75) 김성규, 앞의 논문, 134면.

직과책"(Organisationsverschulden)[76]을 근거로 하여 기업 그 자체를 처벌해야 한다.[77] 그렇지 않는다면 기업 구성원의 개별적 행위의 상호작용에 의해 형법상 중대한 법익침해가 발생하였음에도 누구도 처벌할 수 없는 처벌의 공백이 발생하고, 기업범죄의 본질적 문제라 할 수 있는 소위 '조직화된 무책임'을 해소할 수 없기 때문이다. 그리고 무죄추정의 원칙에 반할 우려는 기업의 부수적 책임에 있어 그 조직상의 하자를 객관적 요건으로 하고 기업이 위반행위를 방지하기 위해 해당 업무에 관하여 상당한 주의와 감독의무를 이행하는 경우에는 면책되는 단서조항을 마련한다면 문제되지 않을 것으로 판단된다.

---

76) 이는 독일의 Tiedemann과 Otto에 의해 제시된 개념으로 법인의 기관, 대표 및 그 대리인 등에 의한 주의의무, 감독의무 및 통제의무 등의 침해는 중대한 책임비난의 핵심을 형성하므로 법인을 위해 구체적으로 행동한 행위자의 확정 및 인격적 책임비난이 요구되지 않는다고 한다(Tiedemann, "Die 'Bebußung' von Unternehmen nach dem 2. Gesetz zur Bekämpfung der Wirtschaftskriminalität", NJW 1988, 1169면 이하; Otto, Die Strafbarkeit von Unternehmen und Verbänden, 1993, 28면 이하). 현대사회에서 기업은 독자적인, 즉 기업의 구성원의 단순한 총합과는 구분되는 특별한 사회적 존재이므로, 이러한 조직책임을 바탕으로 기업은 조직 내부에서 일련의 결정과정에 의해 발전된 범죄적 불법행위에 대해 스스로 책임져야 한다.

77) 일본에서는 기업조직체책임론이 전개되고 있다. 이에 따르면, 업무관련성이 인정되는 행위에 의하여 범죄의 결과가 발생한 경우에 조직체에 속하는 어느 개인이 행위를 한 것인지를 구체적으로 특정할 수 없더라도 조직체 자체의 처벌은 인정된다고 한다(板倉 宏, "企業組織體責任論と法人處罰", 刑法雜誌, 第23券 第1·2号, 有裴閣, 1979, 111面). 나아가 기업조직체의 준법프로그램이나 (내부)통제시스템의 결함을 들어 위법행위를 한 기업 내부의 자연인을 특정하지 않고서 직접 기업의 책임을 물을 것을 주장하는 견해(川崎知巳, "法人の刑事責任 - 法人固有の性質を考慮したアプローチ", 刑法雜誌, 第41券 第1号, 2001, 26面 이하)도 같은 입장이라 보여진다.

다. 법인에 대한 형벌체계

법인에 대한 형벌체계와 관련해서도, 법인에 대한 적정하고 효율적인 형벌로 법인의 해산, 영업정지, 사회봉사명령, 보호관찰, 일수벌금형 내지 주식벌금제, 공표, 원상회복, 개선명령 등 새롭고 다양한 형사제재를 도입하자는 주장이 계속되고 있다.[78] 이러한 법인에 대한 새로운 형사제재 중에서 일부는 이미 앞서 살펴본 프랑스 신형법에 의해 행정제재가 아닌 특별형벌로 도입되고 있다.

제안되고 있는 법인의 특별형벌과 관련하여 주목할 점은 법인에 대한 벌금을 자연인에 대한 벌금의 5배까지 선고할 수 있는 프랑스 신형법 제131-38조의 입법례[79]와 같이 우리나라에서도 최근

법인 형벌의 종류

법인에 대해서는 재산형, 활동제한형, 명예형 등 다양한 형벌이 도입될 수 있을 것이다.

우선, 법인에게 부과할 수 있는 대표적인 형벌은 **재산형(벌금, 몰수·추징)**이다. 다만 형법전과 양벌규정에서도 법인에 대해 벌금형을 부과하고 있지만 소액에 불과하기 때문에 범죄억지 효과가 매우 작다. 따라서 법인에 대한 벌금형의 상한을 조정할 필요가 있다. 나아가 벌금형과 과징금의 관계설정도 문제가 된다. 과징금은 법위반행위의 반사회적 내지 반윤리성을 근간으로 하여 과해지는 형사벌과 그 취지, 성격, 목적 및 그 절차를 달리하기에 때문에 하나의 위반행위에 대해 과징금과 별도로 벌금형에 처하는 것이 헌법 제13조 제1항의 이중처벌금지원칙에 반하지 않

78) 이에 대한 상세한 분석으로는 유병규, 앞의 보고서, 215면 이하 참조.

79) 미국의 경우 미연방양형지침에서 법인에 대한 벌금액을 범죄등급에 따라 최소 5,000달러부터 최대 72,500,000달러까지 규정하고 있으며, 독일의 질서위반법도 법인의 경우 고의행위에 대하여는 100만유로 이하, 과실행위에 대하여는 50만유로 이하로 규정하고 있고, 일본의 경우에도 양벌규정에서 법인에 대한 벌금형은 자연인과는 별개로 그 상한을 20배 내지 100배까지 높게 설정하여 규정하고 있다고 한다(이천현, 앞의 논문, 78면).

는다고 보는 것이 일반적인 견해이다. 그러나 자연범과 법정범의 구분이 모호해지고 있고, 현재의 과징금의 법적 성격이 대부분 행정제재적 성격으로 변환되어 있다는 점을 고려할 때, 동일한 위반행위에 대해 과징금 이외에 벌금형을 부과하는 것은 실질적으로 '이중처벌'적 성격을 가지고 있음을 부정할 수 없다. 따라서 가능한 한 과징금과 형벌의 역할을 명확히 구별하여 이원화하는 것이 바람직하다. 그리고 기업의 규모는 매우 다양하기 때문에 현행과 같이 일률적인 벌금형을 적용할 경우 소규모의 기업의 경우 그 부담이 지나치게 과중되는 반면에 대기업의 경우 지나치게 경미하여 형벌효과를 얻기 어려우므로 독일이나 프랑스와 같은 일수벌금제의 도입을 적극 검토할 필요성이 있다.

다음으로, **법인에 대한 활동제한형의 형벌**로는 법인의 해산, 영업정지, 공계약 배제, 보호관찰, 사회봉사명령 등이 있을 수 있다. **법인의 해산**은 법인의 운용을 영구적으로 중단시키는 제재이다. 이것은 다른 제재의 내용과 달리 법인의 존재자체를 말살하는 것이므로 범죄행위의 중함과 더불어 법인의 존속이 사회적으로 해가 클 경우에 한하여 법인 형벌의 최후수단으로 선택되어야 할 것이다. **영업정지(또는 조업정지)**는 기업이나 사업장의 활동 자체를 일시적으로 중단시키는 제재이다. 위법행위는 기업의 활동에서 비롯되었으므로 기업의 활동 자체를 중단시킨다는 점에서 이는 직접적이고 강력한 제재라고 할 수 있다. **공계약 배제**는 일정기간 입찰참가자격을 제한하는 것으로서 법인의 해산이나 영업정지보다는 경한 형태의 제재이다. **법인에 대한 보호관찰**은 법인에 대하여 일정한 제재를 부과하고 그 준수여부를 보호관찰관이 감독하여 법인으로 하여금 '재사회화'의 측면에서 적법한 활동을 할 수 있도록 체질개선을 도모하는 형벌(보안처분)을 말한다. **법인에 대한 사회봉사명령**이란 법인이 갖는 인적·물적능력을 동원하여 사회적으로 유익한 사업을 실시하도록 명령하는 제재로서 일정한 사회기금의 납부, 실업자 고용, 도시재개발에의 참가, 유출된 오염물질의 제거활동에의 참가, 소비자보호프로그램에의 참가, 해외원조계획에의 참가 등이 있다. 그러나 이러한 법인의 해산(인·허가취소, 등록취소, 폐쇄명령 등), 영업정지, 입찰참가자격제한 등은 이미 현행법하에서도 행정처분으로서 인정되고 있다. 따라서 위의 활동제한형벌을 도입할 경우 기존 행정처분과의 관계를 재정립할 필요성이 있다.

마지막으로, **법인에 대한 명예형의 형벌**로 공표가 있다. **공표**는 법인에게는 신용의 훼손이라는 비교적 큰 타격을 입히므로 형벌제도의 하나로서 검토해 볼 여지가 있다. 법인의 신용이나 이미지는 법인의 존재가치를 결정짓는 중요한 요소로서 작용하기 때문에 범죄사실의 공표를 통해 법인의 명예와 신용을 실추시켜 제재 및 예방효과를 기대할 수 있고, 소비자에 대한 경고 기능도 달성할 수 있다. 그러나 공표제도를 법인 형벌로 도입할 경우 현재 행정조치로서 부과되는 '공표'(예컨대 소비자기본법 제80조 제2항 '시정조치를 받은 사실' 공표)와의 관계정립이 필요하고, 법인이나 자연인의 명예나 프라이버시, 기업비밀 등의 지나친 침해 위험이 있는 만큼 공표방식·내용 등에 관한 구체적인 내용이 마련되어야 한다.[80)]

자연인과 법인의 벌금형을 분리하고 법인의 벌금형을 자연인에 비해 약 3배까지 상향조정한 입법례가 증가하고 있다는 것이다.[81] 그러나 법인의 벌금을 3배까지 상향조정하더라도 대부분 3억원 이하에 해당하여 자본규모가 수십 조에 달하는 대기업의 입장에서 본다면,[82] 그리고 부과된 벌금도 주주의 이익배당, 근로자의 임금 삭감, 상품가격의 인상 등으로 전가하려는 경향을 보이는 현실을 감안하면 범죄억지력이 의문시되는 것은 마찬가지이다. 따라서 일수벌금형이나 주식벌금제의 도입이 어렵다면 법인범죄의 억지력을 갖도록 벌금액의 상한을 10억원 이하[83]로 정하고 벌금액수의 구체적 확정요소로 법인과 개인의 자산규모를 법관이 의무적으로 참작하여 결정하는 것이 바람직하다고 본다. 그리고 법인에 대한 새로운 형사제재의 개별 사항에 대해 보다 구체적이고 실증적인 연구를 바탕으로 도입 가능한 형벌목록이 정해질 경우 형법 제41조의2(기업에 대한 형의 종류)를 신설하여 기업의 형사책임과 함께 형법전에 법적 근거를 마련할 필요가 있다.

---

80) 이천현, 앞의 논문, 77-81면.

81) 예컨대 상표법 제97조(3억원 이하의 벌금), 특허법 제230조(3억원 이하의 벌금), 건설산업기본법 제98조 제1항(10억 이하의 벌금) 등은 개인에 대하여는 각 해당 조의 벌금형을, 법인에 대하여는 자연인에 비해 약 3배가량 상향조정된 벌금형을 과하도록 하고 있다.

82) 예컨대 삼성전자의 경우 2007년 기준으로 매출 98,508십억원, 영업이익 8,973십억원, 순이익 7,421십억원 및 자본 55,972십억원에 달한다. http://www.samsung.com/sec/aboutsamsung/file/information/SEC_AR07_K_Financial_highlights.pdf (2009.3.31. 검색)

83) 이미 건설산업기본법 제98조 제1항은 10억 이하의 벌금을 규정하고 있다. 이는 대다수 건설업계의 자본규모가 다른 제조업계에 비해 큼을 상당부분 고려한 결과라 보인다.

Ⅳ. 논의를 마치며

현대 자본주의 사회에서 개인과 더불어 경제주체로서 대단히 중요한 역할을 담당하고 있는 기업은 이윤추구를 최대의 목적으로 하지만 그 이윤추구에 함몰된 나머지 분식회계, 주가조작 등과 같은 기업범죄의 유혹에 쉽게 흔들리며, 그 사회적 폐해의 심각성은 개인범죄를 훨씬 능가한다. 그럼에도 영미법계 국가와 달리 대륙법계 국가의 형법은 '단체는 죄를 범하지 못한다'는 원칙에 따라 법인의 범죄능력을 부정함으로써 기업범죄에 효율적으로 대처하지 못하는 한계를 보여 왔다. 그러나 최근 유럽 대륙법계 국가들은 법인의 범죄능력을 부인하던 전통적 입장에서 벗어나 기업에 대해 이윤창출의 기회를 최대한 보장하기 위한 기업친화적 정책을 펼치면서도 기업에 의해 또는 기업을 통해 발생하는 범죄행위에 대해서는 범죄능력을 긍정하고 기업형벌을 도입하였거나, 도입을 시도하는 방향으로 선회하고 있다.

이에 따라 본 연구에서는 대륙법계 국가임에도 불구하고 법인의 형사책임을 입법화하거나 시도한 주요 유럽 대륙법계 국가의 입법례를 고찰함으로써 우리나라에서도 법인처벌의 합리화를 위한 양벌규정의 개정 내지 새로운 방식으로 법인처벌의 입법화를 시도함에 있어 검토사항이 무엇인지를 살펴보았다.

물론 현재 우리나라의 경제가 어렵고 경제를 살리기 위해 정부가 다양한 '비지니스 프랜들리 정책'(기업친화적 정책)을 펼치고 있는 시점에서 법인처벌을 강화하자는 논의는 시대흐름에 맞지 않다거나, 기업범죄에 대해 그 대표나 구성원을 형사처벌하는 것으로도 범죄억지의 효과를 충분히 달성할 수 있다는 반론을 간과할 수는 없다. 그러나 벌금으로 되어 있는 양벌규정만으로 기업범죄를 억지하기 곤란하다는 것은 이미 여러 선행연구와 실증적 사례에서 밝혀진 만큼 양벌규정의 단편적 개정만으로 한국 사회에서 기업범죄의 문제가 해결될 것으로 보이지 않는다. 그렇다면 다시 원칙으로 돌아가, 즉 형법의 목적 내지 기능이 법익침해행위를 범죄로 규정하고, 그에 상응하는 형벌을 부과함으로써 평화롭고 물질적으로 안정된 시민의 공동생활을 유지·보장하는 것이라면 개인뿐만 아니라 기업에 의한 법익침해행위도 범죄로 파악하여 그에 상응하고 적합한 형벌을 부과하지 못할 하등의 이유가 없다. 그렇다면 형법전에 명문의 규정으로 기업(법인)의 형사책임에 대한 구성요건 표지를 명확히 설정하는 한편, 그에 대한 형벌체계도 기업(법인)의 구조에 적합하고 응보, 일반예방 및 특별예방이라는 형벌의 목적도 달성할 수 있도록 마련하여 기업(법인)범죄에 효율적으로 대처하는 것이 유럽 대륙법계의 입법례에 비추어 보더라도 타당하다.

이상의 논의를 바탕으로, 법인처벌규정을 형법전에 도입하고자 할 때 그 내용으로 다음과 같은 입법안을 제시하고자 한다.

형법전 제1편 제2장 제6절 법인의 형사책임

제40조의1 (법인의 형사책임) ① 법인(법인이 아닌 사단 또는 재단으로서 대표자 또는 관리인이 있는 것을 포함한다. 이하 같다)은 다음 각호의 인적 구성원이 업무범위 내에서 법인의 이익을 위하여 행한 범죄에 관하여 형사상 책임이 있다.

1. 법인의 대표기관 또는 동기관의 구성원
2. 권리능력 없는 사단의 이사 또는 그 이사회의 구성원
3. 인적 회사의 대표권 있는 사원
4. 법인 또는 제2호나 제3호에 기재된 인적 단체의 포괄대리인 또는 지도적 지위에 있는 지배인이나 행위대리인

5. 법인 또는 제2호나 제3호에 기재된 인적 단체의 영업체나 기업체의 운영에 대해 지도적 지위에서 영업활동의 감독 또는 그 밖의 통제권한을 이행할 책임 있는 그 밖의 자

② 제1항의 범죄행위가 하자 있는 법인조직으로 인하여 특정한 자연인에게 귀속될 수 없는 경우에도 법인에게 귀속된다. 이 경우 이러한 범죄행위의 억제를 위해 필요하고 기대가능한 모든 사전적 예방조치를 취하지 않았다는 데 대해 법인을 비난할 수 있어야 한다.

③ 자연인 행위자가 처벌되지 않더라도 법인의 형사책임에는 영향을 미치지 않는다.

형법전 제1편 제3장 제1절 형의 종류와 경중

제41조의1 (법인에 대한 형의 종류) ① 법인에 대한 형의 종류는 다음과 같다. 각호의 형벌은 병과할 수 있다.

1. 물적 재산 박탈: 벌금, 몰수, 추징
2. 법인의 운영 제한: 법인해산, 조업정지, 공급거부, 공표, 원상회복, 개선명령, 보호관찰, 사회봉사명령

② 벌금은 10억원 이하로 한다. 다만 제40조의1 제2항의 경우에 5억원 이하의 벌금에 처한다.

③ 형을 정함에 있어서는 행위의 정도, 조직의 하자와 발생한 손해의 정도 그리고 법인의 경제적 이행능력을 참작하여야 한다.

형법전 제2편 각칙 각 장

각 장의 말미에 다음과 같은 규정을 둔다(예컨대 제2편 각칙 제1장 내란의 죄).

제91조의1 (법인의 형사책임) 법인에 대하여는 제40조의1에서 정하는 요건에 따라 본장에서 정하는 범죄(또는 제OO조의 범죄)에 관한 형사책임이 있음을 선고할 수 있으며, 이 경우 법인에 대하여 제41조의1에 규정된 형을 선고할 수 있다.

맺음말

형법의 미래:
새로운 패러다임으로서
생태중심적 환경형법?

위험사회에 있어 현대형법의 이중적 과제

지금까지 위험사회에 있어 현대형법이 처한 위기의 내용과 이러한 위기를 어떻게 극복할 수 있는가를 살펴보았다. 본래 형법은 다른 법과는 달리 행위자의 과거 법익침해 행위를 문제삼아 그에 대한 책임을 물어 형벌을 과하는 과거회고적 법이지 위험사회의 새로운 위험을 조종함으로써 시민의 안전을 최대한 보장하고자 하는 미래지향적 법이 아님에는 틀림없다. 바로 이곳에서 현대형법에 대한 가치선택의 문제, 즉 위험사회에서 새로운 위험과 새로운 범죄현상에 대처하기 위해 현대형법은 변화해야 하는가, 변화해야 한다면 어느 정도까지 변화할 수 있는가라는 문제가 발생한다. 이에 대해 위험사회에서도 현대형법은 여전히 전통적·자유주의적 법치국가형법의 원칙인 죄형법정주의, 책임원칙, 비례성원칙, 보충성원칙 등을 결코 포기할 수 없다는 입장에서부터 인류의 생존을 보장하는 것이 가장 시급한 법 내지 형법의 과제이므로 이러한 목적을 달성하기 위해서는 기존의 법치국가형법의 원칙을 일부 포기해도 괜찮다는 입장까지 현대형법의 변화에 대한 다양한 가치 스팩트럼이 존재함을 알 수 있다. 하지만 이러한 극단적인 견해는 21세기의 사회문제를 18세기의 정신적 도구로써만 해결할 수 없을뿐더러 법치국가형법의 원칙은 200년의 점진적인 발전의 성과임을 간과하고 있다는 점에서 찬성하기 어렵다.

따라서 위험사회에 있어 현대형법은 18세기 계몽주의 시대의 가치에 함몰된 전통적 근대형법도, 그렇다고 미래안전의 보장만을 지나치게 강조하는 위험형법도 아닌 법익보호형법, 즉 법치국가형법의 원칙에 기반을 둔 자기 제한적 형법에 머물러야 한다. 현대

형법은 본질적으로 법체계 자체가 가지고 있는 체계 폐쇄성과 보수성으로 인해 새로운 위험과 새로운 범죄현상에 대한 실효성 있는 조종수단으로서는 보충적이고 제한된 가능성을 가질 뿐이기 때문이다. 그러므로 위험사회에 있어 현대형법은 자유주의적 법치국가원리를 구현하여 국가권력을 제한하고 일반 시민의 자유권을 최대한 보호해야 할 뿐만 아니라 위험사회라는 새로운 변화에 적절히 대응하기 위해 인간중심적 형법이론의 패러다임에서 벗어나 최소한 우리 자손에 대한 미래의 생존조건을 확보할 수 있을 만큼의 미래안전을 보장하는 이중적 과제를 안고 있다.

형법의 미래: 새로운 패러다임으로서 생태중심적 환경환경으로의 전환 가능성

앞서 언급한 새로운 범죄현상에 있어 인과관계 입증의 어려움, 새로운 위험으로서 환경위험의 법적 조종의 곤란성, 인격적 법익론의 고수, 조직화된 무책임으로서의 기업 등은 현대형법이 실효성을 담보하지 못하고 위기에 처하게 된 주요한 원인으로 작용한다. 이러한 현대형법의 위기의 원인을 보다 근원적 시각에서 살펴보면 현대형법을 포함한 현재의 법학이론이 인간중심적 사고에 기초해서 구축되어 있기 때문임을 알 수 있다. 현대형법의 과제 중의 하나인 미래안전의 보장과 관련하여 인간중심적 법학이론이 갖는 한계를 환경형법의 영역을 중심으로 살펴보기로 하자.

현재의 법학이론의 기본구조는 16세기와 17세기 서구유럽에서 확립된 이른바 근대적 세계관에 기초한 '기계론적 자연관'과 인간과 자연의 관계를 주체-객체의 관계로 단절해서 주체 중심적으로 파악하는 '이분적 사고'에 바탕을 두고 있다. 즉 기계론적 자연관은 인간과 자연을 대등관계가 아닌 주종관계로 파악하여 인간은 자연을 마음대로 부리는 주인이고, 자연은 인간의 욕구를 만족시키기 위한 대상 또는 수단으로 이해될 뿐이며, 이분적 사고는 인간과 자연의 관계를 일방적인 이용관계로 이해하여 자연은 그 자체의 고유가치를 가질 수 없고 인간과의 관계 속에서 비로소 인간이 부여하는 의미만큼의 상대적인 가치를 가지게 된다.[1] 이러한 인간중심적 사고에 기초한 법학이론은 무엇보다 인간의 물질적 욕망을 보장하고 물질적 욕구를 더욱더 확대·재생산하기 위한 제도적 장치로서 작용한다. 그 결과 인간중심적 법학이론은 환경과 그 구성인자를 인간의 물질적 욕망을 충족시켜 주는 데에 필요한 수단 내지 적어도 인간의 이익에 기여하는 한에서 보호할 뿐 환경 그 자체를 보호하기 위한 이론구성에 소홀해 왔다.

이처럼 환경 그 자체의 고유가치를 인정하지 않는 인간중심적 법학이론은 위험사회, 특히 생태학적 위험사회라고 지칭되는 현재의 환경위기를 극복하기 위해 필요하고도 적절한 해결책을 제시하고 있지 않다. 뿐만 아니라 심지어 문제를 악화시키는 장애물이 되기도 한다. 실제로 생태적 위험사회에서 대표적인 새로운 위험으로 조명 받는 환경위험은 불가항력성, 전지구성 및 초계급적 보편성이라는 특징을 갖는데, 환경형법은 새롭게 변화된 법적 조종대상으로서의 환경위험의 특징을 고려하지 않은 채 인격적 법익론과 같은 인간중심적 환경형법의 이론에 기초한 해결을 시도함으로써 환경형법의 있지 않 해에 실패를 거듭하고 있다. 환경형법을

1) 강희원, "법의 녹색화와 녹색법학", 경희법학 제29권 제1호, 1994, 209-211면.

포함한 현재의 인간중심적 법학이론의 기본구조가 '근대'라는 한정된 시대에 특정한 세계관, 가치관 및 사회관을 전제로 해서 발생한 개념과 변수에 근거하고 있는 것으로 변화된 새로운 상황에서는 상당한 부분이 현실파악능력을 잃고 있기 때문이다.[2)]

따라서 일반 시민의 자유권을 최대한 보호해야 한다는 측면에서는 여전히 인간중심적 형법이론이 커다란 역할을 할 수 있지만, 미래안전의 보장과 관련해서는 인간중심적 형법이론의 부분적 수정이 불가피하다. 현재의 생태적 위기를 극복하기 위해서는 그동안 개인의 자유보장에 중점을 두었던 환경형법에서 벗어나 환경 그 자체의 보호를 강조할 필요가 있다. 그렇지 않다면 환경형법은 환경보호라는 본래의 목적을 달성할 수 없을 것이다. 그 결과 환경형법은 종래의 인간중심적 환경형법의 패러다임에서 벗어나 인간뿐만 아니라 환경 그 자체의 고유한 가치를 인정함으로써 법에 의한 사회정의, 법을 통한 자연과 인간의 평화로운 공동체형성 및 이를 통한 "생태학적 정의"(Ökologische Gerechtigkeit)까지 실현될 수 있는 새로운 패러다임으로서 "생태중심적 환경형법"(Ökozentrisches Umweltstrafrecht)으로의 전환이 요구된다.

그렇다면 보다 구체적으로 기존의 인간중심적 환경형법에서 벗어나 환경 또는 생태이념을 기초로 하여 환경 그 자체에 고유한 가치를 인정하는 생태중심적 환경형법의 이론을 어떻게 구성할 수 있을 가라는 실천적 문제가 제기된다. 이미 각 장에서 언급한 사고의 단초를 기초로 하여 생태중심적 환경형법 이론으로의 전환을 미흡하나마 시도해보면 다음과 같다.

2) 강희원, 앞의 논문, 209면.

생태적 법익보호의 정당성 긍정

생태중심적 환경형법의 이론화 시도는 우선 생태적 법익보호의 정당성 확보에서 출발해야 할 것이다. 이와 관련하여 인간중심적 사고에 기초한 인격적 법익론은 지지될 수 없다. 왜냐하면 인격적 법익론은 생태적 위험사회에서 사회적 관계의 지속적 발전을 간과하고 있기 때문이다. 환경 및 그 구성인자와 같은 보편적 법익은 현세대뿐만 아니라 미래세대의 안전한 자연적 생활토대의 유지라는 특별한 중요성을 내포하고 있으므로 이러한 보편적 법익은 독자적 법익으로 인정되어야 하며, 하쎄머와 호만의 견해와 달리 핵심형법에서도 수용할 가치가 있다. 다만 환경형법적 차원에서 환경 그 자체의 보호가 독자적 법익으로의 정당성이 인정된다 하더라도 최종적으로 인간과의 관련성을 갖는 한도 내에서 인정되어야 할 것이다.

그러나 이와 관련하여 최종적 인과관련성의 요구는 생태중심적 환경형법과 모순되는 것이 아닌가라는 비판이 제기될 수 있다. 최종적 인간관련성을 요구하지 않고 환경 그 자체의 보호만을 추구하는 것이 진정한 의미의 생태중심적 환경형법임을 부인할 수 없다. 하지만 무엇보다도 환경형법적의 규범 목적은 환경 그 자체를 보호하기 위한 도덕적 가치를 형성하는 데 있는 것이 아니라 현세대뿐 아니라 미래세대를 위한 안전한 자연적 생활토대로서의 환경조건에 대한 침해를 방지하는 데 있기 때문에 최종적 인간관련성을 부인하는 순수한 생태중심적 환경형법을 지지할 수 없다. 그리고 독일 형법 제324조, 제324조의a, 제326조도 수질, 대기 및 토양이라는 환경재 그 자체를 독자적 가치로서 보호하고 있지만 이들 환경재에 대한 모든 오염이나 그 밖의 변화가 아닌 단지 인간과 환경에 대해 가지는 기능과 결부되어 "유해하게"(nachteilig) 변경시킨 행위에 대해서만 가벌성을 인정하고 있다. 더 나아가 환경과 그 구성인자를 환경법 차원이 아닌 형벌이라는 가장 강력한 국가적 강제수단을 사용하는 형법적 차원에서 보호함에 있어 이러한 최종적 인간관련성의 요구는 생태계나 동식물계의 보호와 같은 환경재 보호 그 자체만을 목적으로 할 경우에 인간에게 아무런 유해성이 없는, 즉 사회적 유해성이 없는 환경침해 역시도 당벌적인 불법으로 분류될 수 있기 때문에 불가피한 형법의 자기제한 사유에 해당한다.

따라서 현재와 같은 생태적 위기를 극복하기 위해서는 생태중심적 환경형법에 있어서도 환경재의 보호를 우선하고 인간은 부차적·간접적으로 보호되는 것으로 파악하는 한도 내에서 최종적 인간관련성을 요구하는 것이 타당하다.

인과관계 추정의 긍정

다음으로, 생태중심적 환경형법에 있어 인과관계를 추정하는 규정은 긍정되어야 한다. 이는 한편으로 환경범죄에 있어서 인과관계의 엄격한 확정을 요구한다면 환경범죄의 특성인 침해의 간접성·완만성·불명확성 등으로 인하여 환경범죄에 대한 형사제재가 사실상 불가능하게 되기 때문이다. 특히 유해물질을 다수기업이 배출하는 경우에 더욱더 인과관계의 입증이 곤란한데 형사증거법상의 원칙인 '의심스러울 때에는 피고인에게 유리하게'의 원칙을 엄격하게 적용한다면 중대하고 사회적으로 용인하기 어려운 결과불법을 초래했음에도 불구하고 많은 기업형 환경범죄에 대해 형사책임을 지울 수 없는 심각한 문제가 발생한다. 다른 한편으로 생태중심적 환경형법에서는 실질적으로 환경 그 자체를 보호하고, 일반 시민의 생명·신체에 영향을 미치는 환경위험을 조종하기 위해서는 불가피하게 인과관계의 추정을 두지 않을 수 없다는 정당성이 존재하기 때문이다.

그러나 인과관계의 추정 규정은 피고인의 무죄추정권의 하나로서 '의심스러울 때에는 피고인에게 유리하게'라는 형사소송법상의 원칙에 반한다는 비판이 제기될 수 있다. 하지만 구체적 위험범의 경우에도 인과관계의 입증이 요구된다는 점과 상기한 환경범죄의 특유한 인과관계 입증의 곤란성을 생각하면 충분히 특례규정의 필요성을 인정할 수 있다. 이러한 관점에서 우리나라 '환경범죄의단속에관한특별조치법' 제11조에서 인과관계의 추정을 규정하고 있는 것은 바람직하다고 본다.

그리고 인과관계의 추정은 법률상의 추정규정으로 현실적 운용 가능성도 적기 때문에 이보다는 인과법칙의 판단에 있어 역학적 증명방법을 도입하는 것이 타당하지 않는가라는 견해가 제시될 수 있다. 환경범죄의 인과관계 입증의 곤란성을 극복하기 위해 역학적 증명방법을 도입하는 것도 일면 타당하다. 하지만 이 역시 고도의 개연성이 있는 정황증거로써만 의미가 있을 뿐이다. 따라서 향후 환경범죄에 있어 인과관계 입증의 곤란성을 극복하고 생태중심적 환경형법으로 나아가기 위해서는 법익보호를 위한 적절한 형벌개입의 단계, 법익의 종류 및 중요정도 등을 고려하여 침해범 → 구체적 위험범 → 적성범(소위 추상적·구체적 위험범) → 추상적 위험범의 형태로 구분하여 불법구성요건을 규정하는 것이 타당하다.

기업(법인)의 가벌성 긍정

셋째로, 기업형 환경범죄에서 나타나는 조직화된 무책임의 문제를 해소하고, 개인형벌의 불충분한 범죄억지력과 응보효과, 그리고 기업의 사회·경제적 중요성에 상응한 응보기대 등을 고려한다면 생태중심적 환경형법에 있어 기업의 가벌성을 긍정하는 것은 필수적이다. 그리고 기존의 인간중심적 (환경)형법에서 기업의 가벌성을 부정하는 논거들은 다음과 같은 이유로 더 이상 설득력이 없다. 첫째로, 오늘날 행위개념은 더 이상 자연적인 행위에 국한되지 않고 더욱더 규범적인 의미로 이해되고 있으며, 기업을 위해 행동한 특정한 개인의 가벌적 행위를 기업 그 자체로서의 행위로 귀속시키거나 이러한 방식으로 기업에게 행위능력을 부여하는 것에 결코 어떠한 결정적인 이론상의 결함도 존재하지 않기 때문이다. 둘째로, 현대사회에서 단순한 기업 구성원의 총합과는 구별되는 독자적인 사회적 구성체로서의 기업은 기업조직체 내부에서 일련의 결의과정에 의해 발전된 범죄적 불법에 대해 스스로 책임을 져야만 하며, 이때 기업에 대해 제기되는 책임비난은 기업의 잘못된 경영활동과 감독소홀에 근거한 범죄적 활동에 기초하는 것이라 볼 수 있다. 따라서 기업에게 그가 행한 반사회적 내지 불법행위 대해 형법상의 고유한 책임능력을 인정할 수 있다. 셋째로, 개인과 마치가지로 법적·윤리적 행위요구의 수범자로서 간주될 수 있는 기업을 공공의 사회·윤리적인 불가치판단의 영역밖에 놓아 둘 수는 없기 때문에 기업의 수형능력 역시 긍정된다. 기업형벌의 내용으로는 기업해산, 영업정지, 공표, 원상회복, 개선명령, 보호관찰, 사회봉사명령 등을 고려할 수 있다. 마지막으로 기업에 대한 가벌성의 긍정은 형법상의 "책임 없으면 형벌 없다" 및 헌법상의

"이중처벌금지"의 원칙에도 모순되지 않기 때문이다.

따라서 생태중심적 환경형법의 영역에 있어서는 환경형법의 실질적인 규범력과 그의 예방작용을 증대시키기 위해 기업의 가벌성을 긍정하고, 형법전에 명문의 규정으로 기업 형사책임에 대한 구성요건표지를 명확히 설정하는 한편, 그에 대한 형벌체계도 기업의 구조에 적합하고 응보, 일반예방 및 특별예방이라는 형벌의 목적도 달성할 수 있도록 마련하여 기업범죄, 특히 기업형 환경범죄에 효율적으로 대처하는 것이 타당하다.

환경위험의 법적 조종 가능성의 증대

환경위험의 법적 조종의 문제와 관련하여 조종낙관론 또는 조종회의론의 어느 관점을 가지든 인간중심적 환경형법이라는 기존의 패러다임에 머물러 있는 한 극히 보충적이고 제한된 가능성만을 가진다. 왜냐하면 조종회의론의 측면에서는 다른 사회체계와 마찬가지로 법체계 자체가 가지고 있는 체계 폐쇄성과 보수성을 가지고 있으며, 조종낙관론의 측면에서는 비용편익분석의 실제적 한계와 방법론상의 한계를 나타내고 있기 때문이다.

그러나 법체계는 다른 부분체계와 마찬가지로 열린 체계로 작동해야 하기 때문에 생태적 위험사회라는 주변세계로부터 새롭게 등장하는 다양한 생태학적 정보를 법체계로 받아들여 산출로서 생태중심적 법사고라는 새로운 이론을 창출해야 한다. 결국, 이러한 관점에 생태중심적 환경형법은 기존의 인간중심적 환경형법의 이론에서 벗어나 인과관계의 추정 규정의 허용, 생태적 보호법익의 정당성의 인정, 그리고 기업의 가벌성을 긍정함으로써 생태적 위험사회에 있어 새롭게 등장한 환경위험의 법적 조종 가능성을 보다 증대시킬 수 있을 것이다. 다만 생태중심적 환경형법을 통한 환경위험의 법적 조종과 관련하여 형사법적 수단을 우선적으로 고려하기 보다는 실효성을 담보할 수 있는 환경법에, 환경법보다는 유해물질 배출업소에 대한 감시·감독 및 행정규제, 환경영향평가, 환경분쟁조정, 환경종합책임보험제 등 환경위험을 보다 사전단계에서 효과적이고 실효성 있게 해소·차단할 수 있는 다양한 환경보호정책의 마련과 시행에 관심을 두는 것이 타당하다. 생태중심적 환경형법도 형법의 한 영역으로서 행위원칙, 책임원칙 등으로 대표되는 법치주의원칙을 지켜야 할 뿐만 아니라 생태중심적 환경형법이 환경보호와 미래의 생존보장을 위한 만병통치약이 아님을 분명히 인식해야 하기 때문이다.

색 인

ㄱ

ㄴ

ㅅ

저자소개

김재윤

- 건국대학교 법과대학 졸업 (법학사, 법학석사)
- 독일 트리어(Trier) 대학교 수학 (LL.M., Dr. iur.)
- 인제대학교 법학과 조교수 (2004.9.~2007.8.)
- 현 전남대학교 법학전문대학원 조교수 (2007.9.~)

현대형법의 위기와 과제

인쇄 | 2009년 12월 10일
발행 | 2009년 12월 15일

저자 | 김재윤
발행 | 김윤수
발행처 | 전남대학교출판부

등록 | 1981. 5. 21. 제53호
주소 | 500-757 광주광역시 북구 용봉로 77
전화 | (062) 530-0571~3
팩스 | (062) 530-0579
홈페이지 | http://altair.chonnam.ac.kr/~cnup

값 15,000원

ISBN 978-89-7598-770-0 (93360)

이 도서의 국립중앙도서관 출판시도서목록(CIP)은 e-CIP홈페이지 (http://www.nl.go.kr/cip.php)에서 이용하실 수 있습니다.
(CIP제어번호: CIP2009004094)